KB054321

해양과 문화

국립 목포해양대학교
海洋文化政策研究센터
해양학술연구총서 1

해양과 문화

김 성 준 지음

이 책은 〈해양과 문화〉에 대한 기본적인 이해와 입문을 위한 대학교 재로 집필되었다. 따라서 해양문화를 깊이 있게 다룬 전문적인 학술연 구서를 기대하는 독자들에게는 적절치 않다.

우리 나라는 해운이나 조선, 수산, 해양연구 분야에서는 자타 공히 세 계적인 수준에 올라섰고, 국제해사기구(IMO)와 세계선급협회(IACS) 등에 서 이사국과 의장국을 맡는 등 이미 세계적인 해양국가로 인정받고 있 다. 그러나 이를 뒷받침할 해양문화 분야는 아직 아쉬운 점이 많다는 것을 자인하지 않을 수 없다. 우리의 앞선 2세대들이 삶의 방편으로 조 선과 해운, 수산을 한 덕분에 해양산업 분야에서 우리는 세계적인 위상 을 차지할 수 있었다. 하지만 이제 삶의 여유를 찾게 되면서 해운과 조 선, 수산 분야로 유능한 젊은이들을 끌어들이기가 갈수록 어려워지고 있다.

개인적으로는 어느 분야에서 자체의 문화를 창출하기 위해서는 적어 도 3세대 이상은 지속되어야 한다고 생각해 왔다. 할아버지와 아버지, 그리고 손자가 한 분야에서 정진할 때 달인이나 명인이 될 수 있는 것 처럼, 해양산업 분야도 단순히 먹고 살기 위한 방편에서 벗어나 그 분 야가 하나의 문화를 창출하고 국민들 속으로 그것이 스며들기 위해서는 최소 3세대 이상이 지속되어야 하는 것이다. 이런 점을 고려한다면, 우리의 해양문화는 향후 조선과 해운, 수산 분야의 경쟁력이 1세대 이상 더 지속되어야 창출될 수 있다는 얘기가 된다. 다행히도 해운분야로는 아직 역량 있는 젊은이들이 꾸준히 유입되고 있지만, 조선 분야는 대학의 조선관련 학과의 인기가 시들해져가고 있고, 수산 분야는 이미 하락추세에 접어든 지 오래다. 따라서 이제까지 해양 분야에서 이룩한 성과를 바탕으로 창출한 해양문화와 현재 창출해 나가야 할 해양문화를 제대로 이해해야만 앞으로의 해양문화를 창출하고 더 풍부하게 만들어갈 수 있는 시점에 이르렀다고 할 수 있다.

이 책은 해양대학생들과 해양 분야에 종사하는 사람들, 일반인들에게 바다와 배에서부터 바라보는 태도와 관점을 보여줌으로써 육지 중심의 인식과 관점에서 벗어나게 해주려는 것을 주된 목적으로 하였다. 이 책의 기본적인 내용은 한국해양수산개발원 해양아카데미의 교사지침서『바다이야기 : 문화와 관광편』(2011)에 수록된 것이지만, 그 편재와 내용은 크게 달라졌다. 특히 해양소설과 해양시, 해양음악 등은 거의 다시 쓰다시피 하였다. 해양음악과 해양미술은 저자의 전공과 다소 거리가 있어 전문가들의 글과 책을 참조할 수밖에 없었다. 특히 해양미술에서는 김학민 님의 글을, 해양음악에서 고전음악 부문은 이근정 님의 글에 크게 의존하였다. 비록 전거를 밝혀두는 것으로써 예의를 표하기는 했지만,

두 분께 지면을 빌어 양해와 감사의 말씀을 전한다.

이 책이 해양문화를 이해하려는 독자들에게 자그마한 보탬이 되기를 바라면서, 잘못되거나 부족한 부문은 앞으로 수정하고 보완해 나갈 것임을 약속드린다.

2014년 앞 겨울
고하도 앞 海竹軒
김 성 준

차례

제1장 해양문화

1. 해양문화의 정의

해양문화란 문화의 여러 영역 가운데 해양을 소재 또는 주제로 삼은 인간 활동의 산물을 총칭한다. 해양문화를 좀 더 구체적으로 이해하기 위해서는 먼저 문화가 어떤 의미를 지니고 있는지 살펴보아야 한다. 문화란 낱말은 일본어 한자 '분까'(ぶんか, 文化)를 우리말로 읽은 것으로, 일본어의 '분까'는 일본인들이 서양 근대문명을 받아들이는 과정에서 영어 'Culture'를 한자어로 번역한 말이다.

그러면 영어의 Culture는 본래 어떤 의미였을까? 영어의 Culture는 라틴어 Cultura에서 파생된 단어로, 라틴어 Cultura는 원래 '경작'이나 '재배'를 뜻하는 단어였는데, '교양'이나 '세련' 등으로 의미가 확장되어 마침내 '문화'라는 뜻까지 지니게 되었다.[1] 브리태니커백과대사전에 따르면, 문화는 '인간의 지식, 믿음, 행위가 통합된 양식'으로서 문화 발전은 '지식을 배우고, 다음 세대에 전해주는 인간의 능력에 의해 좌우'된다.[2]

이제까지 문화에 대해서는 다양한 관점에서 연구가 진행되어 왔으나, 대체적으로 1) 토지, 곡식 재배, 경작, 2) 정신, 예술, 문명의 배양, 3) 사회의 일반적 발전 과정, 4) 민족, 집단, 계층 등이 시간과 공간 속에서 함께 공유하는 의미, 가치, 생활방식, 5) 의미를 만들고 실천해 가는 것

---

1) 가톨릭대학교출판부, 『라틴 - 한글사전』(1995).
2) Encyclopaedia of Britannica, 1988.

등 다섯 가지의 개념으로 정리할 수 있다. 이를 해양과 접목시켜보면 해양문화는 다음 다섯 가지의 의미로 정리할 수 있을 것이다.

1) 수산이나 해운 등의 바다를 통한 삶
2) 해양과 관련된 정신, 예술, 문명
3) 해양과 관련한 사회의 발전 과정
4) 해양과 관련하여 살아가는 사람들이 공유하는 의미, 가치, 생활방식
5) 해양과 관련하여 의미를 만들고 실천해 나가는 것

이와 같은 해양문화의 정의 가운데 1)은 오늘날의 문맥에서 큰 의미를 주지는 못하고 있고, 2) 또한 유럽과는 달리 우리에게는 뚜렷하게 제시할만한 것이 없다. 3)은 근대 이후 유럽의 역사발전과정에 나타난 것으로 근대 = 해양화 = 제국주의화 등으로 이어져 비서구세계에 대해 부정적으로 작용하였다. 4)는 문화인류학적 접근방법으로서 지금까지 대부분의 해양문화론은 4)의 관점에서 이루어져왔다. 그러나 민속문화론을 중심으로 이루어진 이러한 접근법은 우리의 해양인식이나 연안역에서의 생활양식 등을 이해하는 데 유용한 반면, 우리의 부정적인 해양인식을 타개하면서 미래지향적인 해양문화를 창출하는 데는 한계가 있을 수밖에 없다. 5)는 문화를 언어, 기호, 상징, 이미지, 담론, 내러티브, 스타일 등을 통해 실천되는 의미라고 보기 때문에 해양문화를 옛날부터 이어져 내려온 것으로 이해하기 보다는 새롭게 창출해 나가고 향유해 가는 것으로 이해한다.[3]
이 지점에서 해양문화의 주체가 누구인가에 대해 짚고 넘어갈 필요가 있다. 이제까지 문화의 주체는 생산자였고, 해양문화 역시 그 실천 주체

---

3) 구모룡, 『해양 문학이란 무엇인가』, 전망, 2004, pp.120 - 125.

는 당연히 해양인들이라는 사실에 대해 어떠한 의문도 제기되지 않았다. 그러나 대중문화 시대이자 사이버시대, SNS시대인 현재는 문화의 주체를 생산자라고만은 할 수 없게 되었다. 왜냐하면 대중들이 문화를 단순히 받아들여 소비하는 데 그치는 것이 아니라 인터넷과 SNS를 통해 자신들의 의견과 지식을 문화의 생산자들과 상호 교환함으로써 문화의 생산에 적극적으로 참여하고 있기 때문이다. 이러한 상호 과정은 앞으로 더욱 확대할 것이 분명하다. 따라서 현시점에서 문화의 주체는 대중이라고 해도 지나친 말이 아닐 것이며, 해양문화 역시 단순히 고급 해양문화를 창출하는 데 그쳐서는 안되고, 대중들의 적극적인 참여 속에서 창출해 나가고 향유해 나가야 하는 것으로 이해해야만 할 것이다.

앞에서 논의한 바를 이해한다면, 해양문화는 '해양과 관련하여 과거에서부터 현재까지 전승되어온 정신과 예술, 그리고 의미와 가치, 생활 방식들뿐만 아니라, 해양과 관련하여 의미를 만들고 실천해 나가는 것'이라고 정의할 수 있을 것이다.

2. 해양문화의 내용

이와 같은 해양문화의 정의에 따를 경우, 해양문화에는 과거부터 이어져 내려온 해양과 관련한 문학과 예술, 그리고 문화재, 생활 방식들이 포함될 뿐만 아니라, 우리들이 현재 해양과 관련하여 의미를 부여하고 향유하는 해양레포츠, 해양문학, 해양예술, 해양관광 등도 포함된다고 할 수 있다.

해양문화의 내용을 시간적 관점에서 구분해 보면 과거의 유산으로 남은 것들과 과거부터 현재까지 이어져 내려온 것, 그리고 현재 향유되고 창출되어 가고 있는 것으로 대별할 수 있다. 먼저 과거의 유산으로 남은 것들을 살펴보면, 해상 활동과 관련한 전통선박, 어로 및 항해 도구, 어로법, 풍어제, 어촌민속, 배서낭 신앙 등이 있고, 과거부터 현재까지 이어져 내려온 것에는 어식문화가 있으며, 현재 향유되고 창출되어 가는 것에는 해양산업, 해양문학, 해양학술, 해양레포츠, 해양관광 등이 주요 내용을 이루고 있다고 하겠다.

<표 1> 해양문화의 내용

시간적 구분	해양문화의 내용
• 과거 유산으로 남은 것	• 도구 : 전통 선박, 항해도구, 어로 도구 • 기술 : 항해술, 어로법 • 정신 : 풍어제, 어촌민속, 배서낭
• 과거부터 현재까지 이어져 내려온 것	• 어식문화
• 현재 향유되고 창출되어 가는 것	• 산업 : 조선, 해운, 수산업, 해양개발 • 예술 : 해양문학, 해양음악, 해양미술 • 학술 : 해양수산학, 해양학, 해양사상 • 여가활동 : 해양레포츠, 해양관광

과거 유산으로 남은 것들은 오늘날의 대중들에 의해 널리 향유되고 있지는 않다. 하지만, 문화재나 민속, 신앙 등의 형태로 남아 예술가나 전문연구자들에게 창조적인 영감을 불어넣어 새로운 형태로 전화되고 현재화될 수 있다는 점에서 전혀 무가치한 것으로 치부해서는 안됨은 말할 것도 없고, 오히려 발굴하여 소중히 보존 연구해야만 한다. 우리의 해양문화 가운데 오늘날 가장 널리 향유되고 있는 것은 어식문화라 할 수 있는데, 이는 어류가 우리의 전통 식생활에서 뿐만 아니라 현재의 식생활에서도 중요한 비중을 차지하고 있기 때문이다. 현재 가축의 대량 사육으로 인한 항생제의 오남용과 구제역이나 조류 독감 등이 단속적으로 발생하고 있다는 점을 고려하면 향후에도 어류는 우리의 식생활

에 건강한 단백질을 공급해주는 주요 원천이 될 것이 틀림없다. 그런 점에서 어류들이 건강하게 생존할 수 있도록 깨끗한 바다를 유지하는 것은 결국 우리 모두를 위한 길이라고 할 수 있을 것이다.

현재 해양문화에서 가장 활발하게 창출되고 있는 분야는 해양산업과 해양학술 분야라고 할 수 있다. 우리 나라의 조선산업은 세계 수위를 유지하고 있고, 해운산업은 2013년 현재 지배상선대 1,576척, 7,510만 DWT로 세계 5위권으로 도약하였으며, 수산업은 어획량 기준으로 세계 12위를 차지하고 있다. 이처럼 우리의 해양산업이 세계적인 위상을 차지하기까지 조선소의 노동자, 상선과 어선의 선원들이 향유하고 창출한 문화들이 있었을 법하지만, 현재 이를 구체적으로 형상화한 해양문화는 그리 많지 않은 것이 사실이다. 해양문학의 경우 현재 다양한 지역과 단체들을 중심으로 창출되어 가는 과정에 있기 때문에 머지 않아 일반 국민들이 모두 즐길 수 있는 국민적 해양문학이 창출될 것으로 기대되고 있는 반면, 해양미술이나 해양음악은 상대적으로 제작 자체가 적은 편이다. 해양산업이 세계적인 경쟁력을 갖추기 위해서는 이를 뒷받침할 학술적 연구가 필수불가결하다. 따라서 조선산업과 해운산업, 해양개발, 해양학, 해양사상 등의 분야에서의 학술적 연구가 상당 정도로 축적되어 가고 있다.

해양문화에서 현재 가장 각광을 받고 있는 분야는 단연 해양레포츠와 해양관광이라 할 수 있다. 국민소득 2만달러 시대에 접어들면서 대중들은 해수욕이나 바다낚시를 즐기던 데서 벗어나 스킨스쿠버와 윈드서핑, 요트를 즐기는 시대로 나아가고 있고, 과거 국내 섬을 중심으로 이루어진 해양관광 또한 동남아를 근거지로 하는 해양크루즈선이 정기적으로 기항하기 시작하면서 우리 나라도 점차 해양크루즈 관광 시대로 접어들고 있는 추세다.

해양문화가 풍성해지고, 우리 나라 문화발전에 이바지하기 위해서는 단순히 해양문화를 즐기는 데서 그치는 것이 아니라, 이를 뒷받침할 인프라를 구축하고, 사람들을 교육할 시설과 제도를 갖추어, 이를 영화와 음악, 드라마 등으로 제작하여 일반 대중들과 공유할 수 있는 시스템을 구축할 필요가 있다. 그런 점에서 대중들이 해양문화를 즐기고 창출하는 데 적극적으로 참여하는 것이 무엇보다 중요하다고 하겠다.

해양문화라면 그 대상이 매우 다양하기 때문에 전체를 다 포괄하여 즐기기에는 한계가 있다. 따라서 해양문화 가운데 해양문화 전시관, 해양문학, 해양미술, 그리고 해양음악에서 대표적인 곳과 작품들을 골라 감상해 보고, 해양레포츠와 해양관광도 함께 즐겨 보자.

제1장 해양문화 전시관[1]

과거 해양문화의 유산을 총체적으로 집적해 놓은 곳이 박물관이다. 따라서 해양문화를 즐길 수 있는 가장 좋은 방법은 해양 관련 박물관을 찾아 관람하는 것이다. OECD 회원국가들은 미래 세대에게 해양의 중요성을 인식시키기 위한 연구 및 교육의 장으로서 국공립 해양박물관을 건립하여 운영하고 있다. 오스트레일리아는 10여개, 캐나다는 30여개, 일본은 170여개, 영국은 20여개, 미국은 190여개의 해양관련 박물관을 공립으로 운영하고 있다. 이에 반해 우리 나라는 2012년 7월 부산에 국립해양박물관이 개관한 것을 포함하여 총 19개의 해양관련 국공립 및 사립 박물관이 운영 중에 있으며, 이 가운데 국공립 해양 관련 박물관은 11개소가 있다. 그러나 이 가운데 해양문화를 전시하고 있는 박물관은 국립해양박물관(부산), 국립해양문화재연구소 해양유물전시관(전남 목포), 수산과학관(부산), 등대박물관(경북 포항), 고래박물관(울산) 정도이고, 그 외는 해양자연사 박물관과 수족관이 주류를 이루고 있다.

해양 관련 박물관을 제대로 관람하기 위해서는 해당 박물관이 어떤 목적으로 설립되었는지를 파악하는 것이 중요하다. 왜냐하면 박물관이 어떤 목적으로 설립되었는지를 파악하지 못한 채 관람한다면 박물관 안을 아무 생각 없이 거니는 것과 다를 바 없을 것이기 때문이다. 따라서

---

[1] 한국해양대학교 국제해양문제연구소, 국립해양박물관 전시물 확보 및 운영에 관한 연구, 2006. 2; 김성준, 국립광양만포트뮤지엄 건립방안, 광양시자문보고서, 2013. 4.

전시관을 관람하기에 앞서 박물관의 설립 목적, 전시 주제, 주요 전시물에 대해 조사하는 것이 무엇보다도 중요하다고 하겠다. 이와 같은 준비를 마쳤다면 우리 나라의 대표적인 해양문화 전시관을 직접 찾아가 관람해 보자.

고성
화진포해양박물관

서울
63수족관COEX 수족관

당진
함상공원

서천
서천해양박물관

포항
국립등대박물관

거제

목포
국립해양문화재연구소
시립어린이바다과학관

어촌민속전시관 　조선해양문화관

울산
장생포고래박물관

해남
땅끝 해양자연사박물관

수산과학관　부산아쿠아리움
부산세계해양생물전시관　국립해양박물관

부산

완도
어촌민속전시관

여수
전라남도해양수산과학관

<표 2> 해양 관련 전시관 현황

시 설 명	소 재 지	건립 연도	전시 주제	건립 주체
63수족관	서울	1985	수족관	대생기업
등대박물관	포항	1985	등대, 항로표지	포항해양청
국립해양유물전시관	목포	1994	발굴선과 인양유물	문화재청
부산세계해양생물전시관	부산	1994	해양생물	부산시
수산과학관	부산	1997	수산과학	수산과학원
전라남도해양수산과학관	여수	1998	해양생물	전라남도
어촌민속전시관	완도	2000	어촌민속	완도군
COEX 수족관	서울	2000	수족관	오션아쿠아리움
부산아쿠아리움	부산	2001	수족관	한국아쿠아리아 21
함상공원	당진	2002	군함, 해군	충남, 당진군
서천해양박물관	서천	2002	수족관, 어패류	개인
땅끝 양자연사박물관	해남	2002	수족관, 어패류	개인
어촌민속전시관	거제	2003	어촌민속	거제시
조선해양문화관	거제	2003	조선산업	거제시
화진포해양박물관	고성	2004	패류, 수족관	고성군
울산고래박물관	울산	2005	고래	울산시 남구
국립해양박물관	부산	2012	종합해양박물관	해양수산부
엑스포아쿠아리움	여수	2012	수족관	한화그룹
어린이바다과학관	목포	2013	과학관	목포시

1. 국립해양박물관(부산)

부산광역시 영도에 위치한 국립해양박물관은 3차례에 걸친 타당성 조사를 거치는 등 우여곡절을 겪은 뒤 2012년 7월 9일 개관하였다. 총 공사비 1,042억 원과 유물구입비 100억 원 등 총 1,142억 원이 투입되어 우리 나라를 대표하는 명실공히 세계유일의 종합해양박물관을 지향하였다. 전체 7개 전시실과 어린이박물관 1개 등으로 구성된 국립해양박물관은 웅장한 외관에 걸맞게 '부산의 랜드마크'가 될 것으로 기대되었다. 개관 직전인 2012년 7월 6일자 부산일보는 사설에서 "부산 시민 전체의 역량을 결집해 이뤄낸 결과라는 점에서 한층 더 자부심을 갖게 한다."고 기대감을 나타내었다. 이러한 기대감을 반영하듯, 2012년 7월 9일 개장한 이래 2개월이 채 안돼 50만 명(2012.9.2.), 6개월 만에 100만 명(2013.1.2.), 11개월 만에 200만 명(2013.6.2)의 관람객이 방문하였다.

그러나 해양계의 염원을 담아 건립된 국립해양박물관에 대한 기대가 컸던 만큼 그에 따른 실망도 컸다. 개관한 지 채 한 달도 안되어 "박물관을 시공한 뒤, 유물을 매입하고, 연구기능과 해양유물 부족으로 '세계 최고, 세계 최초'의 종합해양박물관이라는 수식어를 붙인 것은 부적절"하다는 평가를 받았다.[2] 전문가뿐만 아니라 일반 관람객들의 눈높이를 맞추는 데도 실패한 듯하다. "박물관 내부는 넓은 데 공간 활용도가 떨어지는 것 같다. 수족관 말고는 구경할 만한 게 없다."거나 "전시품이 부

---

2) 정문수, 〈부일시론〉, 《부산일보》, 2012. 7.25.

족하고 내실이 없어서 한 번 찾고 나면 또 다시 찾고 싶지 않을 것 같다."는 평가가 나오기도 했다.[3]

〈표 3〉 국립해양박물관 전시실 구성

전 시 실	주요 전시 내용
• 해양역사인물	• 한국의 해양인 • 동서양해양인물100인
• 해양영토	• 해양의 가치 • 대한민국 해양영토
• 해양산업	• 수산업 • 해운항만업 • 조선업 • 신해양산업
• 항해선박	• 통신사선(1/2)모형선 • 우리 배의 역사(모형) • 해양경영 5천년연표 • 해양유물갤러리
• 해양생물	• 아쿠아랩 • 터치풀 • 원통형수족관
• 해양과학	• 해양과학사연표 • 해양관측과 예보 • 심해탐사 • 극지연구
• 해양문화	• 해양문화로 가는 통로 • 한국의 풍어제 • 어로문화 • 위도 띠뱃놀이
• 해양체험	• 보트체험수조
• 어린이박물관	

국립해양박물관은 2005년 해양수산부가 추진한 숙원 사업 중 하나로

---

3) 《부산일보》, 2013. 3.12.

추진되었다. 당시 해양수산부는 과거 해운항만 분야와 수산 분야를 아우르고 있었기 때문에 전시실 구성도 해양을 총체적으로 아우르는 종합 해양박물관을 지향할 수밖에 없었다. 그 결과 해양역사, 해양영토, 해양산업, 항해선박, 해양생물, 해양과학, 해양문화 등 해양을 포괄하는 전 분야를 아우르게 전시실을 꾸리고 공개매입을 통해 유물을 확보할 수밖에 없었다. 그 결과 어느 전시실 할 것 없이 관람객의 지적 호기심을 자극하고, 역사적 가치가 있는 유물을 관람한다는 자부심을 느끼게 하기에는 턱없이 부족하다. 외국의 대다수 박물관들은 유물이 확보된 상태에서 이를 보관 및 전시하기 위하여 박물관을 건립하는 데 반하여, 우리는 박물관이란 외형을 건립하고 난 뒤 여기에 전시할 유물을 구입한다. 국립해양박물관은 박물관을 거꾸로 짓는 그 전형적인 예 중의 하나일 뿐이다. 거제의 옥포해전 기념관이나 완도의 장보고기념관 등 거꾸로 박물관을 짓는 사례는 전국 도처에 산재해 있다. 지금도 각 지자체 마다 기념관과 박물관을 짓는 데 열을 올리고 있는데, 국립해양박물관은 이를 경고하는 훌륭한 타산지석이다.

2. 국립해양유물전시관(목포)

1994년 전남 목포에 개관한 국립해양유물전시관은 우리 나라 전통선박인 완도선, 신안에서 발굴된 중국 원대 고선박인 신안선, 어촌민속, 선박역사를 전시주제로 한 상설전시실과 기획전시실을 운영하고 있다. 완도선 실에는 1984년 완도에서 발굴된 11세기 고려시대 도자기 운반선인 완도선 발굴 잔해와 복원 모형선, 고려청자, 선원 생활용품들이 전시되어 있고, 신안선 실에는 1976년부터 1984년까지 발굴된 신안선의 발굴 잔해와 복원선, 신안선에서 발견된 각종 항해도구와 중국 원대의 각종

도자기, 각종 선적 화물, 선원들의 생활 용기 등이 전시되어 있다. 신안선은 14세기 중국 원대에 지금의 영파에서 출항하여 일본으로 항해하던 중 신안 연안에서 침몰한 200톤급 중국 선박으로 학술적으로 의미가 있는 발굴선이다. 왜냐하면 신안선이 발굴되기 전까지 중국 선박에 격벽이 있다는 사실은 문헌 기록에는 남아 있었지만, 이를 입증할만한 실물 증거가 없었는데 신안선의 발굴로 이것이 입증되었기 때문이다. 신안선실에서는 발굴된 목재들을 재조립해 복원해 놓은 신안선 실물은 매우 유려한 외형과 길이 34m, 너비 11m, 깊이 3.7m에 이르는 웅장한 선체를 1층과 2층에서 근접하여 관람할 수 있다. 야외 전시장에는 전통 새우잡이 어선인 멍텅구리 배와 8.3m에 이르는 전통 목재 닻, 가거도 배 복원선, 통구마니 배, 베트남 표류선, 중국 강소성 배 등이 전시되어 있고, 실물크기로 복원된 조기잡이 어선과 옹기 운반선이 바다에 정박되어 있다.

〈그림 2〉 국립해양유물전시관 전시실(www.seamuse.go.kr)

〈그림 3〉 국립해양유물전시관 야외 전시물(www.seamuse.go.kr)

인근에 갓바위, 목포자연사박물관, 목포문학관, 목포생활도자박물관, 남농기념관 등이 소재하고 있어 국립해양유물전시관 주변은 해양문화뿐만 아니라 전통 도자기, 남농 허련의 한국화, 자연사 등을 이해하고 즐기기에 더 없이 안성맞춤하다.

3. 등대박물관(포항)

등대박물관은 경북 포항시에 소재한 국토해양부 소관의 전문박물관으로 1985년에 개관하였다. 개관 당시에는 호미곶을 관광명소로 개발하기 위해 포항시가 설립하였으나, 박물관의 성격상 해양수산부가 관할하는 것이 효과적이라는 판단에 따라 1993년 해양수산부 산하 포항지방해양

1. 매표소 (Ticket office)
2. 등대관 (Lighthouse Hall)
3. 수산전시장 (Water Display Hall)
4. 해양수산관 (Marine and Fisheries Hall)
5. 야외전시장 (Outdoor Display Hall)
6. 테마공원 (Theme Park)
7. 전망대휴게실 (Souvenir Shop)
8. 기획전시관 (Planning Exhibit Hall)
9. 주차장 (Parking)

수산청으로 이관하였고, 현재는 재단법인 항로표지기술협회가 위탁 운영
하고 있다.

  등대박물관은 주건물에 등대관과 기획전시관이 마련되어 있고, 별실로
해양관이 있으며, 야외에도 전시관과 테마공원으로 꾸며져 있다. 주건물
에 소재한 등대관에는 항로표지용품, 등대의 등명기와 렌즈, 각종 항로
표지 등 550여점이 전시되어 있고, 별실인 해양수산관에는 해운과 항만
분야의 정보를 알기 쉽게 정리해 놓은 그래픽 패널이 전시되어 있다.
그리고 기획전시실에는 영상물 상영관과 등대의 변천사 등이 전시되어
있고, 야외에는 발동 발전기, LORAN-C 등의 전파항해장비, 무인등대 등
의 실물이 전시되어 있으며, 테마공원에는 우리 나라의 주요 등대의 모
형과 호미곶 앞바다의 풍광을 즐길 수 있어서 가족들이 한나절 나들이
하기에 적당한 곳이다.

〈그림 4〉 등대관에 전시된 등명기

4. 수산과학관(부산)

    부산광역시 기장군에 소재한 수산과학관은 국립수산과학원의 부속시설로 1997년에 개관하였다. 수산과학관을 찾아가는 길은 대중교통을 이용하기에는 다소 불편하지만, 가족들과 함께 한나절 즐기기에는 안성맞

춤하다. 수산과학관은 국립수산과학관의 연구 자료와 어류 표본, 우리
나라 연근해 어류 수족관, 선박모형전시관, 각종 어로 장비, 어업 및 양
식 기술 등 주로 수산과 관련한 7400여점의 전시물을 전시하고 있다. 따
라서 우리들이 늘 즐겨먹는 어류들의 생태와 표본, 수산 생물들의 계통,
해양 적조 현상에 대해 잘 이해할 수 있게 도와준다.

  수사과학관의 실내 전시실 관람을 마치고 나면, 야외에 마련된 수조
에서 물고기 밥을 주는 체험도 할 수 있고, 선박전시관에서 다양한 선
박모형들과, 항해장비, 각종 어구, 선용품 등을 관람하고, 야외 전망대에
서 송정 앞바다의 아름다운 풍광도 즐길 수 있다.

〈표 4〉 수산과학관 전시관의 구성

분 야 별	전 시 내 용
• 해양자원실	• 해양의 성상·생태, 수산자원조사
• 어업기술실	• 전래 및 현대어구어업, 각종 부속어구류
• 수산증양식실	• 해조류·패류·어류양식 디오라마, 연어 생활사 등
• 해양이용·보전	• 인공위성을 이용한 해양관측, 해양환경 및 적조현상
• 바다목장	• 첨단과학을 이용한 바다목장 디오라마
• 어류표본실	• 각종 어·패류 액침표본
• 수산이용가공	• 수산물 이용실태 및 가공공정, 수산물 기능성 성분
• 해양과학	• 해양탐사, 해양을 이용한 발전시설, 미래의 해양도시
• 문답풀이실	• 관람 이해력 테스트(문답코너), 인터넷 검색
• 수산생물실	• 수산동식물 계통도, 수산생물의 실물 박제
• 수족관	• 살아 움직이는 수산생물 관찰, 연산호 수조 등
• 시청각실	• 해양·수산 관련 영상물 관람(112석)
• 옥외시설	• 통로형 야외수조(대형 담수어류 사육), 휴게전망대
• 선박전시관	• 고대선박모형, 해양개발부스, 주요항구 동영상

5. 고래박물관(울산)

고래박물관은 우리 나라 포경업의 중심지였던 울산광역시 장생포 해양공원 내에 소재하고 있다. 울산 남구청이 1986년 상업포경이 금지된 이후 사라져가는 포경 유물을 수집 및 보존하고, 해양생태계에 대한 교육자료 및 관광자원으로 활용하기 위해 2005년에 개관하였다.

고래박물관은 실내 전시실과 야외 포경선으로 이루어져 있으며, 실내 전시실에는 포경역사, 반구대암각화,

귀신고래전문관, 고래해체장 복원관, 고래의 생태와 진화, 영상실, 고래 뱃속길 등이 마련되어 있다. 3층으로 이루어진 실내 전시실에는 1층에 반구대 암각화 복원도를 비롯하여, 길이 12m에 이르는 브라이트 고래 골격, 범고래 골격 등이 전시되어 있고, 3D 영상관에서는 웅장한 입체 화면에 고래의 소리를 생생한 화면 속에서 만나볼 수 있으며, 2층의 귀신고래 전시관에서는 소리로 만나는 귀신고래, 매직비젼 화면으로 만나는 귀신고래, 귀신고래 두개골, 귀신고래 실물 모형 등을 관람할 수 있고, 고래해체장 복원관에는 착유장과 고래막 등을 원형 복원하여 고래의 해체방식과 다양한 활용법에 대한 자료들이 전시되어 있다. 특히 3층의 어린이체험관에서는 고래 회유도와 고래 뱃속길을 구현하여 마치 거대한 고래의 뱃속을 거닐고 있다는 느낌을 받을 수 있도록 구성되어 있다. 야외에 전시되어 있는 포경선은 실제로 1985년까지 고래잡이에 이용되었던 제6진양 호의 실물이 원형 그대로 전시되어 있어서 직접 승선하

여 배의 내부를 관람할 수 있다.

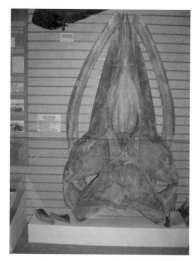

〈그림 5〉 고래박물관의 전시물 ①

〈그림 5〉 고래박물관의 전시물 ②

6. 그리니치 해양박물관(영국 런던)

영국과 우리 나라의 차이

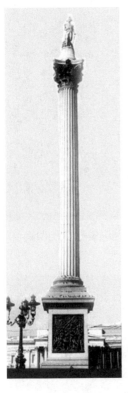

사람들에게 '영국' 하면 떠오르는 것이 무엇이냐고 묻는다면 열에 아홉은 '신사의 나라'라고 대답할 것이다. 그러나 필자가 런던에서 생활하면서 느낀 점은 영국은 '신사의 나라'라기 보다는 '뱃사람의 나라'라는 것이다. 런던의 심장부라고 할 수 있는 트라팔가 광장(Trafalgar Square)에 드높이 솟아 있는 넬슨 제독의 기둥을 보고 있노라면 영국 사람들이 넬슨 제독을 브리튼 섬의 수호신으로 간주하고 있는 것은 아닌가 하는 생각이 절로 들곤 한다. 해양사 관련 전문 다큐멘터리 제작자로 유명한 루크 카이버스(Luc Cuyvers) 박사가 2000년 우리 나라를 방문했을 때 필자에게 이렇게 얘기한 적이 있다. "한국에 와서 보니 이 제독(Admiral Yi)의 동상이 곳곳에 세워져 있는 것이 마치 넬슨 제독의 동상이 영국의 곳곳에 세워져 있는 것과 비슷하군요. '넬슨과 이순신'이 영국과 한국 두 나라에 어떤 의미가 있는지 비교하는 다큐멘터리를 만들면 재미있을 것 같군요." 그때 필자는 "참 흥미 있는 주제가 될 것 같다."고 가볍게 대꾸했던 것 같다.

그러나 지금 와서 돌이켜보면 루크 카이버스 박사가 '넬슨과 이순신'이라는 다큐멘터리를 완성하고 나면 영국과 우리 나라는 같은 점 보다는 다른 점이 더 많다는 사실을 깨달았을 것이라는 생각이 든다. 넬슨이 트라팔가 해전에서 프랑스 함대를 격파했고, 충무공이 한산대첩에서 왜적을 대파함으로써 각각 영국과 조선을 지켜냈다는 점에서 두 사람이 양국에서 국가적 영웅으로 존경받고 있다는 점에서는 동일하다. 그러나 영국인들은 넬슨이 본 부인을 두고 미망인인 해밀톤(Hamilton) 부인과 사랑에 빠졌었다는 사실까지도 넬슨이 지닌 인간적인 측면으로 받아들이지만, 우리 나라는 충무공을 실수를 하지 않는 완전무결한 사람으로 받들고 있다. 또한 영국인들이 넬슨의 시시콜콜한 것까지도 기념하고 논문을 쓰고 책을 출판하고 있지만, 우리 국민들은 이순신에 대해 그렇게 많은 것을 알지 못하고 있는 것이 사실이다.

이 보다 더 본질적인 차이는 영국은 섬나라이고, 정부와 국민들이 섬나라라는 사실을 자각하고 있지만, 우리 나라는 3면이 바다로 둘러 쌓인 반도 국가이면서도 정부와 국민들이 그 사실을 깨닫고 있지 못하고 있다는 점이다. 영국에는 넬슨 뿐만 아니라, 캡틴 제임스 쿡(Captain James Cook), 써 프란시스 드레이크(Sir Francis Drake), 써 월터 롤리(Sir Walter Raleigh), 써 헨리 모건(Sir Henry Morgan) 등 세계 역사에 이름을 남긴 뱃사람들이 수 없이 많을 뿐만 아니라, 왕 중에도 '뱃사람'(The Sailor)이란 애칭을 가진 왕(George V)이 있었다. 그에 반해 우리 나라는 뱃사람을 뱃놈이라 하여 천대하여 왔고, 지금도 뱃사람들을 전문 직업인으로 대우하지 않고 있다. 해양안전심판원장이라면 선박 사고의 시시비비를 가리는 최고의 자리로서 항법에 정통한 선장이 맡는 것이 당

뱃사람 조지 5세의 대리석상
해양박물관에 면해 있는 그리니치 공원

연하지만, 우리 나라는 해양수산부의 고위 공무원들이 낙하산을 타고

내려오는 자리가 되어 버렸다. 이런 점을 감안해 보면 영국은 뱃사람들이 존중받고 있고, 또 사회의 중상층을 형성하고 있다는 점에서 뱃사람의 나라인 셈이다.

그러나 현재의 영국을 해양국가라고 부르기에는 어딘지 어색한 느낌이 든다. 왜냐하면 보유 선박량이나 조선 능력 면에서 영국은 이미 예전의 그 화려했던 지위를 완전히 잃어버렸기 때문이다. 그에 반해 우리나라는 조선 수주량 세계 1위, 보유 선박량 세계 5위를 차지하여 외견상 해양국가로 성장하였다. 그런 점에서 전시물로 보아서 진정한 해양박물관인가 하는 의문이 여전히 남기는 하지만, 우리의 해양 전통을 되살리고, 현재의 자랑스러운 해양의 역사를 전시하는 국립해양박물관을 건립했다는 것은 뒤늦게나마 다행스러운 일이 아닐 수 없다. 박물관이라고 하면 과거의 자랑스러운 유물을 전시하고 교육하고 연구하는 곳으로 치부할 수 있다. 그러나 반드시 그렇게 생각할 필요는 없을 것 같다. 지금 우리가 살고 있는 이 시대도 곧 과거가 되고, 역사가 되어 버릴 것이기 때문이다. 그런 점에서 지난 3세기 동안 세계의 바다를 주름잡았던 영국이 해양박물관을 어떻게 꾸리고 있는지를 살펴보는 것은 의미있는 일이다.

그리니치 해양박물관

해양 박물관 하면 그리니치 해양박물관을 떠올릴만큼 그리니치 해양박물관은 바다에 관심을 가진 모든 사람들에게 가장 널리 알려진 해양박물관이다. 트라팔가 광장 인근인 챠링 크로스(Charing Cross) 역에서 네 정거장만 가면 도착하는 곳이 그리니치 역이다. 그리니치 역에서 내려 약 5분 정도 이정표를 따라 걸어가다 보면 옛 해군대학(Naval College) 건물과 그리니치 해양박물관이 나타난다. 앰반크먼트(Embankment)에서

그리니치 해양박물관

그리니치까지 운항하는 배를 타도 된다. 역사적인 건물이 늘어선 템즈 강을 따라 항해하면서 템즈 강변의 풍광을 감상하는 것은 런던 관광의 백미 가운데 하나이다. 특히 그리니치 도크에 도착하자마자 반겨주는 커트 샤크(Cutty Sark) 호의 위용은 그야말로 장관이다.

커트 샤크(Cutty Sark) 호

필자는 십여년 전에 그리니치 해양박물관 부설 캐어드(Caird) 도서관에서 석달 동안 공부를 한 적이 있었기 때문에 박물관을 실컷 구경할 수 있었다. 그러나 당시는 대부분의 전시실이 내부 공사 중이었기 때문에 16개로 이루어진 전시실 가운데 넬슨, 해양력, 선원, 전함 모형 전시실 등 일부 밖에 구경하지 못했었다. 그때는 그

유명한 그리니치 해양박물관이 이 정도라면 우리 나라의 목포해양유물 전시관도 그에 뒤지지 않을 것이라고 생각했던 것 같다. 그러나 2001년 2월에 해양문화재단의 후원을 받아 그리니치 해양박물관이 주최하는 '열린 박물관'(Open Museum) 강좌에 참가하고, 박물관을 다시 둘러보고 나서야 내 생각이 잘못되었다는 사실을 깨달았다. 2년 전에 내가 본 것은 해양박물관의 한 모퉁이에 불과했던 것이다.

탐험가와 여객선, 그리고 화물

그리니치 해양박물관은 본래 그리니치 해군병원(Greenwich Naval Hospital)이었던 건물을 개조하여 1937년 4월 27일 조지 6세가 참석한 가운데 개장되었으며, 모두 16개의 전시실을 갖추고 있다. 주 출입구를 통해 들어가면 1층에 탐험가, 여객선, 계급과 해군 제복, 런던 해양사, 화물 등의 전시실이 마련되어 있다. 먼저 2개로 나누어 꾸며 놓은 탐험가 전시실을 돌아보면 콜럼버스, 바스코 다 가마, 마젤란, 베링 등과 같은 탐험가들이 이용했던 항로, 항해기구, 해도 등을 이해하기 쉽도록 일목요연하게 전시해 놓았다. 탐험가 전시실을 돌아보다 베링 섬에서 동료들에 둘러 쌓여 죽어가고 있는 베링의 모습을 형상화해 놓은 밀랍인형이 너무나 실제 모습과 흡사하여 소스라치게 놀랐던 기억이 새삼 떠오른다.

19세기 중엽 이후 영국의 해운업을 견인했던 것은 큐나드(Cunard), P&O, 화이트 스타 라인(White Star Line) 등의 여객선사들이었다. 1층에서 특히 기억에 남는 전시품은 바로 여객선관에 전시되어 있는 모리타니아(Mauretania) 호의 모형이었다. 관람객들이 모리타니아 호의 내부 모습을 볼 수 있도록 선체의 중앙을 잘라 놓았는데, 화려한 1등실에 머물고 있는 부잣집 딸과 상류층 부인을 밀랍인형으로 재현해 놓아 관람객의 엿보기 본능을 자극한다. 그리고 그 아래에 사람들이 빽빽이 자리잡고 앉아 있는 3등실의 모습이 아주 대조적이다.

화물관에는 컨테이너 터미널의 모형과 머스크사가 기증한 대형 컨테이너선 모형 등 상선 운항과 관련한 전시공간으로 활용하고 있다. 들러보면서 이곳에 한진해운이나 현대상선이 보유한 세계 최대급 컨테이너선의 모형이 전시되어 있다면 어땠을까 하는 생각이 절로 들었다. 계급과 해군 제복관에는 일반 수병에서 제독에 이르기까지 해군 제복과 작업복의 원제품이 전시되어 있고, 런던 해양사관에는 런던항이 역사적으로 어떻게 발전해 왔는지를 보여주는 지도, 모형, 사진 등이 전시되어 있다.

무역과 제국 그리고 해양력

2층에는 지구 공원, 무역과 제국, 해양력, 예술과 바다, 바다의 미래 등의 전시실과 식당, 휴게실 등이 마련되어 있다. 레스토랑은 실내에 키, 선수상 등으로 장식해 놓았고, 이름도 '갑판장 카페'(Bosun's Cafe)라고 되어 있어서 해양박물관에 아주 걸맞은 레스토랑이라고 생각했었다. 그러나 올해 다시 가보니 이름도 바뀌고, 실내 장식도 보통 레스토랑으로 바뀌어 약간 실망했던 기억이 난다. 지구 공원관에는 영국인들이 세계 각지를 돌아다니면서 "영국의 무역이나 제조업에 유용한" 것들을 채집하여 들여온 식물들에 대해 정리해 놓았다. 유럽인들은 세계 각지에서 희귀한 식물들을 조직적으로 유럽으로 들여왔다. 이 과정에서 감자, 커피, 허브, 설탕 등이 유럽과 서인도, 북미 등으로 유입되었고, 특히 설탕은 영국인들이 산업혁명을 준비할 수 있는 자본을 축적할 수 있도록 했다. 관람객들은 지구 공원관을 돌아보는 동안 유럽인들이 들여온 열대식물들로부터 19세기에 키니네(quinine), 코카인, 모르핀 등과 같은 약물을 추출하여 생화학공업과 의학의 발전에도 기여하였음을 깨닫게 될 것이다.

지구 공원관을 구경하고 내실로 들어가면 무역과 제국, 해양력, 예술과 바다 전시실이 연이어져 있다. 이곳 전시실에는 주로 해당 주제와 관련한 그림과 모형, 지도, 유물 및 유품이 전시되어 있다. 무역과 제국관은 16세기에서 19세기에 이르기까지 영국인들이 세계 각지를 돌아다니면서 이룩한 무역 활동과 그에 뒤이어 거대한 상업제국 나아가 해양제국을 건설하게 되는 과정을 보여주는 전시품들이 시기별로 정리되어 있다. 19세기 즈음에 가면 럭비복을 입고 한 팔로 다른 쪽 팔을 잡고 혓바닥을 내밀고 있는 밀랍인형을 볼 수 있다. 이것은 뉴질랜드의 원주민인 마오리 족이 적대부족을 만났을 때 상대방의 기를 꺾기 위해 하는 하카(haka)라고 하는 행동이다. 이곳 전시실에 전시되어 있는 이 녀석은 누구를 보며 하카를 하고 있는 것일까? 정면에서 가만히 보고 있자니 나에게 하카를 하고 있는 것이 아닌가! 영국인들이 1885년에 거문도를 무단으로 점령했을 때 '그래 조선 너희들은 하카나 먹어라'라고 생각하지 않았을까? 다른 관람객들도 그런 생각이 들어서인지 정면에서 약간 비켜서는 것처럼 느껴진다. 그 절묘한 전시품의 배치에 혀를 내두를만 하다.

일본인들은 자신 조상들이 저지른 잘못을 반성하기는커녕 사실을 왜곡하고 있지만, 같은 섬나라인 영국인들은 자기 조상들이 저지른 비인도적 행위까지도 박물관에 전시하고 있다. 노예무역은 1807년 공식적으로 금지될 때까지 영국인들이 자본을 축적하는 수단 가운데 하나였다. 좁은 화물창에 쇠사슬이나 밧줄에 묶여 무표정하게 빽빽이 앉아 있는 흑인들의 모습을 보고 있노라면 저절로 가슴이 미어져 옴을 느끼게 된다. 유럽인들은 흑인 노예들을 '흑상아'(black ivory)라고 불렀다. 설탕, 코코아, 담배 등 대서양 횡단 화물의 운임이 톤당 5파운드 정도일 때 노예한 사람을 팔면 25-30파운드 정도의 이익을 남겼다고 하니, 그들의 입장에서 보면 흑인을 '흑상아'가 아니라 '금상아'라고 해도 틀린 말은 아니다. 노예선은 보통 100%의 순이익을 남겨도 그렇게 많은 이익을 남긴 것으로 여겨지지 않았다고 한다. 결국 영국인을 포함한 유럽인들이 우리 보다 앞설 수 있었다는 것은 아프리카, 인도네시아, 인도, 호주와 뉴질랜드, 남미 등을 착취했기 때문이라는 점은 부정할 수 없는 역사적 사실이다.

해양력관에는 영국 해군에 관한 여러 가지 자료들이 전시되어 있고, 예술과 바다관에는 바다와 관련한 그림들이 어지러울 정도로 빽빽하게 전시되어 있다. 이곳을 스쳐 지나면서 느낀 점은 과거에 우리 조상들이 바다에 관한 그림을 많이 그리지 않아서 현재 얼마 남아 있지 않지만, 오늘날에는 현직 선원 화가가 있어 활발하게 작품 활동을 하고 있고, 지금도 모 상선회사에서 선상 근무를 하고 있는 것으로 알고 있다. 지금부터라도 그런 분들의 그림을 모아 전시해 둔다면 훗날 우리 후손들에게 값진 해양문화 유산이 되지 않을까?

넬슨과 보통 선원

3층으로 올라가면 넬슨관과 전함관, 특별전시관, 보통 선원관이 있다. 넬슨관에는 견습사관(midshipman) 시절부터 트라팔가해전에서 사망할 때까지 넬슨의 일생을 보여주는 유물이 전시되어 있다. 1805년 트라팔가해전에서 프랑스-스페인 연합함대를 맞이하여 '우리 영국민은 여러 분들이 최선을 다해주길 기대하고 있다.'는 말로 해군 장병들을 격려한 넬슨은 프랑스군의 탄환을 맞고 죽음을 맞이하는 순간 '나는 나의 최선을 다했다.'고 말한 것으로 전해지고 있다. 넬슨의 최후도 충무공에 버금가리만큼 장엄하다. 그의 마지막 모습을 그려놓은 그림 옆에 넬슨이 그 순간에 입었던 제복을 함께 전시해 놓았는데, 갈기갈기 찢겨진 채 전시된 그 제복을 보면 저절로 전율을 느끼게 된다. 넬슨관에는 넬슨이 해밀턴 경의 미망인이었던 엠마 해밀턴(Emma Hamilton)과 나누었던 서신과 그녀와 관련된 여러 가지 유물이 전시되어 있다. 넬슨은 본부인과 정식으로 이혼을 하지 않았기 때문에 엠마는 우리 식으로 하면 내연의 처라고 할 수 있다. 하지만 넬슨이 진정으로 사랑한 여인이 엠마였기 때문에 영국인들은 그녀를 넬슨의 부인처럼 대우하고 있다. 물론 엠마가 생존할 당시에는 그렇지 못해 그녀는 불우하게 생애를 마쳤지만. 넬슨관에서는 트라팔가 해전의 상황을 선명하게 그릴 수 있도록 당시의 상황을 재현한 가상 영화를 일정한 간격으로 틀어주고 있어 관람객들의 이해를 돕고 있다.

전함관에는 다양한 종류의 전함 모델이 전시되어 있고, 보통 선원관에는 등대, 크레인, 무전기, 선내 작업시 이용되는 여러 가지 도구들이 전시되어 있다. 보통 선원관의 전시품들은 관람객들이 직접 사용해 볼수 있다. 특히 범선이 어떻게 맞바람을 거슬러 올라갈 수 있는지를 확인할 수 있는 장치를 마련해 놓았는데, 필자도 이 장치를 통해 오랫동안 가져 왔던 의문을 풀 수 있었다. 그리고 3층에는 특별전시실이 마련되어 있는데, 특별한 기념일이나 일정한 기간을 설정하여 특별전을 개최하고 있다.

영국은 아직도 세계의 중심

그리니치 해양박물관을 다 보고 나면 구 왕립천문대(Old Royal Observatory)를 구경할 수 있다. 해양박물관 입장권으로 두 곳을 구경할 수 있기 때문에 따로 입장권을 살 필요가 없다. 그리니치 공원의 잔디밭을 밟으며 야트막한 언덕 위로 올라가면 왕립천문대가 나온다. 이곳이 바로 경도 0

도선이 지나가는 곳으로, 바로 이곳을 기점으로 경도가 동경과 서경으로 나뉘어진다. 왕립천문대 내부로 들어가면 별자리를 관측하고 위치를 정하기 위해 사용된 갖가지 천측기구와 대형 망원경들을 볼 수 있다. 왕립천문대를 빠져 나와 템즈 강을 바라보면서 문득 이런 생각이 들었다. 영국은 비록 과거의 대영제국의 영광을 잃어버리긴 했지만, 아직도 세계의 중심이다.[4]

7. 포츠머스해군 박물관(영국 포츠머스)

포츠머스 찾아가는 길

그리니치해양박물관이 해사종합박물관의 성격을 띤 곳이라고 한다면, 포츠머스해군 박물관은 주로 영국 해군사와 관련한 유물과 자료들을 전시하고 있다. 특히 트라팔가(Trafalgar) 해전에서 나폴레옹 함대를 격파하여 브리튼을 위기에서 구한 넬슨(Horatio Nelson, 1758~1805)의 기함 빅토리(HMS Victory) 호가 보존되어 있는 곳으로 유명하다. 포츠머스 해군박물관이라고 하면 포츠머스 군항 일대에 자리잡고 있는 HMS Warrior, Mary Rose Hall, HMS Victory, 왕립해군박물관(Royal Naval Museum), 왕립조선소(Royal Dockyard), 잠수함 박물관 등을 모두 일컫는다.

1999년 전 로타리재단의 후원을 받아 런던에서 공부를 할 기회가 있었다. 그때 영국측 후원클럽인 런던의 Teddington and Hampton 로타리 클럽의 저녁 모임에 참석한 적이 있었다. 당시 모임에 참석했던 로타리 회원들과 이런 저런 얘기를 나누면서 '전공이 영국 해양사'라고 얘기를 꺼내자, 한 회원이 '그러면 포츠머스를 꼭 가보라'고 얘기를 했다. 로타

---

4) 『해양과 문화』, 6호, 2001년 8월.

리 모임에 참석하여 포츠머스에 대한 얘기를 들은 것이 2월 말이었으나, 자료 수집과 영어학원 수강 등으로 4월말까지 짬을 내지 못하고 있었다. 그러다가 6월로 잡혀있었던 귀국일이 점차 다가옴에 따라 더 이상 미뤄서는 안되겠다 싶어 5월 초에 포츠머스를 방문하게 되었다.

포츠머스는 브리튼 섬의 동남부에 위치한 군항으로 런던에서 가려면 기차를 타거나, 쾌속선을 이용하면 된다. 쾌속선은 런던 하구의 도버(Dover) 항에서 포츠머스까지 운항하는 배를 이용하면 되고, 기차는 워털루(Waterloo) 역에서 출발한다. 기차는 요일에 따라 다르지만 평일에는 몇 십분 간격으로 자주 운행되고 있었고, 일요일에도 그렇게 지루하다는 생각이 들지 않을 정도로 자주 있는 편이었다. 여행 시간도 한 시간 내외였던 것으로 기억된다. 포츠머스 해군박물관을 보려면 종착역인 포츠머스 하버(Portsmouth Harbour) 역에서 내려야 한다.

맨 처음 반겨주는 바다와 HMS Warrior

포츠머스 하버 역에 내리면 탁 트인 대서양 바다가 한눈에 들어온다. 역 자체가 바다 위에 건설되어 있다는 느낌이 들 정도이다. 역을 빠져나가면 바로 정면에서 멋진 범선이 반겨준다. 이 배가 빅토리아 해군(Victorian Navy)의 주력함으로서 당시 유럽 각국의 해군에게 두려움의 대상이었던 워리어(HMS Warrior) 호이다. 워리어 호는 프랑스의 나폴레옹 3세가 삼촌인 나폴레옹 1세의 군사적 영광을 재현하기 위해 증기기관을 장착한 군함 라 글르와(La Gloire) 호를 건조하자, 영국이 이에 대항하기 위해 1860년에 만든 세계 최초의 철갑군함(ironclad)이다. 우리는 거북선이 '세계 최초의 장갑함'이라고 알고 있지만, 외국인들은 거북선의 모양이나 존재 자체에 대해서 잘 모르고 있다. 왜냐하면 이순신 제독이나 우리 나라의 역사와 관련한 영문서적이 매우 드물기 때문이다. 어쨌든 거북선을 세계 최초의 장갑함이라는 사실을 인정한다고 할지라도 워리어 호가 '증기기관을 장착한 세계 최초의 철갑함'이라는 사실에는 변함이 없다.

HMS Warrior, 1860

워리어 호의 주요 제원 및 무장

제원 : 길이 - 128m, 너비 - 18m, 흘수 - 8m
배수량 : 9210톤
외판 장갑의 두께 : 1.6cm
속력 : 범주 항해 13노트, 엔진 항해 14.5노트
무장 : 68파운드 대포 26문, 110파운드 대포 10문
석탄소비량 : 시간당 11톤
최대석탄적재량 : 850톤
작전 거리 : 2000마일
승무인원 : 705명

워리어 호는 취역 이후 영국해협과 대서양 동부 해역에서 주로 정찰 및 순항업무에 종사하였으나, 이렇다 할 전과를 올리지 못했다. 워리어 호가 전과를 올리지 못했다기보다는 전과를 올릴 기회가 없었다고 하는 편이 맞을 것 같다. 이는 워리어 호가 활동하던 기간에 이렇다할 해전이 없었고, 또 워리어 호가 워낙 막강한 전력을 보유했기 때문에 당시 프랑스를 비롯한 유럽 각국의 해군이 워리어 호에 대항할 엄두를 내지 못했기 때문이다. 워리어 호는 두 차례에 걸쳐 대대적인 수리를 하며 현역함으로 활동하다가 1883년에 포츠머스 하버에 계류되었다. 이후 워리어 호는 1904~24년까지 HMS Vernon 함대에 배속되어 영국해군전기학교(naval electric school)의 해상 학교로 이용되다가 다시 복원되어 1987년 현재의 위치에 계류되어 일반인에게 공개되고 있다.

왕립해군 박물관

워리어 호를 구경하고 난 뒤 부두가를 따라 걷다보면 박물관 입구가 나타난다. 이곳을 구경하기 위해서는 박물관 입구에서 입장권을 구입해야 한다. 만약 빅토리 호와 왕립해군박물관만 관람한다면 입장권을 저렴하게 구입할 수 있다. 입장권을 한번 구입하면 4번까지 사용할 수 있고, 다음에 이용할 때 지난번 본 것을 제외하고 나머지를 보려면 추가 입장료만 내면 된다.

먼저 왕립해군박물관(Royal Naval Museum)을 구경하기로 했다. 1911년에 개장한 왕립해군박물관은 영국에서 가장 오래된 해사박물관 가운데 하나이며, 12세기 이후 현재까지 영국 해군의 변천사를 일목요연하게 전시해 놓았다. 입구에서부터 시대순으로 전시해 놓았기 때문에 안내표시판을 따라 걷다보면 저절로 영국 해군이 어떻게 발전해 왔는지를 알 수 있다. 하지만 과거의 자료는 아무래도 부족하기 마련이기 때문에 넬슨

시대와 1·2차대전기의 자료가 상대적으로 많이 전시되어 있다. 하지만 왕립해군박물관이라는 이름에 걸맞게 이곳에는 헨리 5세(Henry V)의 기함이었던 '그레이스 디우'(Grace Dieu) 호의 선체 파편과 헨리 8세(Henry VIII)의 기함(flagship)이었던 '메리 로우즈'(Mary Rose) 호의 잔해에서 발굴된 유물들이 전시되어 있다.

왕립해군박물관에서 가장 눈에 띄는 것은 역시 넬슨과 관련한 유물과 1·2차 대전기에 영국 해군의 활동상이다. 이곳 왕립해군박물관에 전시되어 있는 넬슨 관련 유물들을 그리니치 해양박물관에 소장되어 있는 유물과 비교해 보면 질적인 면에서 떨어지는 것이 사실이다. 넬슨이 목에 걸고 있었다는 엠마 해밀턴(Emma Hamilton)의 미니어춰(miniature)를 새긴 목걸이와 빅토리 호에서 사용했던 식기 등 소량의 소품 정도만이 진품(original)이었고, 넬슨이 썼다는 서한과 일지 등은 그리니치 해양박물관에 소장되어 있는 진품을 복제한 것이다. 하지만 영국 해군사에서 넬슨이 어느 정도 위치를 차지하고 있는지를 가늠하는 데는 왕립해군박물관이 훨씬 낫다. 왜냐하면 넬슨이 어느 시기 쯤에 활약했었는지를 비교할 수 있기 때문이다. 19세기 즈음으로 가면 켄트(HMS Kent) 호 등 빅토리아 해군의 주력함들의 모형들과 당시 수병들의 활약상을 알 수 있도록 세심하게 관련 자료들을 전시해 놓았다.

왕립해군박물관의 마지막 전시실은 20세기 해군관이다. 19세기 말 독일이 촉발한 건함경쟁은 영국이 드레드노트(HMS Dreadnought) 호를 건조하면서 절정에 이르렀고, 이는 결국 제1차대전으로 비화되었다. 1차대전 전시실에서는 드레드노트 호의 모형과 주요 해전을 묘사한 전쟁화(戰爭畵), 침몰한 전함에서 건져 올린 종과 도끼 등의 유물, 독일의 U-보트의 공격으로 인한 피해와 방어대책 등을 볼 수 있고, 2차대전 전시실에서는 덩케르크 해전, 해군의 수송과 교통망, 수병들의 임무 등을 보여주는 그림, 포스터, 사진, 전함 모형 등을 볼 수 있다. 사실 전시품들이 너무 많기 때문에 무심히 지나치다 보면 무엇을 보았는지 놓치기 십상이다. 그런 가운데서도 2차대전 전시실에서 기억에 남는 것은 해군 제복을 입은 아리따운 아가씨의 옆모습을 담은 포스터였다. 이 포스터는 '여자들이여 해군에 지원하여 남자들이 함대에 승선할 수 있도록 하자'(Join the Wren and Free a Man for the Fleet)는 구호를 통해 여자들을 해군에 지원하도록 유도하고 있다. 2차대전은 전후방이 따로 없는 총력전(total war)으로서 후방지원 업무에 많은 병력이 소요되었기 때문에 영국을 비롯한 각국 정부는 여자들을 병력으로 활용하고자 했다. 이 포스터를 본 많은 영국의 젊은 여자들이 해군에 자원하여 간호·통신·지원 등의 후방업무를 담당했다.

건물 3동을 연결하여 전시품을 전시해 놓았기 때문에 대충 보고 지나친다고 하더라도 족히 2시간 정도는 걸린다. 게다가 전시실 내부가 어둡기 때문에 밖으로 나오면 어지러움을 느낄 정도이다. 전시실을 빠져나오면 기념품 가게가 있는데, 이곳에서 여러 가지 기념품을 구입할 수 있다.

넬슨의 기함 HMS Victory

왕립해군박물관 입구의 맞은 편에 넬슨 제독의 기함 빅토리 호가 전시되어 있다. 혼잡을 피하기 위해 20명 정도를 한 조로 편성하여 안내원의 설명을 들으며 관람할 수 있도록 배려해 놓았다. 안내원을 따라 세 번째 갑판으로 들어가니 약 5분 정도 빅토리 호에 대해 개략적인 설명을 한다. 자그마한 서가에 영어를 비롯하여 프랑스어, 스페인어, 독일어, 포르투갈어, 이탈리아어, 중국어, 일본어 등 세계 각국의 언어로 쓰여진 안내 책자가 비치되어 있었다. 한글로 쓰여진 안내책자도 있었던 것으로 기억된다.

빅토리 호는 선수미루 갑판까지 합하면 모두 7개 갑판으로 이루어져 있지만, 보통은 3층 갑판선으로 불린다. 이는 최하갑판(orlop deck)과 후 갑판(quarter deck)은 선수미재와 연결되어 있지 않고, 상갑판(upper deck)과 중갑판(middle deck), 포갑판(gun deck) 만이 선수미재와 연결되어 있기 때문이다. 빅토리 호는 이들 7개 갑판에 모두 104문의 대포를 무장한 당대 최고의 1등급 전함이었다. 1765년에 진수된 빅토리 호는 넬슨의 기함으로 활약하기 이전에 이미 1781년에 캠펜펠트(Kempenfelt) 제독의 기함으로서 유샨(Ushant) 해전에서 프랑스 함대를 격파하는 데 공을 세운 바 있고, 1797년에는 저비스(Jervis) 제독의 기함으로서 세인트 빈센트(St. Vincent) 해전에서 2배 이상의 전력을 보유한 스페인 함대를 격파하는데 큰 공을 세우기도 했다. 그러나 해전을 치르면서 선체가 크게 파손되었고 선령도 40년에 가까워졌기 때문에 1800~1803년에 걸쳐 대대적인 수리를 하여 현재 전시되어 있는 것과 같은 모습으로 탈바꿈했다. 1803년에 재취역한 빅토리 호는 넬슨의 기함으로서 지중해에 배치되었고, 1805년에 트라팔가(Trafalgar) 해전에 참가하였다. 바로 이 트라팔가 해전에서 넬슨이 사망하였다(10.21).

빅토리 호에 대한 대략적인 설명을 듣고 난 뒤 포갑판에서부터 관람을 시작했다. 포갑판과 중갑판은 포를 설치한 곳으로 포와 포 사이사이에 수병들이 잠을 잘 수 있도록 그물침대를 매달아 놓았고, 밥을 먹을 수 있는 간이 의자가 마련되어 있다. 이 좁은 곳에서 수백명의 수병들이 북적거렸을 것을 생각해보면 개미굴에서 개미들이 바지런하게 움직이는 모습과 별반 다르지 않았을 것이다. 상갑판으로 올라가니 넬슨이 프랑스군의 탄환을 맞고 쓰러진 곳이라는 안내문이 보였다. 그리니치 해양박물관에서 넬슨이 사망할 당시에 입었던 제복과 당시를 묘사한 그림을 본 적이 있었기 때문에 감회가 새롭다. 상갑판을 구경한 뒤 고물 쪽에 자리잡은 사관 거주 구역과 넬슨의 집무실을 보았다. 일반 수병들의 거주구역과는 달리 사관에게는 개인 침실이 마련되어 있었고, 사관 식당은 품위 있게 꾸며져 있었다. 안내원을 따라 다시 갑판을 내려가니 전투 도중 부상당한 사람을 보살피는 의료 칸이 나왔다. 한 칸에는 부상당한 수병의 다리를 자르는 모습과 넬슨이 총탄을 맞고 쓰러진 뒤 옮겨와서 치료하는 모습을 형상화 해 놓은 밀랍 인형이 전시되어 있다.

HMS Victory 호

HMS Victory 호의 제원 및 무장

준공 : 1765년 5월, 채텀조선소
제원 : 길이 186′(56m), 너비 50′6″(16m), 깊이 21′ 6″(6.5m)
배수량 : 3500톤
재화톤 : 2162톤,
최대속력 : 8노트
무장 : 68파운드 2문, 32파운드 30문, 24파운드 28문, 12파운드 44문

대포 사거리 : 약 1마일
정원 : 850명

빅토리 호를 관람하고 밖으로 나오니 당시 수병의 복장을 한 사람들이 비스킷을 굽고, 대패질을 하고 있다. 한쪽 옆에 당시 수병들이 주식으로 먹었던 비스킷을 맛볼 수 있도록 차려놓았다. 호기심이 발동하여 비스킷을 하나 집어 들고 입으로 가져가려 하니 앞에 있던 사람이 '그냥 먹을 수는 없고 포도주나 맥주에 풀어서 먹어야 한다'고 말했다. 당장 포도주나 맥주를 가진 것이 없어서 한 입 배어 무니 돌처럼 딱딱한 촉감이 전해진다. 이런 것을 술에 풀어 끼니를 때우면서 영국인들은 세계의 바다를 누비고 다녔던 것이다.

세계 최초의 드라이도크와 Mary Rose

빅토리 호의 미뒤(우현) 쪽에는 자그마한 드라이도크(dry dock)가 하나 자리잡고 있다. 길이 61m, 너비 20m, 깊이 9m인 이 드라이도크가 세계 최초의 드라이도크라고 안내문에 적혀 있다. 이 드라이도크는 1495년에 완공되었는데, 1510년에 메리 로즈(Mary Rose) 호가 이 드라이도크에서 건조되었다. 현재는 M33 호가 계류되어 있다. 1915년에 건조된 이 M33 호는 1차대전에 참전했던 영국 전함 가운데 남아 있는 2 척 가운데 한 척이다. 필자가 방문할 당시에는 보수작업을 하고 있었기 때문에 내부를 보지 못하고, 겉모습만 구경했다.

다시 입구 쪽으로 나오면 메리 로즈(Mary Rose) 유물관이 자리잡고 있다. 메리 로즈(Mary Rose) 호는 헨리 8세의 명령에 따라 1511년에 포츠머스에서 건조된 전함이다. 메리 로즈 호는 1차 영불전쟁(1512-14)과 2차 영불전쟁(1522)에 기함으로 참전하였으나, 1545년 7월 19일 프랑스 함대와의 전투 도중 전복하여 침몰하였다. 침몰 직후 인양 시도를 하였으나 성공하지 못하다가 1978-1982년 사이에 마가렛 룰(Margaret Rule)이 지휘하는 조사대에 의해 잔해가 발견되어 1982년 10월에 선체가 인양되었다. 1994년부터 15년 기간으로 선체 보존작업이 진행되고 있다.

군항 Waterbus 관광과 잠수함 박물관

포츠머스 해군박물관 구경이 이것으로 끝나는 것은 아니다. 박물관을 빠져나오면 군항을 관람하는 워터버스(waterbus)가 대기하고 있다. 약 40여분 동안 보트를 타고 포츠머스 군항을 돌아보면서 영국 해군이 보유한 해군력을 확인할 수 있다.

포츠머스 항에 계류 중인 영국 군함

군항 관람은 워리어 호부터 시작했다. 포클랜드전쟁에 참전했다는 리드 캐슬(Leed Castle) 호, 걸프전에 참전했던 D96함 글루체스터(Gloucester) 호, 대잠함 F239함 리치먼드(Richmond) 호, 가스터빈함인 D91함 버밍햄(Birmingham) 호, 2만톤급 항공모함인 일러스트리어스(Illustrious) 호, 영국 해군의 주력함인 아크 로얄(Ark Royal) 호 등 현역 해군 함정과 퇴역함들이 각 부두마다 계류되어 있다. 우리 나라 진해에도 광개토대왕함부터 장보고함 등 다양한 함정들이 부두에 계류되어 있지만 일반인들은 군항제 기간에만 그것도 일부만 볼 수 있다. 다시 한번 남북 분단이 우리에게 여러 가지 면에서 족쇄를 채우고 있다는 생각을 하게 된다.

군항 관람 도중에 워터버스는 잠수함 박물관을 구경할 사람들을 위해 잠시 멈춰 섰다. 잠수함 박물관을 구경하고 난 뒤 다음 워터버스(보통 1시간 간격)를 타면 되기 때문에 어떻게 돌아갈 것인지에 대해 염려하지 않아도 된다. 잠수함 박물관에는 잠수함 현물이 전시되어 있어 잠수함 내부를 볼 수 있을 뿐만 아니라, 풀턴(Robert Fulton, 1765~1815)이 고안한 노틸러스(Nautilus) 호에서부터 현재에 이르기까지 잠수함이 어떻게 발전해 왔는지를 보여주는 그림과 모형이 전시되어 있다.

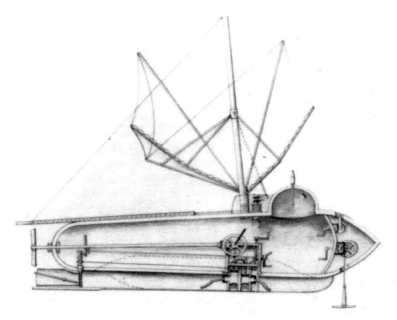

풀턴이 제작한 Nautilus 호, 1800년

이밖에도 영국 왕립조선소와 어르미랄티하우스(Admiralty House) 등도 포츠머스에 자리잡고 있었지만, 시간이 없어 다 구경하지 못했다. 포츠머스 하버 역으로 되돌아가면서 영국인들에게 해군은 그들 자체의 삶이 자 역사 그 자체라는 생각이 들었다. 경제력만을 생각한다면 영국은 이미 우리보다 못한 나라이다. 하지만 해군력만 놓고 본다면 영국은 아직도 세계 최강대국 가운데 하나임에 틀림없다.[5]

---

5) 『해양과 문화』 7호, 2001년 12월.

제2장 해양 소설

제2장 해양 소설

　해양문학이 일반 문학과 구별되는 독자적인 장르인가에 대한 논란이 있어 왔다. 그러나 해양문학(Sea Literature)이라는 용어는 오랫동안 관습적으로 사용되어 왔고, 현재는 한국해양문학가협회가 설립되어 있을 정도로 저변을 확대해 가고 있다. 관습적으로 해양문학은 '바다를 주요한 대상으로 하거나 바다를 배경으로 하는 문학'이라고 이해되어 왔으나, 해양문학이 장르상의 용어가 아니므로 해양소설, 해양시, 해양수필 등과 같이 구체적인 용어로 지칭하는 것이 타당하다는 의견이 공감대를 얻어 가고 있다.[1)]

　장르상 해양시와 해양소설의 특징은 해양체험이 작품을 구성하는 지배적인 역할과 기능을 한다. 그런 점에서 해양시와 해양소설을 아우르는 해양문학은 뱃사람과 그에 준하는 체험이 문학화된 것에 한정되어야 할 것이다.[2)] 그렇기 때문에 관습적인 범주에서 해양문학에 속하는 작품이라 할지라도 장르로서의 해양시와 해양소설이 될 수 없는 작품이 허다한 것이 현실이다. 이를테면 우리 현대시의 시초라고 평가되는 최남선의 '해에게서 소년에게'는 바다를 소재로 했다는 점에서 관습적인 해양문학에 속한다고 할 수 있지만, 장르상 해양시라고는 얘기할 수 없다. '해에게서 소년에게'를 김성식 시인의 '갑판을 정비하며 I'란 시와 비교해보자.

---

1) 옥태권, 『한국 현대해양소설 연구』, 동아대학교 문학박사학위논문, 2004.
2) 구모룡, 『해양문학이란 무엇인가』, p.20.

해에게서 소년에게 (최남선)

처 …… ㄹ썩, 처 …… ㄹ썩, 척, 쏴 …… 아. / 따린다, 부순다, 무너 바린다. / 태산 같은 높은 뫼. 집채 같은 바윗돌이나. / 요것이 무어야, 요게 무어야. / 나의 큰 힘 아나냐, 모르나냐, 호통까지 하면서 / 따린다, 부순다, 무너 바린다. / 처 …… ㄹ썩, 처 …… ㄹ썩, 척, 튜르릉, 꽉.

처 …… ㄹ썩, 처 …… ㄹ썩, 척, 쏴 …… 아. / 내게는, 아모 것도, 두려움 없어, / 육상에서,아모런, 힘과 권을 부리던 자라도, / 내 앞에 와서는 꼼짝 못하고, / 아모리 큰 물건도 내게는 행세하지 못하네. / 내게는 내게는 나의 앞에는/ 처 …… ㄹ썩, 처 …… ㄹ썩, 척, 튜르릉, 꽉.

처 …… ㄹ썩, 처 …… ㄹ썩, 척, 쏴 …… 아. / 나에게 절하지, 아니한 자가, / 지금까지 있거던 통기하고 나서 보아라. / 진시황, 나팔륜, 너희들이냐. / 누구 누구 누구냐 너희 역시 내게는 굽히도다. / 나허구 겨룰 이 있건 오나라. / 처 …… ㄹ썩, 처……ㄹ썩, 척, 튜르릉, 꽉.

처 …… ㄹ썩, 처 …… ㄹ썩, 척, 쏴 …… 아. / 조고만 산(山) 모를 의지하거나,/ 좁쌀 같은 작은 섬, 손벽 만한 땅을 가지고 / 고 속에 있어서 영악한 체를,/ 부리면서, 나 혼자 거룩하다 하난 자, / 이리 좀 오나라, 나를 보아라. / 처……ㄹ썩, 처……ㄹ썩, 척, 튜르릉, 꽉.

처 …… ㄹ썩, 처 …… ㄹ썩, 척, 쏴 …… 아. / 나의 짝될 이는 하나 있도다, / 크고 길고, 넓게 뒤덥은 바 저 푸른 하늘. / 저것이 우리와 틀림이 없어, / 적은 是非(시비), 적은 쌈, 온갖 모든 더러운 것 없도다. / 조 따위 세상에 조 사람처럼,/ 처 …… ㄹ썩, 처 …… ㄹ썩, 척, 튜르릉, 꽉.

처 …… ㄹ썩, 처 …… ㄹ썩, 척, 쏴 …… 아. / 저 세상 저 사람 도두 미우나,/ 그 중에서 똑 하나 사랑하는 일이 있으니,/ 膽(담) 크고 純精(순정)한 소년배들이,/ 재롱처럼, 귀엽게 나의 품에 와서 안김이로다. / 오나라, 소년배, 입 맞춰 주마. / 처 …… ㄹ썩, 처 …… ㄹ썩, 척, 튜르릉, 꽉.

(최남선, '해에게서 소년에게', 1908년 『소년』)

갑판을 정비하며 (김성식)

… 바다가 조금 잔잔해지면 / 우리들은 부식된 철판을 찾아 / 마스트 아래거나 / 구석진 창고 틈 또는 / 선창 둘레를 돌아 / 데크*의 이음매 사이를 / 치핑해머**로 내리 꽂는다 / 썩는 것에 대한 분노로 / 치를 떨며 / 연거푸 찍는다 / 양날 선 해머로 두들길 때마다 / 파란 불꽃이 튀어 / 스스로 몸을

굴려 멀쩡한 장소까지 / 은밀하게 잠식하며 번져가던 / 녹슨 철판이 완강
한 저항을 끝내고 / 부서져 가루로 남아 사라지고 나면 / 손바닥 가득 물집
이 생겨 / 터진 상처를. 수평선 너머 일몰의 구름에다 비비어 / 하루의 피
곤한 일과를 끝낸다 우리들은

(김성식, '갑판을 정비하며 I,' 『김성식시전집』)

* 데크(deck) : 갑판
** 치핑해머(chipping hammer) : 선체의 철판의 녹을 제거하는 데 사용하는 망치

　　최남선의 '해에게서 소년에게'와 김성식의 '갑판을 정비하며 I'는 많은
차이를 드러내고 있다. 최남선의 시에서는 육지에서 바라본 바다를 동
경하는 데 그치고 있지만, 김성식의 시에서는 바다를 항해하는 뱃사람
들의 생생한 체험이 구체적으로 표현되고 있다. 배는 노동과 일상이 한
데 어우러진 공간으로 뱃사람들에게 배는 노동의 현장인 동시에 거주의
공간이다. 이와 같이 바다에서의 생생한 노동과 일상이 한 데 어우러진
삶의 양식이 표현되어 있는 유형의 시라야 비로소 장르상 해양시라고
얘기할 수 있을 것이다.

　　장르로서의 해양소설 또한 원리상 해양시와 크게 다르지 않다. 일부
연구자는 ① 바다를 관조적으로 다룬 작품, ② 어촌의 모습을 그린 작품,
③ 어민들의 삶을 구체적으로 형상화한 작품, ④ 어민과 선주간의 갈등을
그린 작품, ⑤ 바다를 민족 문제와 결부시킨 작품, ⑥ 선상 생활 자체를
소개한 작품, ⑦ 섬을 작품의 주요 매개로 삼은 작품 등을 해양소설로
유형화 하기도 하였다.[3] 그러나 이러한 작품들을 해양문학의 범주에 포
괄시키는 것은 소재주의에 빠지는 오류를 범하게 된다. 바다를 관조의
대상이나 어민들의 현실과 일상적 삶을 표현한 것들을 특별한 장르로서
해양소설이라고 부를 수는 없다. 따라서 해양소설도 해양시와 마찬가지
로 뱃사람들의 해양체험이 형상화된 작품으로 한정할 필요가 있다. 구

---

3) 최영호, 한국 문학 속에서 해양문학이 갖는 위상, 『지평의 문학』, 1993년 하반기.

모룡 교수는 『해양문학이란 무엇인가』에서 바다 - 배 - 항해를 해양문학의 삼박자라고 정의하면서 그 이미지들의 의미를 다음과 같이 정리하고 있다.[4]

1) 바다는 삶의 근원일 뿐만 아니라 그것의 목적지이다. 바다의 상징적 의미는 모든 생의 어머니이다. 그것은 죽음과 재생, 영원과 무한 그리고 무의식의 표현이 된다. 썰물과 밀물의 규칙적인 흔들림이 보이는 시각적 황홀을 보여준다. 바다의 이러한 상징적 의미로 하여 바다는 시작과 끝을 지닌 완결의 형식을 갖춘다.

2) 배는 운송 수단임과 동시에 선원들의 거주 공간이다. 배는 항해와 불가분의 관계를 가지면서 다른 공간이나 세계를 향한 여행의 욕망을 상징한다. 배의 상징적 의미는 바다로 인하여 가능해진다.

3) 항해는 삶의 과정에 비유된다. 항해는 또한 배를 기반으로 하면서 변화와 거부, 도피의 환상을 내포하고 있다. 항해는 염세적인 절망과 낭만적 모험을 동시에 상징한다.

결론적으로 바다 - 배 - 항해라는 세 가지 주요 모티프를 갖추어야 하나의 문학 장르로서 해양시와 해양소설이라고 얘기할 수 있다. 지금부터 대표적인 해양소설과 해양시를 감상해보도록 하자.

---

4) 구모룡, 『해양문학이란 무엇인가』, pp.30 - 34.

1. 서양의 해양소설

1.1. 아폴로니오스의 『아르고 호의 선원들』

서양의 역사가 그리스에서 시작했고, 그리스 문화는 해양 활동을 중심으로 했던 만큼 해양문학 또한 그리스에서 시작하지 않으면 안된다. 그리스 해양문학의 최고봉은 기원전 3세기 아폴로니오스 로디오스(Apollonios Rhodios, B.C. 300?~245?)가 정리한 『아르고 호의 선원들(Argonautika)』이다. 내용 면에서 아르고 호의 이야기가 『일리아드』(Illiad)나 『오디세이아』(Odysseia)의 주제가 된 트로이 전쟁 보다 앞서 있기 때문이다.[5] 호메로스는 『오디세이아』 12권에서 키르케가 오디세우스를 떠나보내면서 '세이레네스를 통과하면 플랑크타이 바위를 만나게 되는데, 이곳을 통과

이아손과 메데이아(구스타브 모로 작품)

한 배는 아르고 호 밖에 없었다.' 고 언급하고 있다. 아폴로니오스는 그리스 세계에 퍼져있던 황금 양피를 찾아 나선 이아손과 영웅들의 이야기를 재정리하여 하나의 체계적인 이야기로 집대성해 내었다. 아폴로니오스 로디오스는 헬레니즘 시대를

---

5) 오디세우스의 해양 모험기인 〈오디세이아〉에 대해서는 필자의 책,『영화에 빠진 바다』, 혜안, 2009, 제1장을 참조하라.

대표하는 시인으로, 그의 생애에 대해서는 몇 가지의 이설이 있으나 학계에서 일반적으로 인정된 것만을 정리해 보면 다음과 같다. 로도스 섬에서 태어난 아폴로니오스는 젊어서 알렉산드리아로 이주하여 그곳의 도서관에서 일하며 알렉산드리아 도서관장이었던 칼리마코스(Callimachus, ?~BC 490)와 친분을 맺게 된다. 기원전 275년 또는 270년 무렵 프톨레마이오스 2세가 그에게 황태자의 교육을 맡기게 되고, 이후 칼리마코스의 후임으로 알렉산드리아 도서관장으로서 궁정의 신임을 얻었다.

기원전 3세기 알렉산드리아에서는 호메로스 등 과거의 전통에 기대어 작품 활동을 해야 한다는 주장과, 문학에 새로운 지평을 열고 창조적인 창작을 위해 옛 작품의 모방을 지양해야 한다는 주장이 맞서고 있었다. 전자의 중심인물이 아폴로니오스였고, 후자의 중심인물이 칼리마코스였다. 전하는 바에 따르면 이 두 사람이 문학에 대한 입장 차이로 격렬한 논쟁을 벌였다고 하지만, 정확한 자료는 남아 있지 않다. 아폴로니오스는 기원전 250년 무렵 『아르고 호의 선원들』이라는 작품 한 편을 쓰고, 도서관장직을 에라토스테네스에게 물려주고 로도스로 낙향하였다. 그 뒤 그의 이름 뒤에는 로도스 인이라는 뜻으로 로디오스(Rhodios)라는 성이 붙게 되었다.

아폴로니오스의 『아르고 호의 선원들』은 당시대의 독자들이 아르고 호의 이야기에 대해 알고 있다는 전제에서 이야기를 집대성하였기 때문에 외짝 신발의 사나이(1권), 황금 양피를 찾아서(2권), 메데이아와 이아손(3권), 황금양피를 찾아 돌아오다(4권) 총 5385행으로 이야기를 마무리한다. 따라서 그의 이야기만을 읽게 된다면, 아르고 호의 이야기 중 1/3밖에 읽지 않게 되는 셈이다. 따라서 아래에서는 아르고 호와 관련된 신화의 전체 내용을 살펴보기로 하자.

아폴로니오스 이전의 아르고 호의 신화 : 아이올로스(Aiolos)의 큰 아들 아타마스(Athamis)는 보이오티아(Boeotia) 지방인 오르코메노스(Orchomenos) 의 왕이었다. 그는 첫 아내 네펠레(Nephele)와의 사이에서 아들 프릭소스(Phrixos)와 딸 헬레(Helle)를 얻었고, 네펠레가 죽자 후처 이노와 재혼 하였다. 이노는 레아르코스(Rearchus)와 멜리케르테스(Melicertes) 두 아들 을 얻은 뒤 전처 소생인 프릭소스와 헬레를 구박하였다. 이노가 흉년이 들자 신탁을 조작하여 프릭소스와 헬레를 제물로 바치려고 꾸미자, 지 하세계의 네펠레가 헤르메스 신에게 자신들을 구해달라고 애원한다. 이 에 헤르메스가 네펠레의 자식들에게 말도 하고 하늘을 날 수도 있는 황 금 양 한 마리를 보내준다. 프릭소스와 헬레는 이 황금양을 타고 동쪽 세상 끝에 있는 콜키스(Colchis)의 아이아로 피신한다. 하지만 피신 도중 헬레가 바다에 빠져 죽게 되는데, 그녀가 죽은 바다는 그녀의 이름을 따 헬레스폰토스(Hellespontos, 현재의 다르다넬스 해협))라고 불린다. 프 릭소스는 무사히 콜키스의 아이아에 도착하는데, 콜키스의 왕 아이에테 스(Aeethes)는 태양신 헬리오스(Helios)와 페르세이스(Perseis)의 아들이다. 아이에테스 왕에게는 아내 에이디이아와의 사이에 두 딸 칼키오페 (Chalciope)와 메데이아(Medea), 아들 압시르토스(Apsyrtos)를 두었다.

한편, 아이올로스의 둘째 아들은 테살리아(Thessalia) 이올코스(Iolcos) 의 왕 크레테우스(Kreteus)였는데, 자기 동생의 딸인 티로와 결혼하였다. 그런데 티로(Tyro)는 포세이돈과의 사이에서 넬레우스(Neleus)와 펠리아 스(Pelias)라는 쌍둥이 아들을 낳아 몰래 키우고 있었다. 티로는 크레테 우스와의 사이에서 아이손(Aison), 아미타온(Amitaon), 페레스(Peres) 세 아들을 두었다. 아이손은 이아손(Iason)을 아들로 두었는데, 의붓 형인 펠리아스에게 왕위를 빼앗기고 쫓겨나게 되자 갓 태어난 이아손을 보호 하기 위해 반인반마의 현인 케이론(Keiron)에게 보내어 양육시킨다. 그 뒤 크레테우스는 본처 티로를 멀리하고 새 아내 시데로(Sidero)를 얻었는데, 시데로가 전처 티로를 몹시 학대하였다. 그러나 티로와 포세이돈 사이에서 낳은 두 아들이 이를 알고 시데로를 죽이려 한다. 이를 피해 시데로가 헤라 신전으로 숨자 펠리아스가 그녀를 잔인하게 살해한다. 신전을 유린당한 헤라는 이에 펠리아스에게 분노를 품게 되어 이아손을 도와 그를 파멸시키려 획책한다.

아폴로니오스의 『아르고 호의 선원들』 : 콜키스에 도달한 프릭소스는 황금 양의 지시에 따라 황금 양을 잡아 제우스에게 제물로 바치고, 양피는 아이에테스 왕에게 선물했다. 아이에테스 왕은 황금 양피를 참나무 가지에 걸어두고 잠들지 않은 용에게 지키게 하고, 자신의 딸 칼키오페를 프릭소스와 결혼시킨다. 세월이 흘러 프릭소스가 죽자 아이에테스는 그의 주검을 콜키스의 예법에 따라 황금양피로 싸 키르케의 평원의 숲 속 나무에 매달아 놓고, 살이 썩자 뼈를 수습하여 짐승 가죽으로 싸 나무 가지에 매달아 놓고, 황금양피는 다시 참나무에 걸어 두고 용에게 지키게 한다. 프릭소스의 네 아들 아르고스(Argos), 멜라스(Melas), 키티소로스(Cytissorus), 프론티스는 아버지의 유지에 따라 배를 타고 콜키스를 떠나 그리스의 오르코메노스로 간다.

관습의 최고 신인 제우스는 프릭소스의 주검을 그리스 식으로 땅에 매장하지 않은 데 대해 아이올로스 후손 모두에게 분노를 품게 되어 펠리아스 왕과 그의 어머니 티로의 꿈에 나타난다. 펠리아스 왕은 델피의 신전으로 가서 '외짝 신발을 신은 자(Monosandalos)를 조심하라'는 신탁을 듣게 된다. 어느 날 펠리아스는 아버지 포세이돈 신에게 제물을 바치고 향연을 베풀게 되는데, 이 향연에 근처에 살던 이아손을 초대한다. 의붓 큰 아버지인 펠리아스의 궁정으로 가던 이아손은 강변에서 한 노파를 만난다. 이때 이아손은 노파를 업고 강을 건너다가 한 쪽 샌들을 잃어 버리고 만다. 이 노파는 여신 헤라가 둔갑한 모습으로, 헤라는 자신을 위해 제사를 드리지 않은 펠리아스에게 분노하여 이아손을 도와준 것이 었다. 이아손이 신탁이 경고한 자임을 확인한 펠리아스는 이아손에게 콜키스로 가서 황금 양피를 가져와 제우스가 아이올로스 가문에 품은 분노를 풀어줄 것을 명한다. 이아손은 그리스 각지에서 영웅 54명을 모으고, 그리스로 돌아온 프릭소스의 아들 아르고스는 아르고 호(쾌속이라는 의미)를 만든다. 이렇게 해서 황금 양피를 찾아 나선 아르고 호의 대모험이 시작된다.

〈표 5〉 아르고 호의 주요 영웅

이　름	역　할	특기 시항
이아손	선장	
아르고스	배대목	
이다스와 린케우스 형제		이다스는 力士, 린케우스는 천리안 소유
오르페우스	악사	
카스토르와 폴룩스 형제		카스토르는 말 다루기, 폴룩스는 권투의 귀재
제테스와 칼라이스 형제		하늘을 날 수 있음
티피스	조타	항해 중 병사
테세우스		미노타우로스 퇴치
펠리클리메노스		포세이돈의 아들로 장기는 둔갑술
텔라몬과 펠레우스 형제		텔라몬은 용사로 아이아스의 아버지 펠레우스는 아킬레우스의 아버지
헤라클레스		용사. 항해 도중 하선

아르고 호의 모험대는 도중 아레스 섬에 머물던 프릭소스의 형제들과 합류하여 콜키스에 도착한다. 이아손이 궁전으로 향하던 중 사랑의 여신 아프로디테의 전령 에로스가 쏜 화살을 맞은 메데이아가 그를 목격하고 사랑에 빠지고 만다. 이것은 이아손을 돕기 위해 헤라가 아프로디테에게 부탁한 것이다. 이아손은 아이에테스 왕에게 황금 양피를 돌려달라고 부탁한다. 그러나 아이에테스 왕은 자신이 내건 조건을 충족한다면 황금 양피를 내주겠다고 제안한다. 즉, 불을 뿜는 두 마리 청동 황소에게 멍에를 씌우고 하루 만에 8만 에이커(약 323㎢)의 땅을 간 뒤 고랑에 씨앗 대신 뱀의 이빨을 뿌려 땅에서 솟아나는 병사들과 싸워 그들을 모두 죽이라는 것이다. 이아손과 영웅들은 불가능할 것 같았던 이 조건을 아이에테스 왕의 딸인 메데이아의 도움을 받아 완수해 낸다. 메데이아가 몸에 바르면 힘이 나고 방패에 바르면 불길과 검으로부터 몸을 지킬 수 있는 마법의 약초를 이아손에게 주어 땅에서 솟아난 병사들이 서로 싸워 전멸하게 만든 것이다. 그러나 아이에테스 왕은 황금 양피를 주기는커녕 영웅들을 죽이려 한다. 이에 이아손 일행은 메데이아의 도움을 받아 잠들지 않은 용을 약물로 잠재우고 황금 양피를 탈취하여 메데이아와 함께 콜키스를 벗어난다. 그러나 곧 아이에테스 왕의 아들이자 메데이아의 남동생인 압시르토스의 추격을 받게 된다. 이아손 일행이 위험에 처하려는 순간 이아손 일행은 메데이아가 남동생 압시르토스를 바다에 빠져 죽여 아버지 아이에테스가 그를 건져올리느라 경황이 없는 틈을 달아난다. 인륜을 저버린 메데이아의 행동에 분노한 신들은 이아손 일행이 죄를 씻을 때까지 아르고 호의 귀환을 막지만, 메데이아의 고모 키르케가 사는 섬에 가서 죄를 씻고 난 뒤 가까스로 고국 땅으로 귀국한다.

라인 강
아프쉴토스를 죽인다
파시스
(코르키아인)
포 강
도나우 강
흑해
로느 강
키 린 네
피네우스 왕
시노페
아마존
아미코스 왕
이올코스
큐지코스
세이렌의 섬
레소스 섬
지중해
사막에서 12일

〈그림 6〉 아르고 호의 항로. www.naver.com, 지식백과, 이아손 항목.

아르고 호 모험 이후 : 아폴로니오스의 『아르고 호의 선원들』은 아르고 호가 그리스로 돌아오는 것으로 끝을 맺고 있다. 그 뒤의 이아손과 메데이나의 행적에 대해서는 에우리피데스(Euripides)의 『메데이아』를 통해 파악할 수 있다. 이 책에 따르면 펠리아스를 죽인 뒤 이아손과 메데이아는 코린토스로 망명한다. 코린토스의 왕 크레온(Creon)은 이아손을 후계자로 삼고자 딸 글라우케(Glauce)와 이아손을 약혼시키고 메데이아를 추방하려 한다. 이아손도 메데이아를 멀리하자 분노한 메데이아는 글라우케에게 독을 묻힌 옷을 선물하여 독살하고, 이아손과의 사이에서 낳은 두 아들마저 죽이고 하늘을 나는 수레를 타고 아테네로 도망간다. 이에 실의에 빠진 이아손은 자살했다고도 하고, 아르고 호 아래서 잠을 자다가 썩은 들보가 무너지는 바람에 깔려 죽었다고 전한다.

아르고 호 신화의 주된 테마는 제우스와 헤라의 분노다. 이아손이 황금 양피를 찾아 나서게 된 외견상의 동기는 외짝 신발을 신은 자가 왕위를 계승할 것이라는 신탁을 피하기 위한 펠리아스 왕의 계략에 의한 것이었다. 그러나 이아손이 왼쪽 신발을 잃게 된 것은 노파를 아나우로스 강을 건네주다가 발생한 것으로 노파는 다름 아닌 헤라 여신의 변신이었다. 헤라 여신은 펠리아스가 자신의 신전에서 시데로를 잔인하게 죽인 것에 대해 분노하였다. 그에 반해 제우스는 관습을 지키지 않은 데 대해 분노하였다. 콜키스에서 사망한 프릭소스를 그리스 관습에 따라 땅에 매장하지 못하고 콜키스의 예법에 따라 가죽으로 싸 나무에 매달았고, 메데이아의 오빠 압시르토스가 죽자 콜키스 식이 아닌 그리스 식으로 땅에 매장하였다. 이것은 관습과 예법의 수호자인 제우스의 정의의 원칙에 어긋났기 때문에 아이올로스의 후손 모두에게 분노한 결과 펠리아스에게 최종적인 화가 미치게 되었던 것이다.

아르고 호 신화의 또 다른 테마는 사랑의 감정이다. 메데이아는 사랑에 눈이 멀어 이아손이 아버지 아이에테스가 내건 불가능할 것 같던 조건들을 완수하도록 하는 한편, 콜키스를 탈출할 때 뒤쫓아 오던 오빠 압시르토스를 살해하는 한편, 코린토스에서는 자신의 친아들을 살해한다. 말하자면 메데이아는 역사상 최고의 악녀인 셈이다. 이는 에우리피데스의 『메데이아』에서 여실히 드러난다. 그러나 다른 한편, 메데이아가 이렇게 된 것은 본인의 자발적인 뜻이 아니었다. 헤라와 아프로디테의 사주를 받은 에로스의 화살을 맞았기 때문에 빠져나갈 수 없는 운명이었던 것이다. 게다가 메데이아가 아버지를 등진 이유는 이아손에게 눈이 멀었기 때문이 아니었다. 그것은 아버지가 휘두르는 가부장적 폭력을 거부하는 정치적인 결단 때문이었다는 것이다. 독일의 여상작가 크리스타 볼프(Christa Wolf, 1929~2011)는 '좋은 충고를 하는 자'라는 뜻인 메데이아는 어원적으로 지혜를 뜻하는 Metis와도 연관이 있는 말로 의학

(medicine)이란 말도 그 이름에서 유래하였음을 밝히고, 새로운 해석을 내놓았다. 그녀에 따르면, 여신이자 치료사로서 부정적인 측면이라고는 없던 메데이아가 최고의 악녀로 둔갑하게 된 데에는 모권제 사회에서 가부장제 사회로 변신해 가던 당시대에 "여성들을 거칠고, 악하며, 조야한 충동에 사로잡히고, 사악한 여자 마술사나 마녀상이 필요했기 때문"이라는 것이다. 그 테마가 무엇이었든 간에 아르고 호의 신화는『오디세이아』와 더불어 해양활동을 근거로 하여 성장하고 발전한 그리스에서 역사적 사실과 상상력이 빚어낸 최고(最古)의 해양 모험담임에 틀림없다.[6]

1.2. 리처드 데이너 2세의 『2년간의 선원 생활』

『2년간의 선원 생활』은 미국의 리처드 헨리 데이너 쥬니어(Richard Henry Dana, Jr., 1815~1882)가 1840년에 발표한 작품으로, 『범선항해기』로 소개되어 있기도 하다.[7] 이 책의 원제는 Two Year before Mast로 직역을 하면 『돛대 앞에서의 2년』이 되지만, 의역을 하면 '2년간의 하급선원 생활'이나 "하급선원 생활 2년' 정도가 될 듯하다. 범선의 경우 주돛대 뒤쪽이 앞쪽 보다 상대적으로 흔들림이 적어 선장과 항해사 등 사관들의 침실이 배치되고, 주돛대 앞쪽에는 하급 선원들이

http://blog.daum.net/cho3237/275

---

6) 김원익, 작품해설, in 아폴로니오스 로디오스, 김원익 옮김,『아르고 호의 모험』, 바다출판사, 2005, pp.7 - 40.
7) 이재우,『해양문학산책』, 해인출판사, 1998.

공동으로 생활하는 공간이 있다. 따라서 돛대 앞에 2년을 보냈다는 얘기는 하급 선원으로서 승선하였다는 것을 뜻한다.

매사추세츠 주의 캠브리지의 법률가 가문에서 태어난 데이너는 하버드대학 3학년에 재학 중이던 1835년 배를 타게 되었다. 하버드대학에서 법학을 공부하던 데이너가 이를 포기하고 선원이 된 것은 매우 이례적인 일이었다. 데이너는 그 이유를 "시력 때문에 원하던 길을 포기하고, 의학적으로는 치료 방법이 없지만, 어쩌면 인생 자체를 바꾸어 책과 공부에서 한참 손을 떼면 나을지도 모른다."는 기대감에서 바다로 나가게 된 것이라고 설명하였다. 데이너의 시력이 약해진 것은 스무살에 홍역을 앓게 된 때문이었다.[8] 하지만 데이너가 『2년간의 선원 생활』을 쓰게 된 근본적인 이유는 선원에 대한 따듯한 인간애 때문이었다.

"사람이란 자기가 겪은 일이 없는 생활을 보여 주면 흥미를 끌기 마련인데, 이에 덧붙여서 근래에 보통 선원에 대한 관심이 높아졌기 때문에 그들에 대한 강한 동정이 일어났다. 그런데도 내가 믿는 바로는 보통 선원으로서 생활하고, 그 생활이 정말 어떤 것인가를 잘 아는 사람이 쓴, 있는 그대로의 생활과 경험을 전해주는 책은 없다고 생각한다. 선수루에서의 소리, 즉 보통선원의 호소는 아직 이 세상에 와 닿아 있지 않다. 나는 미국의 상선에 승선하면서 2년 남짓 돛대 앞에 서서 보통 선원으로 지나온 이야기를 정확히 적나라하게 기록하고자 한다. 그것은 이 항해 중에 내가 쓴 일기와 사건이 일어날 때마다 적어 둔 노트를 바탕으로 정리한 것이다. 나는 그 항목의 어느 한 가지에 대해서는 될 수 있는 한 있는 그대로 전하는 일에 깊이 마음을 쓰며, …나의 소원은 해상의 보통 선원의 생활을 있는 그대로 전하는 일이요, 이것이 이 책을 출판한 이유다."[9]

8) Christopher Beha, 이현 옮김, 『하버드 인문학 서재』, 21세기북스, 2010, p.175.
9) 이재우, 『해양문학산책』, pp.12 - 13.

그는 1835년 8월 14일, 두 대박이 범선 필그림(Pilgrim) 호에 하급 선원
으로 승선하였다. 데이너가 처음 바다에 나간 날을 일요일이었지만, 배
에서는 안식일 같은 육지의 관습이 통하지 않는 세계였다. 배에는 할
일이 너무 많았다. 하루 4시간씩 두 차례 8시간 당직을 서야 했고, 돛대
에 올라가 돛을 내리거나 올려야 했고, 갑판을 닦아야 했다. 데이너는
"처음에는 배를 잘 정비해 놓는 것으로만 알았으나, 2년간의 항해 끝에
도 할 일은 맨 처음이나 마찬가지였다." 뱃사람들이 늘 하는 이야기처
럼, "배라는 것은 숙녀가 찬 시계처럼 늘 손질을 해야 했다."[10]

필그림 호는 상선으로 보스턴에서 출항해 남미 남단의 케이프 혼을
돌아 캘리포니아에 도착하여 가죽을 사고파는 일을 하기로 예정되어 있
었다. 당시 미국 영토는 미주리 주까지 확장되어 있었지만, 서부는 아직
개발되지 않은 상태였고, 영유권도 스페인이 갖고 있었다. 필그림 호의
항로는 미국 동부에서 서부까지 가는 최단 항로였지만, 케이프 혼을 돌
아야 하는 위험한 항로였다. 11월 4일 포클랜드 제도를 목격한 필그림
호는 '거대한 먹구름이 몰려오는 것'을 목격하고, 곧 이어 거센 폭풍우에
휘둘리게 된다. "곧 배의 앞부분 전체가 물에 잠겼고, 바닷물이 배 위에
있는 모든 것을 쓸어버릴 시세로 선수와 이물, 돛대 가로대 위로 넘어
들어왔다. 갑판 위에 있던 선원들의 허리까지 물에 잠겼고, 하늘에서는
진눈깨비와 폭풍우가 동시에 휘몰아쳤다." 데이너는 "편안한 항해는 끝
났다고 볼 수 있었다."고 간결하게 쓰고 있다. 다음날 아침, 갑판은 완전
히 눈으로 뒤덮였고, 폭풍이 몇 일간 계속되었고, 그 와중에 선원 한 명
이 배 밖으로 떨어져 익사했다. 데이너는 이 장면에서 "죽음은 언제나
침통하지만, 바다에서만큼 침통한 경우는 없다"고 애잔하게 적고 있
다.[11] 그러나 항해가 힘들었던 것만은 아니다. 데이너는 항해 도중 고래

---

10) 리처드 헨리 데이너, 김인구 역, 『2년간의 선원 생활』, 대현출판사, 2001, p.11.
11) 이상 Christopher Beha, 『하버드 인문학 서재』, p.178.

들이 숨쉬는 소리를 듣는다거나 새로운 별자리를 나타나는 것, 폭풍우 속에서 돛대에 오르는 것 등을 재미있게 느꼈고, 적도를 지나면서 "난생 처음으로 자신을 선원이라고 생각해 보기도 했다."

점점 선원 생활에 빠져들게 된 데이너는 잠자리를 선원실로 옮겨달라고 선장에게 요청하여 허락을 받는다. 선원실에서 생활하게 된 데이너는 "선원들과 함께 생활해 본 적이 없다면 누구도 선원이 되거나 선원에 대해 알 수 없다. 그들의 끝없는 객담을 들으면서 각종 배들에 대해, 선원들의 관습과 그들이 다녀 본 외국에 관하여 배우게 되었다." 필그림호는 보스턴을 출항한 지 150일 만에 1836년 1월 14일 산타 바바라 항에 닻을 내린다. 이후 필그름 호는 1년 반 동안 몬테레이, 산타 바바라, 샌피드로, 샌디에이고, 샌프란시스코 등의 항구를 돌며 차, 커피, 설탕, 향료, 철물, 접시, 장화, 신발, 가구 등을 팔고, 가죽을 사서 무두질하기도 하고 무두질 된 가죽을 싣기도 했다. 이즈음 데이너는 선장이 가진 절대적 권한이 문제점을 체험하게 된다. 그것은 말대꾸를 했다는 이유를 들어 톰프슨 선장이 선원에게 채찍질을 하는 광경을 목격하게 된 것이다. 인디언들은 채찍질한다는 소문을 듣고 톰프슨 선장을 '매서운 자'라고 불렀다. 데이너는 이 끔찍한 장면을 목격하고 "기회가 주어진다면 선장에게 저렇게 막강한 권한을 부여한 법규를 고치겠다"고 다짐했다. 이 다짐은 데이너가 하버드대학을 졸업하고 변호사로 개업한 뒤 그가 제출한 상황에 기초한 상선법이 1854년에 통과됨으로써 이루어졌다.[12]

데이너는 "배를 떠나지 않으면 하버드대학으로 돌아갈 기회를 잃어버릴 지도 모르고, 그렇게 되면 영영 선원 생활을 해야 할 지도 모른다"고 염려했다. 결국 얼러트(Alert) 호로 갈아탄 데이너는 1836년 5월 캘리포니아를 출항해 7월에 케이프 혼에 도착한다. 남반구의 겨울에 해당하는

---

12) 김인구, '작가에 대하여', 리처드 헨리 데이너, 『2년간의 선원 생활』, p.5.

이 시기가 케이프 혼을 항해하기에 가장 힘든 시기였다. 거대한 빙산을 만나 난파할 뻔한 위기도 겪고 데이너 자신도 치통으로 고생을 했다. 그럼에도 불구하고 데이너는 "구름처럼 덮고 있었던 돛을 전부 내린 장엄한 모습의 배를 보는 것을 흥미로운 일이었다"고 생각한다. 케이프 혼을 돌아 대서양을 북상하는 항해는 별 난관이 없었다. 마침내 캘리포니아를 출항한 지 2년이 약간 넘은 1838년 9월 드디어 보스톤으로 귀환한다.

데이너는 보스톤으로 귀환하여 하버드대학으로 복학하여 학업을 마치고 1840년에 변호사가 되었다. 그는 변호사로 일하면서 자신의 선원 체험담인 『2년간의 선원 생활』을 출판하여 소설가로서도 큰 성공을 거두었다. 이 책은 초판이 출판되자마자 즉시 매진되었음은 물론 영국 리버풀에서는 하루에 2천 권씩이나 팔렸다고 한다.[13] 창작이 아닌 체험기가 이렇게 성공을 거둔 것은 데이너가 선원 생활을 통해 체험한 해상 모험과, 하나의 직업으로서 선원에 대한 따뜻한 시선과 성실함, 그리고 여러 인물과 자연에 대한 생동감 있게 묘사해 내는 데 성공했기 때문이다. 흥미로운 것은 해상 체험기에 당연히 등장하리라고 여겨지는 성적(性的)인 묘사나 관심은 전혀 찾아 볼 수 없다는 점이다. 교양 있는 가문에서 태어나 자라고, 그 자신이 하버드대학의 법학을 전공한 엘리트였던 데이너의 마음속에는 인격과 정의의 개념이 언제나 자리잡고 있었다. 따라서 필그림 호에서 하루 동안 주어진 상륙 시간에 대다수의 선원들이 술집으로 향한 것과는 달리 그는 말을 빌려 들판을 달렸고, 선장의 채찍질에 분노했던 것이다.

데이너는 『2년간의 선원 생활』의 속편을 1859년에 『24년 뒤』(Twenty - Four Years After)라는 제목으로 출판하였다. 선원으로 승선했던 첫 번째 항해와는 달리 두 번째 항해에서는 골든게이트 호의 승객으로 승선한

---

13) 이재우, 『해양문학산책』, p.4.

데이너는 케이프 혼을 돌지 않고, 파나마 지협을 통과하여 샌프란시스코에 도착했다. 24년 전 이곳은 거의 버려져 있던 인디언 무역 기지였다. 하지만 24년 만에 다시 찾은 샌프란시스코는 1848년 골드 러쉬 이후 사람들이 몰려들어 "10만 명이 거주하는 도시로 변했다." 그 뒤 샌디에이고에 도착한 데이너는 캘리포니아에 처음 와 장사를 했던 판잣집을 찾아보았으나, 아무 것도 찾을 수 없었다. 그는 그 감회를 다음과 같이 적었다.

"다른 승객들을 시내로 보낸 뒤 조용히 보트를 타고 해안에 홀로 내렸다. 온통 슬픈 추억과 감정이 떠오를 뿐이었다. … 과거야말로 현실이었다. 모든 현재는 비현실적이고 어색했으며 혐오스러웠다. 거대한 배들이 강에 떠 있는 것이 보였다. 얼러트 호, 캘리포니아 호, 가장 마음에 드는 멋진 아야쿠초 호, 고난과 절망의 상징인 낡은 필그림 호, 이리 저리 지나가는 배들, 닻을 감아 올리는 선원들의 외침, 사람들이 바글거리는 해변, 남자들이 모여 있는 커다란 판잣집, 사이사이 지나다니는 원주민들, 아! 그 모든 것이 사라지고, 이제는 판잣집이라고는 단 한 채도 흔적이 남아 있지 않구나!"[14]

데이너의 『2년간의 선원 생활』은 선원의 교본이요, 바다를 동경하는 육지 사람들의 가슴에 바다를 활짝 열어 준 책이다. 해양민족으로 자처하는 국민들은 이 책을 가슴을 설레면서 탐독했고, 미국의 해양문학의 서장을 연 작품으로서 멜빌의 『백경』에도 영향을 준 불후의 명작이라 할 수 있다.[15] 이 책은 하버드대학의 엘리엇이 선정한 '하버드 클래식' 50권에 포함되어 있다. 전 50권으로 구성된 하버드 클래식 중 『2년간의

---

14) Christopher Beha, 『하버드 인문 서재』, p.181 재인용.
15) 이재우, 『해양문학산책』, pp.3 - 4.

선원 생활』은 『오디세이아』에 이어 제23권에 배치되어 있다. 하버드 클
래식에 포함된 대부분의 고전에 비하면 이 책은 소품이지만, 선원 생활
의 체험에 바탕을 둔 생생한 묘사는 독자들의 기억에 오랫동안 남는다.
이 책이 무엇보다도 감동을 주는 것은 데이너라는 한 인간을 성장시킨
것은 다름 아닌 2년간의 돛대 앞에서의 선원 생활이었다는 점이다. 데
이너는 도망 노예들을 위한 변호사로 나서기도 했고, 정계에 입문하기
도 했다. 링컨 대통령은 그를 매사추세츠 주연방검사로 임명하였다. 데
이너는 휴양차 로마에 머물던 중 폐렴으로 1882년 숨을 거두었다.

1.3. 허먼 멜빌의 『백경』16)과 『선원 빌리 버드』

허먼 멜빌(Herman Melvile, 1819~1891)은
뱃사람으로 승선을 한 적이 있고, 그러한
승선 경험을 문학으로 승화시킨 작가이
다. 멜빌은 1839년부터 1844년까지의 기
간 중 약 2년 반 동안 선원으로 승선했다.
멜빌은 처녀작인 『타이피』(Typee : A Peep at
Polynesian Life, 1846)와 『백경』에서는 고래
잡이 배 아쿠쉬네트(Acushnet) 호에 승선
했을 때의 체험담을 소재로 삼았고, 『레
드번』(Redburn, 1851)에서는 뉴욕 - 리버풀간
정기 화객선에 사환으로 승선한 경험을
그렸으며, 화이트 재킷(White Jacket, 1850)에서는 군함 유나이티드 스테
이츠(United States) 호에서의 체험을 활용하였다. 일찍 아버지가 사업에
실패하여 사망한 뒤 이렇다 할 정규교육을 받지 못했던 멜빌은 20대 초

---

16) 『백경』에 대해서는 김성준, 『영화에 빠진 바다』, 혜안, 2009, 제8장의 내용을 발췌함.

반에 승선생활이라는 특이한 경험을 통해 세상을 배울 수 있었다. 따라서 그는 "고래잡이배는 자신의 예일 대학이었고, 하버드 대학이었다"고 고백하고 있다. 해양문학의 대표작이자 멜빌의 대표작이 바로 『백경』과 『선원 빌리 버드』이다.

『백경』은 허먼 멜빌이 1851년에 발표한 작품으로 고래에게 다리를 잃은 에이햅 선장이 이 고래를 추적하면서 겪게 되는 갈등과 파국을 그리고 있다. 멜빌은 고래에 대한 상세한 박물지와 이슈마엘(방랑자, 추방자라는 뜻)이라는 화자가 중심인물이 되어 에이햅 선장이 백경을 추적해 가는 과정을 생생한 필치로 그려내고 있다. 이슈마엘은 "몇 해 전 내 주머니는 거의 텅 비고, 육지에는 흥미를 끌만한 것이 아무 것도 없으므로 잠시 배라도 타고 세계의 바다를 다녀오자는 생각"에서 탔던 '피쿼드' 호에서의 경험담을 들려준다. 이슈마엘이 풀어낸 고래잡이 경험담을 요약하면 〈표 6〉과 같다.

〈표 6〉 백경의 전체 줄거리

• 이슈마엘, 12월 뉴 베드포드 피터 코핀에 투숙 → • 교회에서 매플 목사의 설교를 들음 → • 트라이 포트 여인숙에 투숙 → • 피쿼드 호의 선주와 승선 계약 → • 부둣가에서 엘리쟈와 조우 → • 출항 : 항해의 목표 - 백경 → • 고래 추격, 밀항자 발견 → • 알바트로스 호 조우(희망봉) → • 타운 호 조우(백경에 관한 정보 입수) → • 돌림병이 돌고 있는 제로보암 호 조우 → • 브레멘 선적의 버진 호 조우 → • 로즈 버드 호 조우(순다해협 근해) → • 흑인 소년 선원 핍 죽음 → • 사무엘 앤더비 호(부머 선장) 조우 → • 선창의 기름이 샘(바시 군도 근해) → • 퀴퀘그, 열병에 걸림, 관 주문 → • 바시 군도를 지나 일본 해역으로 진입 → • 낸터킷 선적의 버철러 호 조우 → • 피쿼드 호, 번개 맞음, 나침반 고장 → • 레이철 호(가디너 선장) 조우 → • 딜라이트 호 조우, 백경 정보 입수 → • 백경 추격, 셋째날 에이햅 사망 → • 이슈마엘, 퀴퀘그의 관을 타고 생존

『백경』을 읽으면서 의문이 드는 것은 에이햅 선장이 무엇 때문에 그렇게 백경에게 집착했는가 하는 점이다. 우선 에이햅 선장이 백경에게 다리를 잃은 것에 대해 복수하려는 일념이 있었기 때문이라고 생각할 수 있다. 하지만 이것만으로 에이햅이 많은 것을 포기하고 오로지 백경만을 쫓는다는 것은 설득력이 부족하다. 휴스턴은 그 이유를 다음과 같이 그려내고 있다. 우선 백경으로 인해 에이햅 선장은 몸뿐 만 아니라 정신까지 피해를 입었다는 것이다. 에이햅 선장은 출항 직후 스타벅이 "선장님의 다리를 가져간 것도 모비 딕인가요?"라고 묻자, "그래 내 몸과 마음을 피가 흐르도록 갈기갈기 찢어 놓은 놈. 그 놈을 지옥 불 속까지 쫓아가서라도 잡는 것이 이번 항해의 목표"라고 대꾸한다. 그 후 피쿼드 호가 폭풍우 속으로 들어가자 스타벅이 백경을 쫓는 것을 그만두고 회항하자고 에이햅에게 요구하자, 그는 "뭔가 초자연적인 것이 나를 부르고 있어. 신이 시켜서 우리는 세상을 떠돌 수밖에 없네"라고 답하며 회항을 거부한다. 멜빌의 원작에서도 에어햅에게 백경은 복수의 대상만이 아니라 극복의 대상으로 나타나고 있다. 원작에서 스타벅이 "나는 고래를 잡으러 왔지. 선장의 원수 갚는 일을 도우러 온 것이 아닙니다"라고 반발하자, 에이햅은 "죄수는 벽을 때려 부수지 않으면 밖으로 나갈 수 없네. 내게는 저 백경이 바로 벽일세…그 놈이 나를 마루 휘두르며 덤벼들고 있어. 바닥을 알 수 없는 악으로 뭉쳐서 사나운 힘으로 덤벼들고 있어. 그 바닥을 알 수 없는 게 나는 미워 견딜 수가 없는 거야. 그래서 백경이란 놈에게 이 미움을 풀고 싶은 거야"라고 털어놓는다.

또 다른 의문은 '모비 딕'이 왜 흰 고래인가 하는 점이다. 모비 딕이란 낱말은 웹스터영어사전이나 옥스퍼드영어사전에도 등재되어 있지 않다. 모비 딕은 멜빌의 소설 속에 나오는 흰 고래의 별칭과 같은 것이다. 멜빌은 소설을 발표할 당시 미국에서는 『모비 딕』으로, 영국에서는 『흰 고래』(The White Whale)로 각각 다른 이름으로 출간하였다. 멜빌이 이렇게 한 데에는 나름대로 까닭이 있었다. 1820년의 에식스 호 난파 사건이 발생한 이후 대서양 연안의 각 항구에서는 거경 '모카 딕'이 뱃사람들의 공포를 자아내며 널리 회자되어 있었다. 모카 딕은 멜빌이 『모비 딕』을 발표한 지 8년 뒤인 1859년 잡혔는데, 이때까지 고래잡이 선원 30명 이상을 희생시켰다고 한다. 모비 딕이란 낱말은 바로 이 모카 딕을 변용한 것이다.

이처럼 멜빌은 자신의 승선 경험을 문학의 소재로 활용하였으나, 그의 해양소설은 단순한 승선 체험담에 그치지 않았다. 이는 『백경』에서도 예외는 아니다. 하지만 『백경』에서 멜빌이 보여주고자 했던 것이 궁극적으로 무엇이었는가에 대해서는 의견이 분분하다. 하지만 『백경』이 단순한 해양 모험담이 아니라, 선과 악의 대립이라는 상징적 의미를 내포하고 있다는 점에 대해서는 이견이 없는 듯하다. 다만 『백경』에서 어느 쪽이 선과 악인가에 대해서는 읽는 이에 따라 다양하게 해석될 수 있다는 점이다. 언뜻 보기에 에이햅이 선인 듯하고, 백경이 악인 듯하지만, 다르게 보면 에이햅이 악이고, 오히려 백경이 선으로 볼 수도 있다. 에이햅에게는 백경은 정복해야만 하는, 그렇지만 결코 정복되지 않은 거대한 바다의 악마일 따름이다. 그러나 이를 뒤집어 보면 백경은 '결코 정복될 수 없는 대 자연' 또는 '위대한 영웅'으로, 에이햅 선장은 대자연이나 영웅에 도전하는 인간의 무모함을 상징하는 것으로 볼 수도 있다. 그 무모함을 긍정적으로 보면 '대자연이나 또는 영웅에 도전하는 인간의 의지 내지는 인간 자기주장의 절정으로 보게 되면 백경에서 바다는 부정적인 바다가 되기도 한다. 이를 부정적인 시각에서 보면 에이햅이라는 광기를 지닌 악이 신과 자연이라는 선에 도전하여 패배하는 것으로 볼 수도 있다. 이는 결국 선과 악이 에이햅과, 백경에게 공존한다는 의미가 되는 것이다.

백경의 큰 주제가 선과 악의 대립이라는 점은 등장인물의 이름에서도 감지할 수 있다. 에이햅은 『구약성서』에 등장하는 아합(Ahab)에서 따왔고, 이슈마엘에게 불길한 예언을 하는 예언자 일라이자는 선지자 엘리야(Elijah)에서 따왔다. 흥미로운 것은 성서에는 에이햅이 배교자로, 엘리야는 선지자로 등장한다는 점이다. 성서에서 아합은 사마리아를 수도로 하는 이스라엘의 왕 오므리(Omri)의 아들로서 22년간 통치하는 동안 시돈 왕 에드바알의 딸 이세벨과 결혼하였을 뿐만 아니라 바알을 숭배하기까지 하여 야훼의 뜻을 거슬렸다(열왕기상 16:29 - 34). 이에 대해 선지자 엘리야는 길리앗의 티스베 사람으로 아합의 죄를 꾸짓고 자신이 입을 열기 전에는 몇 해 동안 가뭄이 들 것이라고 예언한다(열왕기 상 17:1).[17]

이런 점에서 백경의 주요 테마가 사물의 치환성(interchangeability) 또는 가역성(reversibility)이라는 지적은 아주 설득력이 있다. 소설 백경에는 "모든 것은 뒤집어 놓고 보면 어쩌면 그렇게 똑같아진다"라는 구절이 나오고, 에이햅 선장도 "스타벅과 스터브, 너희 둘은 한 사물의 반대쪽 양극이다. 너희 둘은 모두 똑같은 놈이다"라고 소리치는 장면이 나온다. 이렇듯 사물은 가역적이고 치환가능하기 때문에 퀴퀘그가 만든 널은 이슈마엘에게는 구명 부이가 되어 생명을 구하는 데 이용되는 것이다.[18]

멜빌은 『백경』을 1850년부터 1851년 사이 1년 반만에 썼는데, 이 시기 동안 그는 호손과 리처드 데이너와 같은 문학가들과 사귀고 있었고, 셰익스피어의 작품에도 깊이 탐닉하였다. 따라서 『백경』에서는 호손의 어두운 그림자가 드리워져 있고, 셰익스피어의 흔적을 곳곳에서 발견할 수 있다. 실제로 멜빌은 『백경』을 '그의 천재에 대한 찬양의 표시로 나

---

17) 안정효, 『신화와 역사의 건널목』, 들녘, 2002, pp.159 - 165 참조.
18) 민성규, 「허먼 멜빌의 생애와 작품 세계」, 『해양한국』, 2001. 8, p.173

다니엘 호손에게 헌정'하였고, 인용 구절과 무대 연출, 맥베스 풍으로 말하는 예이햅의 독백 등에서 셰익스피어 풍을 느낄 수 있다.[19] 멜빌이 그의 일생일대의 대작으로 구상했던 『백경』은 그의 바람과는 달리 상업적으로도 성공하지 못했고, 문학성에 대한 평가 면에서도 성공하지 못했다.

전체적인 시각에서 보았을 때, 『백경』은 극적 긴장감이 다소 약하거나 떨어지는 것이 사실이다. 이는 소설 전편에 걸쳐 이야기의 전개를 가로막고 있는 고래에 대한 박물지 때문만이 아니다. 그것은 이미 시작부터 에이햅이 죽을 것이라는 비극적 결말을 암시하는 복선들이 곳곳에 깔려 있기 때문이다. 일라이저가 피쿼드 호의 선주와 승선계약을 하고 내려오는 이슈마엘에게 불길한 예언을 한다거나, 퀴퀘그가 열병에 걸려 죽음을 예견하고 관을 맞춘 것이라거나, 에이햅의 모자가 바다로 떨어진 것 따위가 바로 그것이다. 어쨌든 멜빌의 『백경』은 인간의 본성과 신에 대한 철학적 통찰을 배경으로 깔고 있다고 할 수 있다. 말하자면 멜빌은 해양이라는 특수한 소재를 통해 문학의 보편적 주제인 인간의 본성과 신에 대한 철학적 탐구를 추구한 셈이다.

멜빌은 『백경』 제45장에서 1807년 낸터킷 선적 유니언(Union) 호의 난파사건, 1820년 낸터킷 선적의 에식스(Essex) 호의 난파 사건, 1830년 경 미국 전함의 고래 충돌 사건을 언급하고 있다. 그러나 유니온 호의 난파 사건에 대해서는 믿을 만한 기록을 찾아볼 수 없었고, 미국 전함은 말향고래와 세게 부딪혀 침수되었으나 가까스로 항구로 입항하여 수리를 마쳐서 『백경』의 소재로 쓰기에는 다소 미약했다. 결국 멜빌은 "요즈음도 폴라드 선장이 낸터킷에서 살고 있고, 조난당한 에식스 호의 1항사였던 오언 체이스(Owen Chase)도 만난 일도 있고 그의 진솔한 기록도

19) Daniel Boorstin, 이민아 · 장석봉 옮김, 『창조자들』 III, 민음사, 2002, p.177.

읽은 적이 있다"고 고백하고 있다. 에식스 호 난파기와 멜빌의 『백경』을 비교해 보면, 백경은 에식스 호 난파기의 앞 이야기에 해당한다. 멜빌이 자필 수고에서 쓴 것처럼, 그는 1841년 아쿠쉬네트(Acushnet) 호에 승선하고 있을 때 선원들로부터 에식스 호의 이야기를 많이 들었고, 당시 아쿠쉬네트에 타고 있던 체이스의 아들로부터 오원 체이스의 회고록을 빌려 읽은 적도 있었다.[20] 멜빌은 에식스 호 난파기에서 많은 영감을 얻었음에 틀림없고, 1846년 처녀작 『타이피』를 발표하여 창작생활에 전업하면서 에식스 호 난파담은 그에게 훌륭한 이야기 소재가 되었다. 그러나 멜빌이 만약 에식스 호의 난파 이후의 이야기를 소설화했다면, 이는 실패했을 것임에 분명하다. 널리 알려진 에식스 호의 이야기라는 것을 다루고 있다는 사실을 독자들이 금세 간파했을 것이기 때문이다. 이를 염두에 두어야 했던 멜빌은 소설 『백경』을 백경을 쫓는 에이햅 선장의 집념과 난파하기까지의 과정을 고래에 대한 박물지와 함께 곁들여 형상화시킴으로써 에식스 호 난파기와는 완전히 다른 이야기를 창조하였다. 그로써 출간 당시에는 "등장인물들이 중간에 아무 설명도 없이 사라지거나 서술체의 시점이 자주 바뀌는 등 독자들을 혼란에 빠뜨리고 지치게 만들어 빛을 보지 못했지만, 어느 분야에도 속하지 않는 작품으로서 최고의 소설 문학 반열에 오르게 되었다."[21] 대륙 문학의 아류로서 영국 문학의 굴레에서 벗어나지 못하고 있었던 미국 문학은 멜빌에 의해 비로소 새로운 형식을 확립하게 되었다고 하겠다.[22]

오늘날 『백경』이 미국 문학과 해양문학의 백미로서 고전으로 인정받고 있지만, 멜빌이 발표했던 1851년 당시에는 냉담한 반응을 받았다. 이에 멜빌은 독자들에게 잊혀진 채 농사를 지으며 생계를 유지하다가 1866년

---

20) Herman Melville's Notes, in *Shipwreck of the Whaleship Essex*, pp.137 - 141.
21) 안정효, 『신화와 역사의 건널목』, p. 161.
22) 민성규, 「허먼 멜빌의 생애와 작품 세계」, p.171.

에야 뉴욕 항의 세관검사원으로 취직을 하여 안정을 되찾았다. 그러나 이전과 같이 활발한 작품 활동을 하지 못하고 간간히 시를 쓰는 정도였다. 그는 말년인 1888년 세관원을 사직하고 그의 유작인 『선원 빌리 버드(Billy Budd, Sailor)』를 집필하기 시작하여 죽기 직전인 1891년 4월에 탈고하였으나, 9월 28일 사망하였다. 결국 『선원 빌리 버드』는 멜빌의 유작으로 1924년에야 출판되었다. 『선원 빌리 버드』는 30장으로 이루어진 중편 소설로 내용은 비교적 단순하다. 출신도 모르고, 부모도 모르는 빌리 버드는 타고난 준수한 용모에 상냥하고 밝은 성격을 지니고 있어 많은 사람들의 사랑을 받는다. 갑판원으로 승선한 빌리는 마치 중세의 암흑과 같았던 '인간의 권리'(Right of Men) 호에 생기를 불어넣으며 모든 사람들로부터 사랑을 받는다. 그러나 전쟁기 선원이 부족해지자 영국 해군에 강제 징집되어 '벨리포텐트(Bellypotent)' 호의 제1급 수병으로서 앞돛대 우현 망루병으로 배치되었다. 빌리는 벨리포텐트 호에서도 호감을 주는 타고난 용모와 도덕적인 성품 등으로 많은 사람들로부터 사랑을 받는다. 그러나 선임위병하사관인 클래가트(Claggart)의 시샘과 모함을 받게 된다.

소설의 시대적 배경은 1797년 스핏헤드(Spithead)와 노어(Nore)에서 수병들의 선상 반란이 일어난 직후였다. 따라서 무엇보다도 선내 기율과 복종이 절대적으로 요구되던 시대였다. "사악한 성격을 타고난"[23] 클래가트는 모든 사람들로부터 사랑을 받고 있는 빌리에 대해 시샘과 그에 대한 멸시를 동시에 갖는다. 결국 클래가트는 비어(Veer) 함장에게 빌리가 선상 반란을 꾀한다고 모함을 하게 되고, 빌리에게 우호적이었던 비어 함장은 이를 반신반의하여 빌리와 클래가트를 대질 심문한다. 대질 심문에서 클래가트가 말도 되지 않은 '반란 음모' 운운하자 당황한 빌리

---

23) 허먼 멜빌, 최수연 옮김, 『빌리 버드』, 이삭줍기, 2002, p.75.

는 오른팔을 뻗어 그의 이마를 때려 숨지게 한다. 이에 선상군법회의가 열리고, 선상군법회의의 결정에 따라 빌리는 교수형에 처해진다. 교수형에 처해지는 최후의 순간 빌리는 "비어 함장께 하나님의 가호가 있기를!"이라는 말을 남기고 죽고, 비어 함장은 빌리가 처형된 뒤 얼마 지나지 않아 프랑스 함대와의 해전에서 치명상을 입어 '빌리 버드, 빌리 버드!'란 말을 되뇌며 숨을 거둔다.

이처럼 『선원 빌리 버드』는 비교적 단순한 이야기다. 선의 화신인 빌리 버드가 타고난 악의 화신 클래가트의 모함에 빠져 전함이라는 집단의 안정과 질서를 위해 희생된다. 최수연 교수가 적절히 지적한 것처럼, 멜빌은 유작 『빌리 버드』를 통해 "인간사에서 선이 항상 악을 이기는 것도 아니고, 인간의 삶이나 세상이 항상 공정한 것도 아님을 보여주고 있다."24) 그렇다고 해서 멜빌이 삶과 세상에 대해 비관적이거나 부정적인 태도를 갖고 있지는 않다. 왜냐하면, 빌리 버드의 숭고한 희생이 헛된 것이 아니라 비어 함장과 수병들의 마음 속에 '족쇄 찬 빌리'라는 시로 영원히 남아 있기 때문이다.

최수연 교수는 멜빌이 『빌리 버드』의 소재로, 1842년 미국 해군에서 발생한 소머스(Somers) 호 항명사건과, 1797년 영국 해군에서 발생한 스핏헤드와 노어 선상 반란사건을 차용하여 가상의 벨리포텐트 호 사건을 형상화하였다고 밝히고 있다. 그의 연구에 따르면, "멜빌은 『빌리 버드』에서 비어 함장을 제국주의의 집행자로, 선임위병하사관 클래가트를 그 하수인으로, 수병 빌리를 제국주의의 희생자로 그리면서, 제국주의의 허구성을 비판하였다."또한 멜빌은 "벨리포텐트 호 사건과 소머스 호 항명사건을 대조시켜 19세기 중후반부터 제국주의국가로 변모해 가고 있던 미국의 모순적 실상을 반성적으로 보여 주면서 법과 언론 그리고 역사

24) 최수연, 「세상에 던진 마지막 증언」, 허먼 멜빌, 최수연 옮김, 『빌리 버드』, p.189.

까지도 제국주의 사회체제를 강화하기 위한 지배이데올로기의 도구로 사용되고 있음을 밝혔다."25)

『선원 빌리 버드』에서 멜빌이 진정으로 얘기하고자 하는 것이 무엇이었던 간에 멜빌이 선원과 선원 생활에 대해 보여주고 있는 따뜻한 시선을 보여주고 있음을 재확인할 수 있다. 그는 『선원 빌리 버드』에서 "뱃사람은 솔직함이고, 뭍사람은 술책이다. 뱃사람에게는 인생이란 머리를 잘 굴려야 하는 게임이 아니다. 하나의 무리로 볼 때 뱃사람들은 성격상 아동기의 종족"26)이라고 쓰고 있다. 자신이 무슨 일에 종사하던지 간에 그 일에 대해 따뜻한 애정과 자부심을 갖고 일을 한다는 것이 얼마나 소중한 것인지 새삼 일깨워준다.

1.4. 조지프 콘래드의 〈청춘〉과 『로오드 짐』

영국 문학에서 해양소설의 대표작가를 꼽으라면 단연 조지프 콘래드 선장(Joseph Conrad, 1857~1924)을 꼽아야 할 것이다. 1857년 폴란드에서 태어난 콘래드 선장은 16살에 처음 승선한 뒤 1886년 영국으로 귀화하여 선장 면허를 받아 22년간 승선생활을 했다. 그는 『올매이어의 우행(Almayor's Folly)』으로 등단한 이래, 〈청춘〉, 『나시서스 호의 흑인』(The Nigger of the Narcissus), 『로드 짐』(Lord Jim) 등의 해양소설을 발표하였다. 이 가운데 그의 대표작은 단편소설 〈청춘〉으로, 오랜 선원 생활에 단련된 중년의 선장 찰리 말로우(Charlie Marlow)가 네 명의 뱃사람들에게 쥬디어(Judea, 유대) 호에서의 항해 경험담을 들려주

---

25) 최수연, 「빌리 버드에 드러난 역사의 진실 : 제국주의적 이데올로기 비판」, 『인문학논총』, 제15권 2호, 2010. 6, 경성대학교 인문과학연구소, pp.43 - 67.
26) 허먼 벨빌, 최수연 옮김, 『빌리 버드』, p.95.

는 이야기이다. 찰리 말로우(Charlie Marlow)가 들려주는 쥬디어 호의 항해담을 정리해 보기로 하자.[27]

20세였던 말로우는 선원 생활 6년 동안 아직 가보지 못한 동양에 대한 환상에 사로잡혀 방콕으로 가는 쥬디어 호의 2등 항해사로 승선하였다. 당시 쥬디어 호에는 60세에 처음으로 선장직을 맡은 비어드(Beard) 선장과 단정한 몸매와 흰 수염을 기른 만 1등 항해사가 함께 동승하고 있었다. 쥬디어 호는 타인 항에서 석탄을 싣기 위해 빈 배로 런던을 출항했지만, 일주일 째 악천후로 한쪽으로 기운 채 간신히 타인 항에 도착하였다. 그러나 선적 차례가 뒤져서 한 달이나 항내에서 대기해야 했다. 다행히 차례가 되어 석탄을 선적하고 출항을 앞둔 바로 전 날 기선과 충돌하여 3주간이나 출항이 지체된다. 겨우 수리를 마친 뒤 방콕을 향해 출항 쥬디어 호는 영국 남단을 통과했을 무렵부터 폭풍우에 떠밀린다. 배는 나뭇잎처럼 흔들리고 여기저기 파손되어 침수하고 선원들은 며칠 동안 있는 힘을 다해 물을 퍼낸다. 쥬디어 호의 뱃머리에 적힌 "일하라 그렇지 않으면 죽어라!"라는 말처럼, 배를 떠 있게 하기 위해 필사적으로 일을 해야 했다. 그럼에도 불구하고, 말로에게 쥬디어 호는 "석탄을 실어나르는 오래 된 낡은 화물선이 아니었다. 쥬디어 호는 내 삶의 노고, 시험, 시련이었다. 말로우는 이 배를 기쁨과 애정과 안타까움을 갖고 생각했다." 온갖 노력에도 불구하고 쥬디어 호의 갑판의 선실이 파도에 휩쓸려 가버린다. 결국 선원들은 되돌아가길 요구하기에 이르렀고 결국 쥬디어 호는 팔머스로 되돌아오고 만다. 배를 수리하고 출항하려던 참에 고장에 생겨 되돌아오기를 세 차례 거듭하지만, 그 사이에 선주와 보험회사, 용선주 사이에 분쟁이 생겨 쥬디어 호는 항구에 6개월 동안 틀어박힌다. 대대적인 수리를 한 끝에 리버풀 항에서 선원들을 데

---

27) 조셉 콘래드, 조미나 옮김, 『청춘·은밀한 동거인』, 누멘, 2010.

려와 목적항인 방콕을 향해 출항한다.

대서양에서의 항해는 순조로웠고, 인도양에 접어들었다. 어느 날 밤 말로우는 파라핀 타는 냄새를 맡게 되는데, 선창에서 석탄이 자연발화했던 것이다. 일찍 발견한 덕분에 화재는 2주 만에 진화되었지만, 다음 날 큰 폭발이 일어나 말로우는 화상을 입는다. 전 선원들의 합심으로 화재는 다시 진압되었고, 마침 근처를 지나던 우편선에 부탁하여 바타비아까지 예인을 부탁하려던 참에 돌풍이 불어 화재가 일어나 결국 선원들은 세 척의 보트에 나눠 타고 배를 포기한다. 말로우는 세 척 중 1척의 보트를 맡아 지휘하게 되는데, 세 척 가운데 동경해 마지 않던 동양에 맨 먼저 닿아 보려고 마음먹는다. 청춘의 열정을 가진 말로우는 난생 처음 자기 배를 지휘한다는 열정에 사로잡혀 27시간 동안 보트를 지휘하여 "꽃처럼 향기롭고, 죽음처럼 고요하고, 무덤처럼 어두운, 신비로운 동양"을 처음으로 대하게 된다. 그 순간 말로우는 다음과 같이 읊조린다. "내게는 내 청춘의 비전을 포함하는 것이 바로 동양의 전부였어. 동양은 내가 청춘의 안목으로 본 그 순간의 동양이 그 전부이지. 나는 바다와 난투하면서 이 동양으로 왔지. 그리고 동양이 나를 보았어. 이것이 동양이 남긴 모든 것이었어!"이렇게 회고한 말로우는 술을 마시며 "아! 찬란한 옛날이여 - 그 찬란한 옛날이여. 청춘과 바다. 황홀한 매혹과 바다! 찬란하고 강렬한 바다, 소금의 바다, 참혹한 바다가 자네에게 속삭이고 그대에게 으르렁대고 그대를 깜짝 놀라게도 하는 바다."라고 그 힘들고, 고달팠던 선원 생활과 청춘을 그리워한다.

〈청춘〉은 1898년에 발표한 콘래드의 단편소설 5편 중 초기 작품으로 콘래드가 1881년 범선 '팔레스타인' 호를 타고 싱가포르까지 항해한 실제 경험을 토대로 한 해양소설이다. 콘래드 자신이 승선했던 배는 팔레스타인 호였지만, 소설에서는 예수의 고향인 '쥬디어'로 바뀌었을 뿐이다.

〈청춘〉을 콘래드의 자전적 소설이라는 관점에서 보면, 콘래드 자신의 승선 경험담을 들려주는 해양 소설로서 인간의 삶에서 청춘이 갖는 지고한 의미를 역설한 것으로 해석할 수 있다. 그러나 일부 평자들은 콘래드를 상징작가로 보아 〈청춘〉역시 단순한 해양 소설이 아닌 종교적 심오한 사상을 내포한 상징 소설로 보기도 한다. 이러한 관점에서 보면 쥬디어 호는 오래되고 거대한 옛 신앙 속에 안주하던 19세기 문화 전반을 상징한다. 격동과 위기의 시기였던 19세기 사람들의 혼란된 의식은 마치 거센 파도와 싸우며 쥬디어 호를 수호하려고 안간힘을 쓰는 선원들의 모습에서 상징적으로 나타난다. 이는 구시대의 '기독 신앙의 낡은 배의 침몰'에 다름 아니었다. 그러나 낡은 19세기가 침몰한 데 그치지 않고 방콕으로 대표되는 동양에 기어이 안착한다. 동양은 새로운 종교와 정신의 중심지로서 유럽인들에게는 동경의 대상이었다. 콘래드는 새로운 문화와 종교의 시대를 열어갈 중심지로 동양의 대표로서 방콕을 설정하고 그곳에 도달하는 것이 얼마나 지난한 일인지를 상징적으로 보여준다.[28] 〈청춘〉을 이러한 관점에서 읽는 것도 일견 타당해 보이는데, 그것은 콘래드 자신 자신도 해양 작가라고 불리기를 매우 싫어했기 때문이다. 사실 '해양'이라는 수식어가 붙게 된다면 자칫 콘래드가 바다라는 색다른 무대에서 일어나는 진기한 모험을 다루는 작가에 불과하다는 인상을 줄 수가 있다. 그러나 콘래드 자신은 이러한 진기한 모험과는 먼 시련과 시험에 처한 인간의 내면적 반응, 도덕성, 그리고 소외의 문제에 관심을 갖고 있었다고 한다.[29]

〈청춘〉은 콘래드 선장과 같이 승선 생활을 오랫동안 하지 않았으면

---

28) 이상 조미나, 「해설 : 콘래드 소설에 나타난 새 신앙의식의 상징성 추구」, in 조셉 콘래드, 조미나 옮김, 『청춘·은밀한 동거인』, pp.14 - 15.
29) 조운석, 「해설 : 도덕적 자아와 어두운 힘」, in 조셉 콘래드, 조운석 옮김, 『로오드 짐』, 주우, 1983, p.21.

결코 쓰지 못하는 정확한 해사용어와 표현을 구사한 작품으로서도 높이 평가받는다. 이를테면 쥬디어 호가 대서양에서 폭풍우에 휘말려 있을 때 콘래드 선장은 "배는 나뭇잎처럼 흔들렸고, 앞뒤로 흔들리다, 물구나무섰다가, 엉덩방아를 찧고, 좌우로 흔들리고, 으르렁거렸다."[30]고 표현하였다. 인도양에 접어들어 잔잔한 바다를 항해할 때는 콘래드 선장은 "배는 청천 아래서 죽기 아니면 살기로 서서히 달렸다. 움츠렸던 하늘은 기적처럼 맑게 개이었고, 바다는 말끔히 닦아져 빛나고 푸르며, 수평선까지 뻗쳐 있다. 마치 지구 전체가 한 개의 보석, 유성 모양으로 만들어진 거대한 사파이어처럼 느껴졌다."고 서술하고 있다. 이처럼 콘래드 선장은 폭풍우 속에서 배의 상태를 짧은 문장으로 또 동사를 활용하여 긴장감 있게 표현하고 있을 뿐만 아니라, 잔잔한 바다의 정경도 마치 산문시를 읽는 것처럼 아름답게 묘사하고 있다.

〈청춘〉의 주제는 바다와 동양에 대한 동경이다. 16세에 선원이 되어 37세에 전업 작가로 전향하기까지 20여 년간 바다에서 보낸 콘래드 선장에게 바다는 청춘과 동의어였고, 청춘과 밀착되어 있었다. 바다는 그를 길러냈을 뿐만 아니라, 감수성과 영감을 그에게 제공했다. 스무살 시절 겪었던 경험을 60세에 가까운 나이에 따뜻한 시선으로 회고한 찰리 밀로는 다름 아닌 콘래드 자신이었던 셈이다. 그의 『로드 짐』이 선원의 인생 유전을 그린 것과 비교하면, 〈청춘〉은 밝고 희망 찬 뱃사람의 찬가라고 할만한 작품이다.[31] 〈청춘〉을 상징 소설로 읽는다 해도 이는 크게 달라지지 않는 듯하다. '청춘'이라는 강한 충동적인 힘이 존재하기에 미지의 새로운 것을 향한 모험이 가능하다는 것을 보여주기 때문이다. 낡은 쥬디어 호에서 발생한 일들은 구세대가 저물어가는 슬픔과 상실감

---

30) "She tossed, she pitched, she stood on her head, she sat on her tail, she rolled, she groaned."
31) 이재우, 『해양문학산책』, pp.14 - 20.

이 뒤섞여있지만, 거기에서 끝나는 것이 아니라 동양으로 상징되는 새로운 종교와 문화의 출발을 찬미하는 청춘의 힘이 강조되어 있다.[32]

〈청춘〉과 함께 콘래드의 대표적 해양소설은 『로오드 짐』이다. 콘래드가 1900년 발표한 이 작품은 배와 승객을 버리고 살아남은 것에 대한 죄책감을 가진 채 떠도는 선원 '짐'(Jim)의 인생 유전을 그리고 있다. 목사의 아들이었던 짐(George Jim)은 선원이 되고자 한다. 낭만적이고 민감한 성격의 소유자인 짐은 자신을 이상화하는 경향이 있어서 위험한 순간이 닥치면 영웅적인 행동을 할 것이라고 꿈꾼다. 그러나 콘웨이 호에서 승선 훈련을 할 때 나타난 것처럼, 정작 위험이 닥치면 몸이 굳어버려 행동에 옮기지 못하는 고질병을 갖고 있다. 그는 동남아에서 순례객 800명을 태운 1400톤짜리 증기선 파트나(Patna) 호의 1등 항해사로 승선한다. 그런데 항해 중 한밤중에 파트나 호가 난파선 조각을 들이받아 선수로 물이 스며들기 시작한다. 선장과 기관장을 포함한 백인 사관들은 모두 자신들만 살아남기 위해 잠들어 있는 800명의 순례객들을 버리고 구명보트를 타고 도망치려 한다. 짐은 구명보트에 타는 것을 주저하지만, 결국 구명보트에 뛰어올라 무사히 항구에 도착한다. 선장은 파트나 호가 침몰했다고 항만 당국에 보고하지만, 파트나 호는 지나던 프랑스 군함에 구조되어 무사히 아덴까지 예인되어 왔다. 선장과 기관장, 2등 항해사와 2등기관사는 모두 달아났지만, 짐은 달아나지 않고 홀로 남아 재판을 받는다. 제5장부터 마지막 45장까지는 말로우 선장이 등장하여 화자로 전체 이야기를 이끌어간다. 말로우 선장은 재판에 관심을 갖고 참관하고, 이후 짐과 친분을 맺게 된다. 재판에서는 선장과 기관장, 1등 항해사인 짐, 그리고 2등 항해사와 2등기관사 등이 모두 면허 취소 처분을 받는다. 재판 뒤 짐은 이 항구 저 항구를 떠돌며 배와 관련한 잡일

---

32) 조미나, 「해설 : 콘래드 소설에 나타난 새 신앙의식의 상징성 추구」, in 조셉 콘래드, 조미나 옮김, 『청춘·은밀한 동거인』, p.24.

로 생활한다. 그러나 악몽 같은 파트나 호의 추문은 계속 그의 뒤를 따라다닌다. 이제 더 이상 항구에서 조차 발붙일 곳이 없게 된 짐은 말로우 선장의 소개로 부유한 상인인 스타인을 만나 보루네오의 오지인 파투산(Patusan)으로 가게 된다. 여기에서 짐은 원주민들을 노예처럼 부리는 추장 알랑을 대포를 옮겨와 포격으로 축출하고 원주민들로부터 '투안 짐'(Tuan Jim), 즉 로오드 짐(Lord Jim)으로 불리며 존경을 받는다. 짐은 토후국의 실질적인 통치자로 활약하면서 족장 도라민의 아들 데인 워리스와 친교를 맺고, 유라시안 혼혈녀 주웰(Jewel)과 결혼한다.

그러나 짐의 행복은 오래가지 못했다. 요크 갑에서 아덴만까지 악명으로 이름 높았던 악당 젠틀맨 브라운 일당이 수배를 피해 마다가스카르로 도망가던 중 파투산을 약탈하려 한다. 짐은 이들을 물리칠 임무를 맡게 되는데, 젠틀맨 브라운과 협상으로 이들이 아무 일 없이 물러난다면 빠져나가는 것을 협조하기로 한다. 두라민과 원주민들은 이에 반대하지만, 짐은 그들이 물러가도록 허락했다가 원주민이 해를 당하게 된다면 자신의 목숨을 내어놓겠다고 약속한다. 제임스 일당은 강 하류로 빠져나가는 척 하다가 원주민들을 습격하여 두라민의 아들 데인 워리스를 살해한다. 최후의 순간 더 이상의 양심에 꺼려지는 행동을 하지 않기로 다짐한 짐은 자신이 원주민들에게 다짐한대로 도망치라는 아내 주웰의 애원도 물리치고, 데인 워리스의 아버지 도라민의 총에 죽음을 맞게 된다.[33]

『로오드 짐』은 파트나 호 사건과 파투산에서의 에피소드를 결합시킨 작품이다. 파트나 호 사건은 1880년에 실제로 있었던 제다 호 사건을 소재로 한 것이다. 제다 호는 1880년 7월 이슬람교 1천명을 싣고 싱가포르 항을 떠나 항해 도중 보일러에 고장에 생겨 침수되기 시작하였다. 제다

---

33) 이상 조운석 옮김, 『로오드 짐』, pp.23 - 24.

호의 선장과 사관들은 구명 보트를 타고 도망 쳐서 아덴에 도착하여 배가 침몰하여 승객들은 모두 죽었다고 본사에 전보를 쳤다. 그런데 이튿날 제다 호의 승객들은 안테노어(Antenore) 호에 의해 무사히 구조되었다. 이 사건은 당시 런던과 싱가포르 사회에 커다란 반향을 일으켰다. 콘래드가 이 사건에 관심을 갖게 된 것은 예기치 않은 사건이 발생했을 때 인간 내부에 도사린 비겁성을 드러내어 인간의 운명을 뒤틀리게 하는 도덕적인 의미에 관심을 가졌기 때문이다. 나아가 겉으로 드러난 사건이나 행동 이상의 보다 근원적인 동기와 의미, 그리고 사건 후의 내면적 반응에 대한 호기심이 강하게 작용했던 것이다.『로오드 짐』은 조셉 콘래드가 조국 폴란드를 버린 것에 대한 일종의 죄의식이 반영된 소설로 보기도 한다. 짐이 파트나 호에서 뛰어내린 것은 콘래드가 폴란드를 탈출하는 상징이라는 것이다. 조국 폴란드를 버렸다는 죄책감이 일생 동안 콘래드를 괴롭혔다는 것은 잘 알려진 사실이다. 짐이 자기의 행동을 정당화하려고 애쓰고, 말로우가 짐의 내면적 동기를 이해와 동정심을 갖고 밝히려고 노력하는 것은, 콘래드 자신이 조국을 버린 행위를 정당화시키고 이해시키려는 노력에서 기인한 것일 수도 있다는 것이다. 짐이 파트나 호 사건에 대한 추문과 비난을 피해 이 항구 저 항구로 옮겨다는 것 또한 자신에 대한 폴란드 인들의 비난을 피하려는 심리적인 반응이었다고 해석할 수도 있다. 실제로 폴란드의 여류 소설가 오르체스코바(Elisa Orzeskowa)가 콘래드는 조국을 배반한 변절자에 불과하다고 맹렬한 공격을 퍼붓기도 했다. 콘래드 자신도 결코 죄의식에서 벗어나지 못했다고 고백한 바 있다.[34]

작가로서 콘래드를 해양작가가 아닌 상징 소설가로 보더라도 그의 문학의 터전이 배와 선원 생활에서의 경험이었음은 부인할 수 없다. 1857

---

34) 조운석,「해설 : 도덕적 자아와 어두운 힘」, 조운석 옮김,『로오드 짐』, p.29.

년 12월 3일 현재의 우크라이나 지방의 베르디체프에서 태어난 콘래드는 부친 아폴로가 1869년에 죽자 외삼촌인 타데우스 밑에서 자랐다. 낭만적이고 몽상가적 기질도 있었던 콘래드는 늘 바다로 나가고 싶어하던 중 1874년 견습선원으로 몽블랑 호를 타고 카리브 해로 첫 항해를 하였고, 마르세이유로 귀항하여 생 앙트완느(Saint Antonine) 호의 정식 선원으로 승선하였다. 1877년에는 트레몰리노(Tremolino) 호에 승선하여 왕정파 지지자들을 위해 무기를 스페인으로 밀반입하는 일에 참여하던 중 발각되어 배를 난파시키고 알거지가 된 채 마르세이유로 도망쳐 오기도 했다. 21살 때인 1878년에는 영국 선박 메이비스(Mavis) 호를 타고 콘스탄티노플에 기항한 뒤 영국으로 귀항하여 영국에 정착하였으나 일가친지 한 사람도 없었고 영어도 할 줄 몰랐다. 콘래드는 1880년에 3등항해사, 1882년에는 2등 항해사 자격을 각각 취득하였다. 2등 항해사 때인 1882년에 팔레스타인 호를 타고 항해 도중 적재한 석탄에 불이 붙어 배를 수마트라 인근에서 포기하였는데, 그 때문에 싱가포르에서 재판을 받기도 했다. 팔레스타인 호의 항해 경험이 〈청춘〉의 소재로, 싱가포르에서의 재판 경험은 『로드 짐』의 소재로 각각 이용되었다.[35] 그는 1884년에는 1등항해사 자격을 취득하고 나르시서스 호에 승선하였는데, 이때의 승선 경험은 『나르시서스의 흑인』(1897)의 소재가 되었다. 콘래드는 1886년 39 살에 선장 자격과 함께 영국 국적을 취득했다. 1887년에는 하일랜드 포리스트(Highland Forest) 호를 타고 사마랑(Samarang)으로 향하던 중 돛대에 등을 맞아 싱가포르 병원에 입원하기도 했다. 콘래드가 선장으로 처음 승선한 배는 1888년 오타고(Otago) 호였는데, 시드니행이었다. 이후 1891년부터 93년까지 토렌스(Torens) 호에 승선 중 1894년 런던으로 돌아와 선원 생활을 그만 두고 창작에 전념하였다. 콘래드는

---

35) 조운석, 「해설 : 도덕적 자아와 어두운 힘」, in 조셉 콘래드, 조운석 옮김, 『로오드 짐』, p.19.

1924년 8월 3일 심장마비로 사망하였다.

1.5. 어니스트 헤밍웨이의 『노인과 바다』

『노인과 바다』는 헤밍웨이(Ernest Hemingway, 1899~61)가 1952년에 발표한 작품으로 비교적 단순한 이야기 전개임에도 불구하고, 그에게 퓰리쳐상과 노벨문학상(1954)을 선사한 작품이다. 『노인과 바다』에 등장하는 인물은 산티아고(Santiago)라는 늙은 어부와 그의 일을 거드는 마놀린(Manolin)이라는 소년 두 사람 뿐이다. 멕시코 만에서 고기  를 낚는 산티아고는 84일이나 고기를 한 마디도 낚지 못했음에도 불구하고 작은 배를 타고 출어를 계속한다. 드디어 1500파운드(약 680kg)나 됨직한 굉장한 놈을 낚게 되고, 노인은 이 대어와 사흘 낮, 이틀 밤을 줄다리기 한 끝에 낚는 데 성공한다. 대어를 낚아 뱃전에 묶었을 때 그 고기의 길이는 노인의 배보다 길었고, 마치 "배 곁에 더 큰 또 한 척의 배를 잡아 매어 놓은 것" 같았다. 귀로에 오른 노인에게는 또 다른 힘겨움이 기다리고 있었다. 그것은 상어 떼가 고기를 습격해왔던 것이다. 노인은 고기를 상어 떼에게 빼앗기지 않으려고 갈고리, 노, 방망이를 마구 휘두르며 상어 떼와 사투를 벌였다. 마침내 기진맥진한 채로 항구에 되돌아온 노인에게 남은 것은 앙상한 뼈다귀뿐이었다. 이튿날 노인을 살피러 온 소년은 피투성이가 된 노인의 손바닥을 보고 울음을 터트린다. 소년은 이번에는 자신과 함께 고기잡이에 나서자고 노인에게 부탁한 뒤 신문과 먹을거리를 가지러 밖으로 나간다. 노인은 다시 깊은 잠에 빠져 '젊은 날의 사자'의 꿈을 꾼다.

이처럼 단순한 이야기가 발표된 지 60여년이 지난 현재까지 전세계의 독자들을 사로잡는 이유는 무엇 때문일까? 그것은 단순한 삶 속에 힘겨운 운명을 스스로 감수하고, 그 운명을 사랑하며 홀로 살아가는 강인한 인간의 이야기가 깃들어 있기 때문이다. 노인의 배에 단 돛은 밀가루 부대를 잇대어서 꿰맨 것이다. 초라한 돛을 매단 채 고기잡이에 나선다는 것 자체가 이미 '패배'를 암시하고 있는 셈이다. 그러나 패배를 각오하면서 살아 나가고, 나아가서 패배한 운명 자체를 사랑하는 것, 그리고 그곳에 인간의 비참과 영광이 표리일체를 이루면서 존재하고 있음을 헤밍웨이는 밀가루 부대 돛을 통해 역설적으로 보여주고 있다.[36]

다른 무엇보다도 『노인과 바다』가 사람들의 마음을 사로잡은 이유는 삶에 대한 긍정적 태도 때문이다. 작은 배로 고기잡이로 연명하는 노인에게 바다는 고난과 시련의 장소일 것임에 분명하다. 그럼에도 불구하고 노인은 바다를 "언제나 여성형인 라 마르(La Mar)라고 생각하고 있었다. 이 말은 사람들이 바다를 사랑할 때 쓰는 스페인 말이다."일반 어부들은 바다를 도전하여 이겨내야 할 대상으로 생각하여 남성형 엘 마르(El Mar)라고 부른다. 삶에 대한 긍정적 태도와 자신의 고난에 굴하지 않은 분투 정신, 이것이 '상실의 시대'의 대표작가인 헤밍웨이가 『노인과 바다』에서 얘기하고 싶었던 주제라고 할 수 있다.

1.6. 나타니엘 필브릭의 해양논픽션 『바다 한 가운데서』[37]

백경은 이슈마엘을 제외한 피쿼드 호의 전 선원과 에이햅 선장의 죽음으로 끝을 맺고 있다. 그렇다면 멜빌이 자신의 고래잡이 승선체험과 상상력을 동원하여 『백경』을 허구로 꾸며낸 이야기일까? 『백경』을 꼼꼼하게 읽은 독자라면 멜빌이 이에 대한 해답을 스스로 제시하고 있다는

---

36) 이재우, 『해양문학산책』, pp.28-38.
37) 김성준, 이 부분은 『영화에 빠진 바다』, pp.258-263의 내용을 재수록 한 것임.

사실을 기억해 낼 수 있을 것이다. 멜빌은 『백경』 제45장에서 1807년 낸터킷 선적 유니언(Union) 호의 난파사건, 1820년 낸터킷 선적의 에식스(Essex) 호의 난파 사건, 1830년 경 미국 전함의 고래 충돌 사건을 언급하고 있다. 그러나 유니온 호의 난파 사건에 대해서는 믿을 만한 기록을 찾아볼 수 없었고, 미국 전함은 말향고래와 세게 부딪혀 침수되었으나 가까스로 항구로 입항하여 수리를 마쳐서 『백경』의 소재로 쓰기에는 다소 미약했다. 결국 멜빌은 "요즈음도 폴라드 선장이 낸터킷에서 살고 있고, 조난당한 에식스 호의 1항사였던 오언 체이스(Owen Chase)도 만난 일도 있고 그의 진솔한 기록도 읽은 적이 있다"고 고백하고 있다.[38]

에식스 호의 난파 사고에 대한 자료로는 생존자들의 진술과 몇몇 연구자들의 연구서가 있다. 사건 직후인 1821년 1항사였던 오언 체이스의 회고담이 『고래잡이 배 에식스 호(The Whaleship Essex)』라는 제하로 출판되었고, 1832년에 폴라드(George Pollard) 선장의 회고록이, 그리고 채플(Thomas Chapple)의 진술이 출판되었다.[39] 폴라드 선장과 채플의 진술서는 말 그대로 소략한 진술서에 불과하다. 그밖에 에식스 호의 소년 급사로 승선했던 니커슨도 회고록을 남겼으나, 사건 발생한 지 50여년 뒤에 작성된 데다 1984년 낸터킷 역사학회에서 학술연구용 한정 부수를 출판하여 널리 알려지지 않고 있다. 그밖에 에식스 호 관련 저술로는 토머스 헤퍼넌의 『고래한테 박살이 났다: 오웬 체이스와 에식스 호 이야기』(1981)와 헨리 카라일의 소설 『요나 맨』, 해양사학자인 필브릭(Nathaniel Philbrick)의 『바다 한 가운데서 : 고래잡이 배 에식스 호의 비극』[40]이 있다. 이 가운데 필브릭의 저서는 관련자들의 회고록과 최근까지의 연구

---

38) Melville, 『백경』, 제45장, pp.232 - 235.
39) 이 세 회고록은 『고래잡이 배 에식스 호의 난파』라는 책에 한 데 묶여 출판되었다. Owen Chase, *Shipwrecks of the Whaleship Essex*, Pimlico ; London, 2000.
40) Nathaniel Philbrick, *In the Heart of the Sea : The Tragedy of the Whalship Essex*(2000), 한영탁 옮김, 『바다 한 가운데서』, 중심, 2001.

서를 종합하여 에식스 호 난파사건을 재구성해 내었다. 그같은 성과를 인정받아 『바다 한 가운데서』는 타임즈(Times)가 선정한 2000년 논픽션 최우수 작품상을 받았고, 미국도서상(National Book Awards)도 받았다. 따라서 에식스 호의 난파 사건에 대해서는 필브릭(Nathaniel Philbrick)이 재구성한 이야기가 현재까지 가장 권위 있는 것으로 받아들여지고 있다. 이건해양연구소(Egan Institute of Maritime Studies)의 소장이자, 요트맨이자, 전문 해양사학자인 필브릭은 "에식스 호 사건은 멜빌의 『백경』의 마지막 부분에 영감을 준 것 이상으로 많은 것을 제공했다"고 밝히면서,[41] 고래의 생태학, 인간의 본성, 극한 상황에서의 인간의 육체적, 심리적인 갈등과 그에 대한 인간의 반응 등을 치밀하게 재구성해 내고 있다.

필브릭의 『바다 한 가운데서』는 태평양으로 고래잡이를 나선 낸터킷의 고래잡이 배 에식스 호가 고래에게 들이 받쳐 난파한 이후 보트에 나누어 탄 선원들이 바다에서 겪은 처참한 생존기록이다. 1819년 8월 에식스 호는 조지 폴라드 선장의 지휘아래 총 22명이 승선하여 태평양과 대서양으로 고래잡이를 나선 238톤급 고래잡이 배였다. 1819년 8월 12일 낸터킷을 출항한 에식스 호는 대서양의 케이프 베르데 제도를 거쳐 아르헨티나 남단의 케이프 혼을 돌아 1820년 봄에는 페루 앞바다에서 고래를 잡기 시작하여 1820년 11월 중순에는 태평양상의 서경 120도, 0도 선상에서 고래를 쫓고 있었다. 1820년 11월 20일 고래를 쫓던 에식스 호는 분격한 향유고래의 공격을 받아 침몰하고 만다.

모선을 잃은 선원들은 작은 보트 세 척에 나누어 탔고, 각 보트는 조지 폴라드 선장, 체이스 1항사, 조이 2항사가 각각 지휘하였다. 가장 가까운 육지는 서쪽으로 3200km나 떨어진 폴리네시아의 마키저스 제도였다. 그러나 그곳까지 가기에는 식량이 부족하여 캘리포니아로 돌아가는 다른 고래

---

41) Philbrick, 『바다 한 가운데서』, p.14.

잡이 배를 만나기를 기대하고 적도 북쪽으로 항해하기로 하였다. 보트 3 척에는 건빵 90kg과 식수 245리터뿐이었다. 그러나 곧 식량이 바닥이 나자, 바다거북을 사냥하여 일부 식량을 조달하기도 하였으나, 그것마저도 동이 나고, 선원들은 기력을 잃어 갔다. 게다가 폭풍이 몰아닥쳤고, 폭풍이 자고 나자 이번에는 적도 무풍대에 들어서서 보트는 꼼짝달싹 하지 않았다. 결국 노를 저어 무풍대를 벗어났으나, 식량이 떨어진 데다 무리하게 힘을 쏟아 부은 바람에 탈진하였다. 다행히 3 척은 태평양의 핸더슨 섬에 표착하였다. 그러나 핸더슨 섬은 식수원이 없었다. 결국 이 섬에 남기를 원하는 선원 3명을 남겨 놓고 다시 육지를 찾아 나섰다.

태평양을 표류하는 동안 두 번째 보트를 지휘했던 조이 2항사가 사망하여 이제 보트는 폴라드 선장, 체이스 1항사, 헨드릭스 키잡이가 지휘하게 되었다. 1820년 1월 14일에 헨드릭스가 지휘하는 보트에서 식량이 바닥나자 폴라드 선장은 식량을 일부 나누어주었다. 그러나 그것도 이내 바닥이 났고, 헨드릭스 보트에 타고 있던 흑인 토머스가 죽었다. 헨드릭스의 보트에는 이제 450g 밖에 식량이 남아 있지 않았다. 토머스의 시체를 수장하는 것이 관례였으나, 그것을 생각할 여유가 없었다. 결국 토론 끝에 토머스의 시체를 먹기로 결정하였다. 이어 1월 23일 헨드릭스의 보트에 타고 있던 흑인 찰스 쇼터가 죽자, 토머스와 똑같은 운명에 처했다. 폴라드의 보트와 체이스의 보트도 마찬가지 상황이었다. 상황은 극한으로 가서 이제는 사람을 식용으로 쓰지 않으면 안될 지경에 처하였다. 열 여섯 살의 램스델이 제비뽑기로 죽을 사람을 정하자고 제안하였으나, 모두 주저하고 있을 때 이 제안을 적극적으로 찬성한 코핀이 제비를 뽑아 선원들의 식량이 되었다. 1820년 1월 29일 핸드릭스가 지휘하는 보트가 폴라드와 체이스가 지휘하는 보트에서 이탈했다.

에식스 호가 침몰한 지 89일째에 체이스 1항사가 이끄는 보트는 칠레

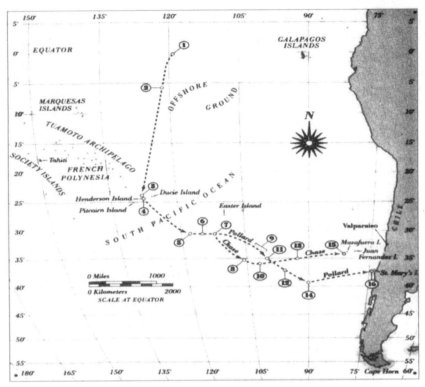

〈그림 7〉 에식스 호 난파 뒤 보트의 표류도(1820.11.22.~1821.2.23.)

자료: 필브릭,『바다 한 가운데서』, p.232.

① 에식스 호가 고래에 받혀 침몰됨(1820. 11.20) ② 폴라드의 보트가 범고래의 공격을 받음(11.28) ③ 헨더슨 섬에 상륙(12.20) ④ 헨더슨 섬 출발(12.27) ⑤ 1821.1.7의 위치 ⑥ 조이 사망(1821.1.10) ⑦ 체이스, 폴라드, 헨드릭스와 헤어짐(1.12) ⑧ 피터슨 사망(1.20) ⑨ 토머스, 쇼터, 세퍼드, 리드 사망(1.20 - 28) ⑩ 체이스, 북쪽으로 방향 바꿈(1.26) ⑪ 폴라드, 헨드릭스와 헤어짐(1.29) ⑫ 제비뽑기로 코핀 처치(2.6) ⑬ 콜 사망(2.8) ⑭ 레이 사망 (2.11) ⑮ 체이스 구조됨(2.18) ⑯ 폴라드 구조됨(2.23)

연안의 마사푸에라 섬 인근에서 인디언 호에게 구조되었다. 구조된 사람은 체이스 1항사와 키잡이 로렌스, 급사 니커슨 세 명뿐이었다. 체이스 일행은 4000km를 항해해 왔던 것이다. 체이스 1항사가 인디언 호에 구조될 당시 남쪽 480km 해상에서 칠레를 향해 표류하고 있었던 폴라드

선장의 보트도 1821년 2월 23일 칠레의 상 마리(St. Mary) 섬에 도착하였
다. 당시 폴라드의 보트에는 폴라드 자신과 램스델 만이 생존해 있었다.
핸더슨 섬에 남았던 세스 위크스와 윌리엄 라이트, 토머스 채플은 1820
년 4월 9일 서리(Surry) 호에 구조되어 모두 생존하였다. 헨드릭스의 보
트에 탄 선원의 행방이 묘연했다. 1825년 영국 해군의 프레데릭 윌리엄
비치 대령은 핸더슨 섬 동쪽 두시(Ducie) 섬에서 보트 한 척과 유골 네
구를 발견했다. 비치 대령은 이것이 에식스 호의 3번 보트일 것이라고
추정했다.

<표 7> 에식스 호의 선원 명단

보트	이름	직책	생존 여부
1번 보트	James Pollard Jr.	선장	생존
	Brazilla Ray	선원	사망**
	Owen Coffin	선원	살해**
	Sameul Reed(흑인)	선원	사망**
	Charles Ramsdale	선원	생존
	Seth Weeks	선원	핸더슨 섬에 잔류, 생존
2번 보트	Owen Chase	일등항해사	생존
	Benjamin Lawrence	보트 키잡이	생존
	Thomas Nicholson	급사	생존
	Isaac Cole	선원	사망**
	Richard Peterson(흑인)	선원	사망*
	William Wright	선원	핸더슨 섬에 잔류, 생존
3번 보트	Matthew Joy	이등항해사	사망*
	Obed Hendricks	보트 키잡이	실종
	Thomas Chapple	보트 키잡이	핸더슨 섬에 잔류, 생존
	Joseph West	선원	실종
	Lawson Thomas(흑인)	선원	사망**
	Charles Shorter(흑인)	선원	사망**
	Isaiah Shepherd(흑인)	선원	사망**
	William Bond	사무장	실종

자료 : Owen Chase, Shipwreck of Whaleship Essex, p.94 ; Philbrick, 『바다 한 가운데서』.
주 : 헨드릭스는 원래 1번 보트에 탔으나, 조이가 죽은 뒤 3번 보트로 옮겨 탐
*는 죽은 뒤 수장되었고, **는 모두 다른 선원에게 먹혔다.

에식스 호 난파기와 멜빌의 『백경』을 비교해 보면, 백경은 에식스 호 난파기의 앞 이야기에 해당한다. 멜빌이 자필 수고에서 쓴 것처럼, 그는 1841년 아쿠쉬네트(Acushnet) 호에 승선하고 있을 때 선원들로부터 에식스 호의 이야기를 많이 들었고, 당시 아쿠쉬네트에 타고 있던 체이스의 아들로부터 오원 체이스의 회고록을 빌려 읽은 적도 있었다.[42] 멜빌은 에식스 호 난파기에서 많은 영감을 얻었음에 틀림없고, 1846년 처녀작 『타이피』를 발표하여 창작생활에 전업하면서 에식스 호 난파담은 그에게 훌륭한 이야기 소재가 되었다. 그러나 멜빌이 만약 에식스 호의 난파 이후의 이야기를 소설화했다면, 이는 실패했을 것임에 분명하다. 널리 알려진 에식스 호의 이야기라는 것을 다루고 있다는 사실을 독자들이 금세 간파했을 것이기 때문이다. 이를 염두에 두어야 했던 멜빌은 소설 『백경』을 백경을 쫓는 에이햅 선장의 집념과 난파하기까지의 과정을 고래에 대한 박물지와 함께 곁들여 형상화시킴으로써 에식스 호 난파기와는 완전히 다른 이야기를 창조하였다. 그로써 출간 당시에는 "등장인물들이 중간에 아무 설명도 없이 사라지거나 서술체의 시점이 자주 바뀌는 등 독자들을 혼란에 빠뜨리고 지치게 만들어 빛을 보지 못했지만, 어느 분야에도 속하지 않는 작품으로서 최고의 소설 문학 반열에 오르게 되었다."[43] 대륙 문학의 아류로서 영국 문학의 굴레에서 벗어나지 못하고 있었던 미국 문학은 멜빌에 의해 비로소 새로운 형식을 확립하게 되었다고 하겠다.[44]

이제까지 서양 해양소설의 고전을 간략하게 살펴보았지만, 최근까지도 다양한 해양소설이 창작되고 있다. 읽어볼만한 해양소설로는 다니엘

---

42) Herman Melville's Notes, in *Shipwreck of the Whaleship Essex*, pp.137 - 141.
43) 안정효, 『신화와 역사의 건널목』, p. 161.
44) 민성규, 「허먼 멜빌의 생애와 작품 세계」, p.171.

디포의 『로빈슨 크루소』, 포레스트의 『혼블로워(Hornblower)』, 패트릭 오브라이언의 『마스터 앤 커맨더(Master and Commander)』와 『포스트캡틴(Post Captain)』 등이 있다.

2. 한국 해양소설

2.1. 이상춘의 『서해풍파』

서구의 해양소설이 하나의 장르로서 자리를 잡은 시기를 19세기부터라고 한다면, 우리의 해양소설은 그 연원이 일천하다. 조선 시대에는 해양소설이라고 할 만한 것이 전무하다시피 하고, 개화기의 신소설이나 일제 식민지 시기에도 해양소설이라고 할만한 작품은 출현하지 않았다. 그러나 최근에 알려진 『서해풍파』라는 작품은 "우리 나라에서 집필된 최초의 근대 해양소설"이라는 연구가 나와 주목을 끌었다.

『서해풍파』는 국어학자인 백야 이상춘이 1914년에 발표한 작품으로 대대로 어부 집안인 이해운과 이해동 두 형제가 큰 바다로 나아가겠다는 꿈을 이루기 위해 서해로 출항했다가 겪게 되는 고초와 이를 극복해 가는 과정을 그린 작품이다. 서해에서 풍파를 만나 바다에 빠져 헤어진 뒤 구사일생으로 살아나 형 해운은 동생을 찾아 일본과 미국으로 전전하고, 동생 해동은 조선술을 공부하기 위해 일본으로 건너가지만 제국대학 시험에 낙방한 뒤 미국의 샌프란시스코대학으로 유학을 간다. 형 해운은 동생의 행방을 찾아 일본을 전전하던 중 일본인의 도움을 받아 영어를 배워 대양을 항해하려는 꿈을 이루기 위해 샌프란시스코 대학으

로 항해학을 공부하러 간다. 결국 두 형제는 샌프란시스코에서 조우하여 남극탐험에 나선다.[45)]

『서해풍파』는 장르상 해양소설의 주요 모티프인 바다 - 배 - 항해를 모두 내포하고 있지만, 배와 항해가 전체 줄거리에서 차지하는 위치는 주변부에 머물고 있고, 배와 바다에 대한 희망을 이루기 위한 육상에서의 전전이 주된 줄거리를 이루고 있다는 점에서 본격적인 해양소설이라고 하기에는 다소 한계가 있다. 그렇다 하더라도 『서행풍파』는 남녀의 애정 문제를 다룬 통속물이 주류를 이루던 1910년대에 넓은 세계로 나아가기 위해 항해술과 조선술 등 신문명을 적극적으로 수용하려는 어부의 진취적 삶을 그려냈다는 점에서 분명 그 의미와 가치를 인정해 줄만하다.

2.2. 천금성의 해양소설

본격적인 의미에서 우리 나라 해양소설의 효시는 1960년 대 산업화 과정에서 출현하였다. 1969년 어선 선장 출신인 천금성이 한국일보 신춘문예에 〈영해발부근(零海拔附近)〉으로 등단하였는데, 이것이 본격적인 한국 해양소설의 시작이라 할 수 있다. 서울대학교 임학과를 졸업한 천금성은 새로운 분야에서 문학적 성취를 이루겠다는 포부를 갖고 1967년 한국원양어업기술훈련소를 수료하고 갑종2등항해사로 원양어선에 취업하였다. 〈영해발부근〉은 그가 1969년 인도양 출어중 어선 갑판상에서 집필한 작품이다. 그는 1970년 어선 선장이 되어 1976년 하선하기까지 원양 항해와 창작을 겸하면서 한국 해양소설의 씨앗을

45) 최영호,「한국 최초의 남극탐험 소설」, 이상춘의『서해풍파』,『바다』, 24호, 2007. 10, pp.70 - 87.

뿌리고 일궜다. 천금성은 중편소설 〈허무의 바다〉,
〈은빛갈매기〉, 〈아르고선〉, 장편소설 『표류도』, 『지
금은 항해중』, 『남지나 해의 끝』, 『시지프스의 바
다』, 단편소설 '야간항해', '출항연습', '식민지의 항
구로부터', '좌초선 부근', '살아남는 바다', '함 대
령의 분노', '이 선장의 바다' 등을 발표하였으며,
창작집으로 『허무의 바다』, 『은빛갈매기』, 『바다의
끝』, 『남지나 해의 끝』, 『이상한 바다』, 『외로운 코
파맨』, 『어부 바다로 안 가다』, 『가블린의 바다』, 『불타는 오대양』 등을 출간
하였다.

천금성의 해양소설은 철저하게 선원들의 이야기에 집중되어 있다. 따
라서 그의 소설은 항해에 대한 낭만적인 이미지를 배격한다. 선원들은
한편에서는 바다와 싸워야 하고, 다른 한편에서는 선원들의 노동착취에
맞서 끊임없이 투쟁해야 하는 위치에 있다. 천금성은 자신의 글쓰기에
대해 '해상 생활에서 사실만을 전달하려고 애썼다'고 밝히고 있다. 이렇
듯 그는 선원의 삶을 배제하는 낭만적 글쓰기를 철저히 배격하고, 체험
적 사실에 충실하려고 애썼다. 그의 소설에는 선장에서부터 일반 선원
에 이르기까지 다양한 계층의 인물들이 주인공으로 등장하고 있다. 그
가 선장이라는 지위 때문에 그의 소설에서는 전기적 시점에 지배적으로
나타나고 있다. 하지만 전기적 시점으로 일관하지 않고, 아래로부터의
시점을 포괄하고 있다는 점이 그의 소설의 강점이라고 할 수 있다.46)

한국의 해양소설은 천금성에 의해 씨앗이 뿌려졌음에도 불구하고 그
는 해양소설가로서 정당한 평가를 받지 못해 왔다. 그것은 천금성이
1981년 전두환의 전기 『황강에서 북악까지』를 집필한 원죄 때문이었다.

---

46) 구모룡, 『해양문학이란 무엇인가』, 2장.

그가 쿠데타의 주역이자 독재자를 칭송하는 전기를 썼다는 사실은 지금까지 그에게 멍에로 작용하고 있다. 그 자신도 "80년대를 돌아보면 … 바닷사람이 정치적인 격랑에 조난을 당했던 세월이었다"면서, "정치판에 휩쓸려 좌초해버린 것에 대해 심히 부끄럽게 생각한다. 속죄하는 마음으로 치열하게 해양작품을 형상화 내겠다"고 밝힌 바 있다.[47] 다행히도 현재 천금성을 한국 해양문학을 일으켜 세운 진정한 의미의 해양소설가로 재평가해야 한다는 의견이 차츰 힘을 얻어가고 있다. 천금성은 한국해양문학가협회를 설립하여 초대 회장을 지내면서 『해양과 문학』을 창간하는 데 기여하는 한편, '교전 수칙', '어부, 바다로 안 가다', '1968, 인도양 흐림', '이 선장의 바다' 등의 단편소설을 꾸준히 발표해 오고 있다.

2.3. 김종찬의 해양소설

천금성이 뿌린 해양소설의 씨앗은 1990년대부터 2000년대 사이에 선원 출신 작가들에 의해 다채롭게 싹트기 시작했다. 1984년 월간 신동아에 논픽션 〈북양트롤선〉이 당선되어 등단한 김종찬은 1972년부터 2003년까지 30여년간 해군 군함, 트롤선, 상선 등의 기관장으로 승선한 체험을 바탕으로 1990년대에 〈혼류해역〉, 〈수장〉, 〈생환기〉 등의 단편으로 역량을 축적한 다음 2004년 장편소설 〈피닉스 호의 최후〉로 제8회 한국해양문학대상을 수상하였다. 『피닉스 호의 최후』는 일본 선주 소유로 한국 선원과 중국 선원들이 함께 승선하고 있는 피닉스 호가 동지나 해역에서 해적들의 습격을 받아 침몰되기까지의 선원과 선주와의 갈등, 국적이 다른 선원들간의 갈등, 선원들의 생활상, 해적 활

---

47) 김종찬, 「내가 본 천금성의 삶과 문학」, 『해양과 문학』, 제4호, 2005년 여름, p.42.

동 등을 주된 줄거리로 삼고 있다. 김종찬은
『피닉스 호의 최후』에서 "눈물과 웃음이 공존
하는 찰스 디킨즈식의 희비극적 해양소설을 염두
에 두었다"고 밝히고 있지만, 전체적인 줄거리를
얽어매는 데 치중하여 낡은 배에 승선한 선원들
이 선주, 혼승, 그리고 해적이라는 외적 요인에
의해 파국으로 이어지는 비극적인 정조가 주류를
이루고 있다. 김종찬은 2000년대 들어서 『해양과
문학』을 중심으로 '함 대령의 분노'와 '늙은 선원의 꿈' 등이 단편소설을
꾸준히 발표해 오고 있고, 2010년 『괭이밥』과 『대서양의 민들레』를 출간
한 바 있다.

2.4. 옥태권의 해양소설

현재 한국의 해양소설은 옥태권, 장세진, 김부
상 등 50대 초반의 젊은 작가들에 의해 활발하게
창작되고 있다. 1994년 단편소설 '항해는 시작되
고'로 등단한 옥태권은 상선의 기관사로서 승선
경험을 갖고 있을 뿐만 아니라 〈한국 해양소설
연구〉로 문학박사학위를 받고, 소설을 집필하는,
말 그대로 해상경험과 문학이론과 소설 집필 능
력을 모두 갖춘 해양문학계에서는 매우 특이한 존재라고 할 수 있다.
그는 1990년대에 '꽤 생각있는 기계의 우울', '선장의 의자', '항해하는 여
자' 등의 단편으로 필력을 키운 뒤 2000년대에는 '오나시스에게 독배'를
통해 중편소설을 시도하였고, '갑판 위의 사람들'이란 연작 단편소설을
발표하기도 하였다. 옥태권은 이들 단편소설을 『항해를 꿈꾸다』라는 창작

집으로 묶어 출판하였는데, 이 창작집은 "이제까지의 해양소설이 낭만과 모험, 여행과 휴식이라는 관점에서 쓰여진 것인 반면, 그의 소설은 생활세계의 연장선상에 있는 해양소설이라는 점에서 우리 해양문학계에 새로운 개성을 더한 작품"이라는 평가를 받았다.[48]

옥태권의 해양소설에는 선장, 항해사, 갑판장, 살롱보이 등 배에 승선하고 있는 다양한 계층의 사람뿐만 아니라, 선박에 동승한 아내가 등장하고, 심지어는 기관이 주인공으로 등장하기도 한다. 뿐만 아니라 옥태권은 이들에 대한 따뜻한 시선을 보내고 있다. 그의 해양소설에는 바다에의 도전이나 모험, 낭만적인 이국으로의 항해, 해양사고와 같은 재난 같은 것은 등장하지 않는다. 이는 그가 바다나 배 자체를 해양소설의 궁극적 지향점으로 보고 있지 않다는 사실을 웅변적으로 보여준다. 따라서 그는 "해양소설이 바다에서의 삶 자체를 추구할 수는 없을 것이다. 바다에서의 특수한 삶과 보편적인 인간의 삶이 만나는 교차점에서 진정성을 탐구할 때 그 의미를 구현할 수 있을 것"이라고 말한다.[49] 바다와 선상 생활을 체험하지 못한 사람들에게 바다는 낭만이나 두려움의 대상일 수밖에 없다. 그러나 우리가 사는 이 세상도 따지고 보면 바다나 배에서의 생활과 별반 다르지 않다고 그는 생각한다. 바다 생활을 체험한 그는 문학이라는 도구를 통해 자신의 체험적인 바다를 일반 사람들의 관념적인 바다에 연결시켜야 한다는 숙명을 기꺼이 떠안고 있는 셈이다. 옥태권은 해양소설이라는 범주에 머물지 않고, 문학의 보편적 주제까지 폭넓게 다루고 있다. 그는 2007년에 '글 써주는 여자', '남자의 눈물', '화이트 크리스마스 선

48) 구모룡, 「흐르는 삶 속의 진정성」, 『항해를 꿈꾸다』 작품해설, 고요아침, 2005.
49) 옥태권, 『항해를 꿈꾸다』의 책갈피.

물', '논개는 없다' 등의 중단편을 모아 『달콤쌉싸름한 초콜릿 이야기』[50]를 펴내기도 했다.

한편 어선 선장 경력을 지닌 장세진 또한 단편 '바다의 속살을 찾아서', '바다의 심장 속으로' 등의 작품을 꾸준히 발표하고 있고, 〈저 먼 바다의 노래〉로 부산일보 주관 제2회 해양문학상과 장편소설 〈바다 그리고 바다〉로 부산문인협회 주관 제2회 한국해양문학상을 수상하였고, 상선의 항해사 출신인 김성호는 제3회 한국해양문학상작인 중편소설 〈그 바다엔 등대가 없다〉를 발표였으며, 오랫동안 어선 운항을 관리한 경험을 갖고 있는 김부상은 『인도에서 온 편지』를 발표하였다.

이들 이외에도 해양을 소재로 한 소설이 여러 작가들에 의해 창작되었다. 1996년에는 〈한국해양문학선집〉 전7권이 발간되었는데, 이 선집에는 1980년대까지 발표된 해양소설을 총 망라하였다. 이 가운데는 이청준의 '석화촌', 손영목의 '잠수부의 잠', 문순태의 '흑산도 갈매기', 김문홍의 '바다 환상', 손영목의 '바다가 부르는 소리', 원명희의 '먹이 사슬', 엄창석의 '만선가', 강홍구의 '바다는 비에 젖지 않는다', 이상민의 '북태평양', '바다는 떠나지 않는다' 등이 배 - 바다 - 항해라는 모티프를 포괄한 해양소설이라고 할 수 있겠다.

1990년 대 말에 이르러 여러 해양문학상이 제정되어 해양문학 창작의욕을 고취하고 있다. 1997년 부산시와 부산문인협회가 공동으로 한국해양문학상을 제정하여 시상해 오고 있는데, 한승원의 〈포구〉와 이충호의 〈투명고래〉가 대상을 수상하였다. 한편, 해양수산부와 한국해양재단이 공동으로 2007년부터 해양문학상을 제정하여 시상해 오고 있는데, 김대진의 〈바다의 환〉(2007), 박정선의 〈아, 연평도〉(2008), 문호성의 〈폐선항해〉(2009) 등이 소설부분 대상을 수상하였다.

---

50) 옥태권, 『달콤쌉싸름한 초콜릿 이야기』, 산지니, 2009.

해양단상 1 : 뱃님 · 배꾼 · 뱃사람 · 뱃놈

20여 년 전 아치섬에서 향학열을 불태웠을(?) 때는 해양대학의 전환기였던 것 같다. 80년부터 비승선학과가 설치된 뒤 6여년이 흘러 어느 정도 자리를 잡기 시작했을 무렵이었다. 하지만 여전히 해양대학을 다닌다고 하면 '배 타는 학교'로 인식되는 것이 보통이었다. 이것은 4개 단과대학 34개 학부(과)를 거느린 종합대학이 된 지금도 크게 달라지지 않은 듯하다. 해양대학의 사회적 인식이나 그 출신자들의 사회적 위상은 '배타는 사람'들에 의해 결정된다는 것은 부정할 수 없는 현실이다. 그런데 불행히도 배타는 사람들의 사회적 위상이나 사회적 인식은 과거 60여년 동안 크게 달라지지 않은 듯 하고, 현재의 추세가 지속된다면 앞으로도 크게 달라질 것 같지 않다. 이는 우리가 배타는 사람을 일컫는 말에 단적으로 잘 나타나 있다.

뱃놈

배타는 사람을 일컫는 가장 대표적인 말이 '뱃놈'이다. 잘 아는 바와 같이 이 말에는 일종의 천시와 경멸의 의미가 내포되어 있다. 조선 시대에는 '놈'이란 의존명사가 '사람'을 뜻하는 보통 말이었다. 그러나 현대의 '놈'이란 말은 남자를 낮잡아 부르는 말로 정착되어 버렸다. '이 놈', '저 놈', '상놈', '몹쓸 놈' 등의 용례에서 보듯, 누군가로부터 '놈'이란 말을 들었을 때 그게 일종의 무시 내지는 경멸의 의미가 내포되어 있음을 잘 안다.

뱃놈에 내포된 이런 부정적 의미를 바꿀 수 있는 한 가지 방법은 실제 뱃놈들이 사회적으로 출세하여 '나는 뱃놈입니다'라고 얘기함으로써 기존의 부정적 어감을 전도하는 것이다. 그러나 이것은 실로 어려운 일이다. 우리 사회의 상류층에는 이른바 '士'자를 단 전문직종이 자리하고 있는데다, 사회적으로 지도층에 있다고 인정받을만한 '뱃놈' 출신의 수가 그다지 많지 않고, 그들조차도 '나는 뱃놈'이라고 떳떳하게 자칭하기를 꺼려하는 것이 일반적인 정서이기 때문이다.

뱃사람

다음으로 생각해 볼 대안은 '뱃놈'의 대체어를 널리 사용하는 것이다. 뱃놈'의 대체어로 일반적으로 사용되고 있는 말은 '뱃사람'이다. '사람'이란 말은 가치중립적인 말로 특별히 부정적이라거나 긍정적인 어감을 내포하고 있지 않다. 따라서 뱃놈 보다는 훨씬 듣기에 편한 말이다. 지금도 뱃사람이란 말을 흔치 않게 쓰고 있지만, 이 말에는 직업인 내지는 전문인을 뜻하는 어감이 내포되어 있지 않다.

배꾼

또 다른 대체어로는 '배꾼'을 생각해 볼 수 있다. 이미 황부길 선장이 '배꾼'이란 말을 사용한 적이 있다. '살림꾼', '일꾼', '사기꾼', '낚시꾼' 등의 용례에서 보듯, 꾼이란 접사는 긍정적 단어와 부정적 단어에 함께 사용된다. 실제로 우리 말 사전에 따르면, '꾼'은 '어떤 일을 전문적으로 하는 사람' 또는 '어떤 일을 잘 하는 사람'이라 풀이되어 있다. 이를 고려하면 '배꾼'은 '배를 전문적으로 잘 다루는 사람'이란 어감을 줄 수 있고, 기존의 뱃놈에 비해 부정적 어감이 없다는 점에서 널리 사용해도 좋을 듯싶다. 황부길 선장도 1973년 『월간 해양한국』 10월 호에 낸 '배질하는 마음'이란 짧은 글에서 '배꾼의 철학'을 설파한 바 있다. 이 글에서 황부길 학장은 음악이나, 그림 등 예술 하는 데서도 음악 하는 마음과 그림 하는 마음이 필요하듯, 배 쓰는 데서도 역시 배질하는 마음이 필요하다고 하였다. "무릇 배 쓰는 사람은 배를 자기 애인이요 처라고 생각하고 평소에 사랑의 손이 구석구석까지 뻗쳐 배의 성능과 특성을 파악해야 한다. 또한 각 배마다 다른 고유한 특성과 성능을 잘 파악해서 배와 자신과 물심물여의 마음으로 조선해야 한다. 그 결과 계획하는 대로 배가 소정의 장소에 계류했을 때 법열에 가까운 기쁨을 느끼는 것이다."

씨맨쉽

배꾼이 갖추어야 할 기본자질이 다름 아닌 '씨맨쉽'(seamanship)이다. 씨맨쉽의 3대 요건은 감항성, 준비성, 철저성이다. 닻얼(anchor spirit)은 감투정신과 희생정신, 그리고 봉사정신으로 상징된다. 배꾼이 갖추어야 할 감항성, 준비성, 철저성은 결국 감투정신, 희생정신, 봉사정신으로 상징되는 닻얼의 실천강령에 다름 아니다.

뱃님

우리가 우리 자신을 뱃사람이나 배꾼이라 자칭한다 하더라도 그 말에는 존경의 의미는 포함되어 있지 않다. 따라서 남들이 우리들을 어떤 용어로 부르는가가 훨씬 중요할 수 있다. 제3자가 사용하는 호칭이 그 집단의 사회적 위상을 결정하기 때문이다. 제3자가 우리들을 '뱃사람'이나 '배꾼'으로 부른다고 해서 이를 듣는 우리들이 존중 내지 존경받고 있다고 느끼지는 않는다. 이 말들은 가치중립적인 말로서 아무런 존경의 의미가 내포되어 있지 않기 때문이다. 그렇다면 우리 모두, 특히 사회적으로 지도층에 있는 선배들이 훌륭한 업적과 실적을 내는 데 그치지 않고, 그 업적과 실적이 사회에 의미가 될 수 있도록 봉사하고, 기여하고, 배려하는 데 게을리 하지 말아야 한다. 이것은 하루 아침에 이루어지는 것이 아니다. 지난 60여 년 우리들은 먹고 사는 문제를 해결하는데 진력하고, 사회에 봉사하는 일에 게을렀음을 모두 반성해야 한다. 최소한 한 세대 동안 지도적 위치에 있는 선배들이 존경받을 일을 하는데 주저하지 말아야 한다. 그런 연후에야 제3자가 우리들을 뱃님이라 부르며 존경하게 될 것이다. 결론적으로 이제 우리 자신을 자신있게 '배꾼'이라고 자칭하자. 그리고 한 세대 안에 제3자로부터 '뱃님'이라고 불릴 수 있도록 우리 모두 노력하자.(『아치여울』, 2011. 6)

제3장 해양시

1. 서양의 해양시

1.1. 뱃노래(Shanty)

유럽의 경우 해양시의 연원은 그들의 역사만큼이나 오래되었다. 그리스의 『오디세이』나 『일리아드』는 모두 노래를 부르기 위한 노랫말이라는 점에서 해양시의 최초 형태라 해도 좋을 것이다. 그러나 진정한 의미의 해양시는 범선 시대 선원들의 노동요에서 시작되었다. 범선 시대 뱃사람들은 힘겹게 닻을 감아올리거나, 돛을 올릴 때 노동의 힘겨움과 지루함을 덜기 위해 뱃사람들이 입을 모아 부르던 노래이다. 19세기에 가장 널리 영어권에서 불려진 뱃노래는 'Cheer'ly Man'이다. 'Cheer'ly Man'은 글자 그대로 '힘내라, 뱃사람들아!'라고 힘을 북돋우는 노래다. 이 노래는 리처드 데이너 주니어와 멜빌의 작품에서도 19세기 전반기 뱃사람들이 즐겨 부르는 노래로 소개되어 있을 정도로 영미계 뱃사람들 사이에서는 널리 불려진 노래다. 그러나 뱃노래는 주로 상선들에서 불려졌는데, 이는 영국 해군에서는 노랫소리가 지휘관의 명령을 제대로 전달하지 못하도록 할 수 있었기 때문에 뱃노래 부르는 것을 금지했기 때문이다.[1] 다음은 현재 가장 널리 알려진 'Cheer'ly man'의 가사와 악보다.

---

1) www.en.wikipedia.org/wiki/Sea_shanty. 2013. 09.30.

Cheer'ly Man

Oh, Sal - ly Rack - et, Hi - oh! Cheer - 'ly, man!
Pawned my best jack - et, Hi - oh! Cheer - 'ly, man!
And sold the tick - et, Hi - oh! Cheer - 'ly, man,
oh, haul - ee, hi - oh, Cheer - 'ly, man!

Source : www.drunken－sailor.de/download/noten/Cheer'ly%20Man.pdf

2절 : Oh, Nancy Dawson, Hi - oh! She's got a notion, Hi - oh!
　　　For our old bo'sun, Hi - oh!
3절 : Oh, Betsey Baker, Hi - oh! Lived in Long Acre, Hi-oh!
　　　Married a Quaker, Hi - oh!
4절 : Oh, Kitty Carson, Hi - oh! Jilted the parson, Hi-oh!
　　　Married a mason, Hi - oh!
5절 : Avast there, avast, Hi - oh! Make the fall fast, Hi-oh!
　　　Make it well fast, Hi - oh!

　'Cheer'ly Man'과 함께 범선 시대 가장 널리 불려진 뱃노래는 '쉐난도
어'(Shenandoah)다. 이 노래는 주로 미국 상선 선원들 사이에서 불려진
뱃노래다. 여기에서 '쉐난도어'는 인디언 추장의 이름으로, 이 노래는 본
래 쉐난도어의 딸과 눈이 맞아 달아난 개척민 간의 이야기를 그린 민요
였다. 그러나 뱃사람들이 자기 배에 맞게 개사하고 부르게 되면서 범선

시대에 뱃사람들이 가장 널리 불렀던 뱃노래가 되었다고 한다. 쉐난도
어의 영어 원곡을 보면 곡조를 매우 길게 느려 뽑고, 후렴을 강조함으
로써 작업 중에 부르기에 알맞은 음률로 되어 있다.

오, 쉐난도어, 그대 목소리 그립구나, 웨이헤이, 너울거리는 강물이여!
오, 쉐난도어, 그대 곁을 떠나야 하네, 웨이헤이, 나는 떠나려 하네.
오, 쉐난도어, 그대 딸을 사랑하오, 웨이헤이, 너울거리는 강물이여!
그녀는 폭풍 이는 저 강 건너에 살고 있다네, 웨이헤이, 나는 떠나려
하네,
저 넓고 넓은 미주리 강을 건너서.
오, 쉐난도어, 그대 곁을 떠나야 하네, 웨이헤이, 너울거리는 강물이여!
오, 쉐난도어, 나는 그대를 속이지 않으리, 웨이헤이, 나는 떠나려 하
네.
저 넓고 넓은 미주리 강을 건너서.

'Cheer'ly man'이나 '쉐난도어'는 주로 상선에서 불려진데 반해, '옛 배동
무를 잊지 말게'(Don't forget your old shipmate)[2]는 군함에서 불려졌다.
이 노래는 러슬 크로(Russel Crowe)가 주연한 영화 '마스터 앤 커맨더'(Master
and Commander)에 삽입되어 범선 시대 영국 수병들의 애환과 낭만을
표현하는 데 활용되기도 했다.

Don't Forget your Old Shipmate

1절 : Safe and sound at home again, let the waters roar, Jack.
다시 안전하고 건강하게 고향으로 돌아갈 수 있도록 Jack 파도를
쳐다오.
Safe and sound at home again, let the waters roar, Jack.
다시 안전하고 건강하게 고향으로 돌아갈 수 있도록 Jack, 파도를
쳐다오.

후렴 : Long We've tossed on the rolling main, now we're safe ashore, Jack.
우리들은 오랫 동안 옆질하는 주갑판에서 뒤척였고, 지금은 안전

---

2) http://www.youtube.com/watch?v=wY1fUAPYH3M&feature=player_detailpage. 2013.09.30.

한 육지에 있네. 잭.

Don't forget your old shipmate, faldee raldee raldee raldee rye - eye - doe

너의 옛 배동무를 잊지 말게.

2절 : Since we sailed from Plymouth Sound, four years gone, or nigh, Jack
플리머스 정박지를 출항한 지 벌써 4년 가까이 지났네. 잭.

Was there ever chummies, now, such as you and I, Jack?
이제, 너와 나 같이 그렇게 다정한 사이가 있던가? 잭.

3절 : We have worked the self - same gun, quarterdeck division.
우리는 선미갑판의 같은 포에서 함께 근무했지.

Sponger I and loader you through the whole commission.
나는 포 기름치개로, 너는 포탄 장착병으로.

4절: Oftentimes have we laid out, toil nor danger fearing.
우리는 이따금, 힘들거나 죽음도 두려워하지 않고,

Tugging out the flapping sail, to the weather earring.
펄럭이는 돛을 바람 불어오는 쪽으로 팽팽하게 펴기도 했지.

5절 : When the middle watch was on, and the time went slow, boy.
반 - 당직을 설 때는 시간이 느리게 흐르지.

Who could choose a rousing stave, who like Jack or Joe, Boy?
누가 튀어 나온 말뚝을 선택하겠는가? 누가 잭이나 조를 좋아하겠는가?

6절 : There she swings, and empty hulk, not a soul below now.
지금 갑판 아래에는 아무도 없는 빈 배가 선회를 하고 있네.

Number seven starboard mess, misses Jack and Joe now.
우현 7번 식당의 수병들은 이제 잭과 조를 그리워하네.

7절 : But the best of friends must part, fair or foul the weather.
그렇지만 나의 가장 친한 친구는 좋은 날이건 나쁜 날이건 언젠가는 헤어지지.

Hand your flipped for a shake, now a drink together.
악수를 나누고, 이제 함께 한잔 하세.

뱃노래는 선창자가 먼저 노래를 하면, 선원들이 그에 맞추어 따라 부르며 노동의 힘겨움을 달래주는 역할을 했다. 따라서 일정한 가사가 있었던 것이 아니라 선창자가 창의적으로 그때그때 상황에 따라 바꿔가며 부를 수 있었다. 뱃노래는 비단 노동할 때만 부른 것이 아니라, 하루 일과를 끝내고 여가 시간에 선원 중에 노래를 잘 하는 사람이 즉흥적으로 가사를 지어내 선창을 하고, 나머지 선원들이 따라 부르기도 했다. 뱃노래는 한 마디로 선원들의 힘겨운 노동을 덜어주고, 항해의 고단함을 달래주는 청량제였다고 하겠다.

영국의 뱃사람들 사이에 구전되는 뱃노래 가운데 최고봉은 역시 '갑판장은 신이야'라는 곡이다. 이 곡은 범선 시대 뱃사람들이 배안의 각 직책에 대한 일반적 평가를 담고 있다. 이 노래에서 선장은 '신에게 智謀(policy)를 주고' 일항사는 '신에게 말을 걸며' 2항사는 '개헤엄을 치며 혼자 말을 하고', 3항사는 '동물에게 말을 걸며' 갑판장은 '신 그 자체다.' 이렇듯 영국인들에게는 배를 전체적으로 통솔하는 선장 보다는 배의 출항시 닻을 감아올리고, 돛을 올리고, 항해 중에는 화물을 감독하고 돛줄을 조정하고, 갑판을 정비하며, 입항시에는 돛을 내리고 닻을 내리는 갑판장이야말로 배를 움직이는 데 없어서는 안될 소중한 존재였다. 오늘날 갑판장은 갑판부의 하급선원 중 직장(職長)급 선원에 불과하다. 하지만 범선 시대 갑판장은 사관에 속했고, 임금도 1항사에 버금갔으며, 승선경력과 선박 운항의 경험과 지식 모든 면에서 선장에 버금가는 존재였다. 다만 선위를 계산하는 항해술을 배우지 못했다는 한계 때문에 항해사로 승급하지 못한 것뿐이었다. 그렇기 때문에 일반 선원들도 갑판장이라면 배에 관련된 거의 모든 일을 하는 존재, 즉 신과 같은 존재였다. 따라서 뱃노래를 부르는 주체가 하급선원들이었던 탓에 선장이 신에게 지모를 빌려주고, 항해사들이 신에게 말을 거는 정도에 지나지 않은 반면, 갑판장은 신과 동격이 된 것은 자연스런 일이었다.

갑판장은 신이다.

선장은 / 단숨에 고층 건물 뛰어넘고, / 배의 엔진보다 힘이 더 세고, / 구명삭 발사총보다 더 빠르고, / 바다 위를 걸으며, 신에게 智謀를 준다.

수석 1항사는 / 단숨에 작은 건물 뛰어넘고, / 배의 발전기보다 힘이 더 세고, / 구명삭 발사총만큼 빠르고, 잔잔하면 바다 위를 걸으며, / 신에게 말을 건다.

차석 1항사는 / 바람을 등지고 달리면 작은 건물 뛰어넘고, / 배의 발전기만큼이나 힘이 세고, / 던진 히이빙 라인(heaving line)보다 더 빠르고, / 바다 위를 겨우 걸을 뿐 / 가끔 신에게 말을 건다.

항해장은 / 간신히 작은 건물 비켜 가고, / 윈치로 줄다리기에 지쳐 버리며, / 히이빙 라인을 어쩌다 던질 수 있고, / 헤엄을 잘 치며, / 신의 마음에 들기도 한다.

2항사는 / 작은 건물 뛰어 넘으려다 무너지고, / 앵커 윈치에 힘이 달려지는 수도 있고, / 다치지 않고 히이빙 라인을 다룰 수 있고, / 개헤엄을 치며 / 혼자 말을 한다.

3항사는 / 문 앞 층층대에서 넘어지고, / 기차를 보면 칙칙폭폭 좋아하고, / 장난감 권총을 갖고 놀고, / 진흙 웅덩이에서 딩굴고, / 동물에게 말을 건다.

갑판장은 / 높직한 건물을 들어올리고, / 그 밑을 걸어간다.(예선도 대지 않고) / 배를 잔교에서 밀어 떼어 낸다. / 발사삭을 이로 물어 잡고, / 한 번 눈을 흘기면 바다는 얼어 붙고, / 입을 다물고 있다. / 갑판장은 신이다.

1.2. 헨리 롱펠로우

뱃노래가 선원들의 노동요에서 시작했다면, 해양시는 범선시대의 낭만이 종말을 고하기 시작하고 증기선 시대가 도래하던 19세기에 꽃을 피웠다. '인생예찬'이라는 시로 유명한 미국의 헨리 워즈워드 롱펠로우 (Henry Wadsworth Longfellow, 1807~1882)는 '바다의 소리', '파도', '조수는 밀려 왔다, 밀려가고' 등의 시를 통해 비록 체험의 바다가 아닌 관조의 바다를 노래하였지만, 바다에 대한 무한한 애정을 드러내고 있다. 미국의 메인 주에서 태어난 롱펠로우는 하버드 대학의 교수로서 단테의 『신곡』을 영어로 번역한 학자이면서 낭만주의 시대 미국의 낙천적 인생관을 형상화해 냄으로써 미국인들에게 널리 사랑받는 시인이 되었다. 그는 유럽적인 각운을 사용하여 미국 전래의 아름답고 슬픈 사랑의 이야기인 '에반젤린(Evangeline)'과 '인생 찬가(Psalm of Life)'의 시인으로 널리 알려진 롱펠로우는 가장 미국적인  시인으로서 신세계의 낙천적인 인생관을 바탕으로 뱃사람과 항해에 대해 따뜻한 시선으로 노래하였다.

바다의 비밀(The Secret of the Sea)

바다를 바라보면 / 떠오르는 즐거운 모습들이여! / 낭만적인 옛 이야기와 모든 꿈이, / 또 다시 떠오른다.

비단 돛폭과 백단향 밧줄은 / 옛날 이야기에서처럼 반짝이는데; / 뱃사공의 노래 소리도, / 해변의 사람 소리도 변함이 없구나.

그중에서도 스페인 사람들의 노래는 자주 떠오르고, / 아르날도스 백작에 대한 / 선원들의 알 수 없는 노래 소리는, / 오래도록 마음에서 떠나질 않는다.

은빛처럼 빛나는 모래 사장에 / 밀려 오는 긴 파도처럼, / 부드럽고 단조로운 곡조로 / 파도는 이야기를 들려준다; -

아르날도스 백작은 / 한 손에 매를 얹고 사냥을 갔다. / 웅장하고 화려한 갤리선이 / 육지에 다가오고는 것을 보았다; -

배에서는 노선원이 노래부르고 있었다. / 너무도 열광적이고 맑은 목소리이기에, / 바다를 건너던 갈매기도 / 돛대에 앉아 쉬며 노래 듣는다.

마침내 백작은 부러워서 / 힘차게 부르짖었다 - / "노선원이여, 제발 그토록 아름다운 노래를 가르쳐다오!" /
"바다의 비밀을 알고 싶다고요?"

노선원은 대답했다. / "위험한 바다와 맞서는 사람만이 / 바다의 신비를 알게 된다오!" /

육지를 부는 솔솔바람 타고, / 수평선 위로 스쳐 가는 돛단배에서, / 웅장하고 화려한 갤리선을 바라보며, / 저 애처로운 가락 소리를 듣는다;

드디어 나의 마음은 / 바다의 비밀을 갈망한다. / 위대한 대양의 심장은 나에게 / 피끓는 맥박을 보낸다.

1.3. 월트 휘트먼

롱펠로우가 관조의 바다를 노래했다면, 월트 휘트먼(Walt Whitman, 1819~1892)은 바다와 항해, 그리고 뱃사람들에 대한 동경을 그리고 있다. 1819년 미국의 뉴욕 롱아일랜드의 빈농의 아들로 태어난 휘트먼은 그 자신이 목수였으면서 민중의 대변인으로 혁신적인 작품을 써서 미국의 민주주의 정신을 표현한 평등주의의 대표시인으로 손꼽히고 있다. 휘트먼은 11살 이후 정규 교육을 받지 못하고, 독학으로 공부했는데, 그 덕분에 영국적 영향을 받지 않고 미국적인 작품을 쓸 수 있었다. '미국의 시인이자 미국 민주주의의 시인'이라 일컬어지는 휘트먼은 인간의 평등을 노래하고, 미국의 힘을 평민 속에서 찾았다. 1885년 『풀잎(Leaves of Grass)』이라는 시집을 자비로 출판하지만, 문단에서는 좋은 평을 받지 못하였다. 그는 『풀잎』에서 역

사가 짧은 미국의 성숙함을 노래했다. 『풀잎』의 혁신적이고 각운에 연연하지 않는 자유시 형식, 성(性)에 대한 묘사, 생동감 있는 민주주의적 감수성에 대한 공개적인 찬미, 시인의 자아는 시, 우주, 독자와 하나라는 식의 극단적으로 낭만주의적인 주장 등은 미국 시의 방향을 완전히 바꾸어놓았다.[3]

남북전쟁에 참전하기도 한 휘트먼은 참전 경험을 시로 승화시키기도 했다. 그러나 1865년 링컨 대통령이 암살되자 '오, 선장! 나의 선장'이라는 애도 시를 발표하였다. 이 시는 미국이란 배를 지휘하다가 인간 평등이라는 항구에 입항을 앞두고 갑판 위에 쓰러져 죽은 링컨 대통령을 선장으로 비유하여 형상화하였다.[4] 지금도 이 시는 본래의 의미와는 다르게 대표적인 해양시로서 널리 애송되고 있다.

오 선장이여! 나의 선장이여!

오, 선장이여! 나의 선장이여! / 무서운 항해는 끝났습니다. / 온갖 고난을 배는 견디어 냈고, 원하던 포획물도 쟁취했습니다. / 항구는 다가오고, 종소리 들리면, 사람들은 환희에 차 있습니다. / 사람들은 끄떡 없는 배를 바라봅니다. / 엄숙하고 용감한 그 배를: / 그러나 오, 심장이여! 심장이여! 심장이여! / 오, 뚝뚝 떨어지는 붉은 핏방울이여, 싸늘하게 쓰러져 죽어 있는 우리 선장 누워 계신 갑판 위로,

오, 선장이여! 나의 선장이여! / 일어나 저 종소리 들으소서; / 일어나소서 - 당신을 위하여 깃발은 나부끼고 - 당신을 위하여 나팔 소리 울립니다. / 당신을 위하여 꽃다발과 리본을 맨 화관이 있습니다 - 당신을 위하여 해안에는 인파를 이룹니다. / 당신을 위하여 그들은 소리치고, 부르며, 둘썩거리는 군중들은, 열렬한 얼굴들을 보입니다 ; / 보세요 선장님, 사랑하는 아버지시여! / 이 팔 위에 머리를 얹으소서! / 갑판 위에 싸늘하게 쓰러져 죽어 계시다니, 꿈이길 바랄 뿐입니다.

---

3) 인포피디아 USA, 2004, 미국 국무부 | 주한 미국대사관 공보과.
4) 이재우 편역, 『해양명시집』, 해문출판사, 1998, pp.244 - 245.

우리 선장님은 대답이 없네, 두 입술은 핏기 잃고 말도 없네. / 나의 아버지는 내 팔을 벤 것도 못 느끼시고, 맥박도 뛰지 않고 의지도 없네. / 배는 무사히 닻을 내리고, 항해는 모두 마쳤습니다. / 무서운 항해에서 승리한 배는 쟁취한 물건을 싣고 들어옵니다. / 오, 춤추며 기뻐하라. 해안에 모인 사람들이여. / 울려라, 종소리여!

하지만 나는 무거운 발걸음으로 선장님 누워 계신 갑판 위를 걸어갑니다. 싸늘하게 쓰러져 누워 계신 갑판 위로.

O Captain! My Captain!

O Captain! my Captain! Our trip is done, / The ship has weather'd every rack, the prize we sought is won, / The port is near, the bells I hear, the people all exculting, / While follow eyes the steady keel, the vessel grim and daring; / But O heart! heart! heart! / O the bleeding drops of red, / Where on the deck my Captain lies, Fallen cold and dead.

O Captain! my Captain! rise up and hear the bells; / Rise up - for you the flag is flung - for you the bugle trills; / For you bouguets and ribbon'd wreaths; for you the shores a - crowding, / For you they call, the swaying mass, their eager faces turning; / Here Captain! dear father! / This arm beneath your head! / It is some dream that on the deck, / You've fallen cold and dead.

My Captain does not answer, his lips are pale and still, / My father does not feel my arm, he has no pulse nor will, / The ship is achor'd safe and sound, its voyage closed and done, / From fearful trip the victor ship comes in with object won; / Exult O Shores, and ring O bells! / But I with mournful tread, / Walk the deck my Captain lies, / Fallen and dead.

하지만 휘트먼의 시 가운데 해양시의 으뜸은 '아아! 배를 타고 항해했으면!'이란 시이다. 이 시는 무료하고 변화도 없고, 지겹기만 한 인도와 차도, 그리고 집을 떠나 배를 타고 항해하고 싶은 욕망을 저절로 불러일으키는 시로 지금까지 사랑받고 있다.

롱펠로우나 휘트먼이 미국의 대표시인으로서 해양시를 발표하였지만,

그들의 해양시는 바다 - 배 - 항해라는 세 모티프를 포함하였으되, 선원의 생활양식을 체현해 내지는 못했다. 이는 그들이 선원 생활에 대한 경험에 없었기 때문이었다. 선원으로 승선한 경험이 있는 허먼 멜빌은 '맬다이브 해의 상어'나 '고래' 등의 해양시를 발표하였지만, 이 또한 고래잡이 뱃사람의 시각에서 그 목적물을 대상화한 작품이어서 해양시로서의 풍미를 느끼기에는 다소 부족한 감이 없지 않다.

아아! 배를 타고 항해했으면

아아! 배를 타고 항해했으면!
견딜 수 없는, 변화 없는 육지를 떠나 봤으면,
재미없고 지겨운 차도, 인도 그리고 집들을 떠나 봤으면,
아아! 영영 움직일 줄 모르는 육지 그대를 떠나,
배를 타 봤으면,
항해했으면, 항해했으면,
바다를 달려보았으면!

O to Sail in a Ship!

O to sail in ship!
To leave this steady unendurable land,
To leave the tiresome sameness of the streets,
the sidewalks and the houses,
To leave you O you solid motionless land, and entering a ship,
To sail and sail and sail!

1.4. 존 메이스필드

본격적인 해양시의 백미는 역시 뱃사람의 나라 영국에서 창작되었다. '바다의 시인'으로 널리 알려진 존 메이스필드(John Masefield, 1878~1967)는 회상과 추억이 담긴 시를 썼고, 전통에 대한 사랑을 노래하여 낭만주의 정신에 기여했으며, 특히 배와 항해, 그리고 바다에 대한 시를 많

이 읊었다. 1878년 영국 헤이퍼드셔의 변호사의
아들로 태어난 메이스필드는 일찍 아버지를 여의
고 13살에 콘웨이 호에서 훈련을 받은 뒤 선원으
로 세계를 항해하였다. 그는 배를 하선한 뒤 잡지
사에서 일을 하면서 1902년 『해수의 노래』(Salt-
Water Ballads)를 출간하여 인정받기 시작하였고,
1911년 『영원한 연민』(The Everlasting Mercy)이라
는 시집을 발간하여 명성을 얻은 뒤 시인, 극작
가, 역사가로도 활동하였다. 1930년 계관 시인(poet laureate)[5]이 된 그는
1967년 사망할 때까지 '화물', '무역풍', '다시 부르는 옛 노래', '새 선수
상', '여기 배가 있었다', '길' 등의 해양시를 발표하였다. 그 가운데 '항해
열'이 그의 해양시의 진면목을 보여주는 작품이라 할 수 있다. '항해열'
은 『해수의 노래』에 수록되어 있는 시로, 이 시집은 바다를 연모하는
단시들을 모아 놓은 것이다. 항해열의 각 행이 영시에서는 보기 드물게
길다. 각 행이 일곱 군데의 강세를 두고 있어서 소리내어 읊어 보면 망
망한 한바다에 유유히 달려나가는 배의 모습과 그 배의 돛에서 울리는
바람 소리가 들리는 듯하다. 전편에 걸쳐서 S-음과 W-음으로 된 두운
을 적절히 사용하여 바람과 파도 소리를 형상화하였다. 두운은 고대 영
시 즉 앵글로색슨 시대의 시의 특징의 하나인데, 근대 영시에서는 각운
이 더 일반적으로 쓰이고 있다. 오늘날에도 safe and sound, as still as
stone 등과 같이 두운이 여전히 흔적을 남기고 있다.[6] 예이츠와도 친분

---

5) 계관시인이라는 명칭은 고대 그리스와 로마시대에 명예의 상징으로 월계관을 씌워
   준 데서 유래한다. 이 칭호는 제임스 1세가 1616년에 B.존슨에게 수여한 것이 최초
   이지만, 정식으로는 1670년에 J.드라이든이 임명되어 연봉 300파운드와 카나리아제
   도산(産) 포도주 1통을 받았다. 이러한 관행은 1790년 H. J.파이가 포도주 대신 현
   금을 원하면서부터 폐지되었다.
6) 이재우, 「선원 출신 해양시인 존 메이스필드와 바다의 귀거래사」, 『해양한국』 1998. 8,

이 두터웠던 메이스필드는 예이츠가 '호수의 섬 이니스프리'이라는 시에 서 "나는 일어나 가련다. 이니스프리로 가련다."고 노래한 것에 대구를 이루어, "나는 바다로 다시 가련다, 저 호젓한 바다와 하늘을 찾아서"라 고 읊었다. 예이츠의 '호수의 섬 이니스프리'와 메이스필드의 '바다'는 토 마스 모어의 '유토피아'처럼 그들의 이상향이었다.

항해열

나는 바다로 다시 가련다, 저 호젓한 바다와 하늘을 찾아서,
내 바라는 것은 높직한 돛배 하나, 길 가려줄 별 하나,
그리고 파도를 차는 키와 바람 소리 펄럭이는 흰 돛,
바다 위의 뽀얀 안개 먼동 크는 새벽 뿐이네.

나는 바다로 다시 가련다, 달리는 바닷물이 부르는 소리
거역 못할 거센 부름, 맑은 목소리 좋아서,
내 바라는 것은 흰구름 흐르고 바람 이는 날,
흩날리는 물보라, 흩어지는 물거품,
그리고 갈매기 떼 우짖는 소리뿐이네.

나는 바다로 다시 가련다, 정처 없이 떠도는 집시의 삶을 찾아서,
갈매기 날으고 고래 물 뿜는 곳, 매서운 바람 휘몰아치는 곳으로;
내 바라는 것은 껄껄대는 방랑자 친구들의 허풍 떠는 신나는 이야기와,
그리고 지루한 당직 끝에 늘어져 한숨 자며 꿈꾸는 달콤한 꿈이로세.

Sea – Fever

I must go down to the seas again, to the lonely sea and the sky,
And all I ask is a tall ship and a star to steer her by,
And the wheel's kick and the wind's song and the white sails's shaking,
And a grey mist on the sea's face and a grey dawn breaking.

I must go down to the seas again, for the call of the running tide
Is a wild call and a clear call that may not be denied;

p.148.

And all I ask is a windy day with the white clouds flying,
And the flung spray and the blown spume, and the sea - gulls crying.

I must go down to the seas again, to the vagrant gypsy life,
To the gull's way and the whale's way where the wind's like a whetted knife;
And all I ask is a merry yarn from a laughing fellow - rover,
and quiet sleep and a sweet dream
when the long trick's over.

호수의 섬 이니스프리   The Lake Isle of Innisfree

윌리엄 예이츠   William B. Yeats

일어나 지금 가리, 이니스프리로 가리
가지 얽고 진흙 발라 조그만 초가 지어
아홉 이랑 콩밭 일구어, 꿀벌 치면서
벌들 잉잉 우는 숲에 나 홀로 살리

I will arise now, and go to Innisfree,
And a small cabin build there, of clay and wattles made;
Nine bean - rows will I have there, a hive for the honey - bee,
And live alone in the bee - loud glade.

거기 평화 깃들어, 고요히 날개 펴고
귀뚜라미 우는 아침 놀 타고 평화는 오리
밤중조차 환하고, 낮엔 보랏빛 어리는 곳
저녁에는 방울새 날개 소리 들리는 거기

And I shall have some peace there,
for peace comes dropping slow,
Dropping from the veils of the morning to where the cricket sings;
There midnight's all glimmer, and noon a purple glow,
And evening full of the linnet's wing.

일어나 지금 가리, 밤에나 또 낮에나
호수물 찰랑이는 그윽한 소리 듣노라
맨길에서도, 회색 포장길에 선 동안에도
가슴에 사무치는 물결 소리 듣노라

I will arise and go now, for always night and day
I hear lake water lapping with low sounds by the shore;
While I stand on the roadway, or on the pavement grey.
I hear it in the deep heart's core.

길

존 메이스필드

한 길은 런던으로, / 한 길은 웨일즈로 달리네, / 내 갈 길은 저 바다로 / 물에 잠긴 흰 돛대로 향하였어라.

한 길은 강으로, 강물은 천천히 노래하며 흘러가네; 내 길을 따라 가노라면 배가 있네. 구릿빛 뱃사람들이 가는 곳일세.

이끌며, 꼬이며, 나를 부르네, / 짭짤한 큰 파도 물결치는 바다로; / 흙내 풍기는 먼지일지 않는 길은 / 내겐 다시없는 가야 할 길이로세.

Roadways

John Masefiled

One road leads to London, / One road runs to Wales, / My road leads me seawards / To the white dipping sails.

One road leads to the river, ; As it goes singing slow ; / My road leads to shipping, / Where the bronzed sailors go.

Leads me, lures me, calls me, / To salt green tossing sea ; / A road without earth's road - dust / Is the right road for me.

과거부터 지금까지 많은 시인들이 바다에 관한 시를 발표했으나, 메이스필드야말로 진정한 의미의 '바다의 시인'이라고 할 수 있다. 그는 장편시 '도우버'(Dauber)에서 "지금까지 바다를 알고 있는 사람이 내면에서 바다를 알지 못했다"고 읊은 것처럼, 짠 파도와 바람을 알지 못하는 시인들은 책상머리에서 바다를 그렸을 뿐이나, 메이스필드는 바다와 배, 그리고 항해를 제대로 그려냈다고 할 수 있다. 그는 또한 배와 바다 사람들에 대한 무한한 애정을 보여주고 있다. 그의 시에는 증기선의 화부, 헌 옷을 걸친 선원, 당김줄로 돛을 올리고 내리는 선원, 뱃노래를 부르는 선원, 꾸벅꾸벅 졸면서 키를 잡는 키잡이들, 심신이 지친 당직자들을 꾸짖거나 조롱하는 것이 아니라 따뜻한 연민의 시선을 보내고 있다.[7] 그런 점에서 휘트먼이 미국의 평민 시인이라고 한다면, 메이스필드는 영국의 평민 시인 또는 세계 뱃사람들의 시인이라고 칭할 수 있다.

이들 외에도 19세기 낭만주의 시대 많은 시인들이 바다를 소재로 한 시를 노래했다. 스티븐슨의 '배는 어디로 가나?'와 '배를 타고 꿈 나라로', 로제티의 '작은 배는 강물 위를 달리고', 테니슨의 '부서져라, 파도여!', 바이런의 '대양', 키플링의 '닻 노래' 등이 그것이다. 이들 시들은 비록 바다와 배를 노래하고 있지만, 대체적으로 관조와 명상, 그리고 관념의 바다를 노래했다. 그런 점에서 짠 바다 내음을 맡기에는 다소 역부족이 지만, 그럼에도 대시인들의 바다 시를 음미해 본다는 점에서 나름대로 의미있을 것이다.

닻 노래

러디어드 키플링

헤이! 배를 둘러 보아라. 닻 감아라. 닻 감아라! / 재빨리 감아 올려 기둥 그곳에 매어라. /
그물 삼각돛을 펼치어라, 돛 가름대 돌려 바람 듬뿍 받아라. 이물 돛은 바람 부는 쪽으로, 밧줄은 모두 모두 끌어 올려라.

아, 정말 이제 너와 작별하는구나, 내 사랑이여, 이제 떠나야만 하는구나 - / 술병을 내려 놓고, 아가씨도 무릎에서 내려 놓아라. / 바람이 속삭인다; '지금 나를 데려가렴, 네가 폭풍우 속으로 가려거든(폭풍우 속에 배를 데려가거라!), / 오, 우리는 폭풍우 속으로 가야만 한다, 바다제비 기르는 엄마에게로!'

헤이! 배를 둘러보아라. 아, 거기에서 늦추어라! / 우현표를 끌어내라, 곧추세워라, 수면에, 닿지 않게. / 좌현묘를 던지어라, 항구바닥 진흙에 닿게 하라, / 이 해 마지막 보게 되는 바다밑이로구나.

7) 이재우 편역, 『해양명시집』, pp. 242 - 244.

아, 정말 떠나는구나, 다시 배를 끌고 나가야 하는구나. / 빈 배로 떠나간다, 정박등 불 끄고, 뱃짐도 없이. / 큰 밧줄 계주에 동여맬 때 떠나갈 시간이다. / 앞 돛 밧줄 풀어 주고, 바다의 희망 안겨 주리라.

Anchor Song

Rudyard Kipling

Heh! Walk her round. Heave, 모 heave her short again! / Over, snatch her over, there, and hold her on the pawl. / Loose all sail, and brace your yards back and fill - / Ready jib to pay her off and heave short all!
Well, ah fare you well; we can stay no more with you, my love - / Down, set down your liquor and your girl from off your knee; / For the wind had come to say ; / 'You must take me while you may, If you'd go down to Mother Carey (Walk her down to Mother Carey!), / Oh, we're bound to Mother Carey where she feeds her chicks at sea!

Heh, Walk her round. Break, O' break it out O' that! / Break our starboard - bower out, apeak, swash, and clear. / Port - port she casts, with the hardbour - mud beneath her foot, / And that's the last O' bottom we shall see this year!

Well, ah fare you well, for we've got to take her out again - / Take her out in ballast, ridding light and cargo - free. / And it's time to clear and quit / When the hawser grips the bitt, / So we'll pay you with the foresheet and a promise from the sea!

2. 우리 나라 해양시

우리 나라에서 가장 오래된 해양시는 단연 윤선도(1587~1671)의 〈어부사시사〉를 꼽을 수 있다. 윤선도가 완도의 보길도에 머물 때인 1651년(효종 2년)에 지은 시로, 오늘날의 似而非 해양시에 견줄 수 없을 정도로 육지적 관점이 아닌 바다의 관점, 그리고 바라보는 배가 아닌 배를 띄우고 배를 운항하는 어부들의 관점에서 쓰여진 품격 높은 해양시다.

춘하추동 4계절에 각 10연 씩 총 40수로 이어진 연시조다. 비록 지은이가 해남과 보길도의 세력가로 행세하며 보길도에 세영정을 짓고 유유자적하는 사이에 지은 시지만, 여전히 관조의 바다를 노래하는 현대의 似而非 해양시와는 관점에서 확연한 차이를 느낄 수 있다. 곧 지은이 자신이 직접 배에 타고 고기를 잡기 위해 닻을 올리고, 돛을 달고, 배를 띄우고, 노를 젓고, 배를 세우고, 배를 대고, 배를 붙이고, 닻을 내리고, 배를 매는 것이다. 이 일련의 과정은 배의 출항부터 항해, 귀항, 입항을 순서대로 보여주고 있다.

〈춘사1〉
앞강에 안개 걷고 뒷산에 해비친다
배 띄워라 배 띄워라
썰물은 밀려가고 밀물은 밀려온다
찌거덩 찌거덩 어야차
강촌에 온갖 꽃이 먼 빛이 더욱 좋다.

〈하사1〉
궂은 비 멈춰가고 시냇물이 맑아온다
배 띄워라 배 띄워라
낚싯대를 둘러메고 깊은 흥이 절로난다
찌거덩 찌거덩 어야차
산수의 경개를 그 누가 그려낸고

〈춘사2〉
날씨가 덥도다 물 위에 고기 떴다
닻 들어라 닻 들어라
갈매기 둘씩 셋씩 오락가락 하는구나
찌거덩 찌거덩 어야차
낚싯대는 쥐고 있다 탁주병 실었느냐

〈하사2〉
蓮잎에 밥을 싸고 반찬일랑 장만 마라
닻 들어라 닻 들어라
삿갓은 썼다마는 도롱이는 갖고 오냐
찌거덩 찌거덩 어야차
무심한 갈매기는 나를 쫓는가 저를 쫓는가

〈춘사3〉
동풍이 잠깐 부니 물결이 곱게 인다.
돛 달아라 돛 달아라.
東湖를 돌아보며 西湖로 가자꾸나
찌거덩 찌거덩 어야차
앞산이 지나가고 뒷산이 나온다

〈하사3〉
마름잎에 바람 나니 봉창이 서늘하구나
돛 달아라 돛 달아라
여름 바람 정할소냐 가는대로 배 맡겨라
찌거덩 찌거덩 어야차
남쪽 개와 북쪽 강 어디 아니 좋겠는가

〈춘사4〉
우는 것이 뻐꾹샌가 푸른 것이 버들숲가
배 저어라 배 저어라
어촌의 두어 집이 안개 속에 들락날락

〈하사4〉
물결이 흐리거든 발 싯은들 어떠하리
배 저어라 배 저어라
오강에 가자 하니 子胥怨限 슬프도다

찌거덩 찌거덩 어야차
맑은 깊은 연못에 온갖 고기 뛰논다

〈춘사5〉
고운 볕이 쬐는데 물결이 기름 같다
배 저어라 배 저어라
그물을 넣어 둘까 낚싯대를 놓으리까
찌거덩 찌거덩 어야차
漁父歌에 흥이 나니 고기도 잊겠도다

〈춘사6〉
석양이 기울었으니 그만하고 돌아가자
돛 내려라 돛 내려라
물가의 버들 꽃은 고비고비 새롭구나
찌거덩 찌거덩 어야차
정승도 부럽잖다 萬事를 생각하랴

〈춘사7〉
芳草를 밟아보며 蘭芷도 뜯어 보자
배 세워라 배 세워라
한 잎 조각배에 실은 것이 무엇인가
찌거덩 찌거덩 어야차
갈 때는 안개더니 올 때는 달이로다

〈춘사8〉
醉하여 누웠다가 여울 아래 내려가려다가
배 매어라 배 매어라
떨어진 꽃잎이 흘러오니 神仙境이
가깝도다
찌거덩 찌거덩 어야차
인간의 붉은 티끌 얼마나 가렸느냐

〈춘사9〉
낚싯줄 걸어 놓고 봉창의 달을 보자
닻 내려라 닻 내려라
벌써 밤이 들었느냐 두견 소리 맑게 난다
찌거덩 찌거덩 어야차
남은 흥이 무궁하니 갈 길을 잊었더라
〈춘사10〉

찌거덩 찌거덩 어야차
楚江에 가자 하니 屈原忠魂 낚을까 두렵다

〈하사5〉
버들숲이 우거진 곳에 여울돌이 갸륵하다
배 저어라 배 저어라
다리에서 앞다투는 어부들을 책망 하라
찌거덩 찌거덩 어야차
백발노인을 만나거든 舜帝 옛 일 본을 받자

〈하사6〉
긴 날이 저무는 줄 흥에 미쳐 모르도다
돛 내려라 돛 내려라
돛대를 두드리며 水調歌를 불러 보자
찌거덩 찌거덩 어야차
뱃소리 가운데 만고의 수심을 그 뉘 알꼬

〈하사7〉
석양이 좋다마는 황혼이 가까웠도다
배 세워라 배 세워라
바위 위에 굽은 길이 솔 아래 비껴 있다
찌거덩 찌거덩 어야차
푸른 나무숲 꾀꼬리 소리 곳곳에
들리는구나

〈하사8〉
모래 위에 그물 널고 배 지붕 밑에 누워
쉬자
배 매어라 배 매어라
모기를 밉다 하랴 쉬파리와 어떠하냐
찌거덩 찌거덩 어야차
다만 한 근심은 桑大夫 들을까 두렵다

〈하사9〉
밤 사이 바람 물결 미리 어이 짐작하리
닻 내려라 닻 내려라
사공은 간 데 없고 배만 가로놓였구나
찌거덩 찌거덩 어야차
물가의 파란 풀이 참으로 불쌍하다
〈하사10〉

물가의 파란 풀이 참으로 불쌍하다
배 붙여라 배 붙여라
부들부채 가로 쥐고 돌길 올라가자
찌거덩 찌거덩 어야차
漁翁이 閑暇터냐 이것이 구실이다

내일이 또 없으랴 봄밤이 그리 길까
배 붙여라 배 붙여라
낚싯대로 막대 삼고 사립문을 찾아보자
찌거덩 찌거덩 어야차
어부의 평생이란 이러구러 지낼러라

〈추사1〉
物外의 맑은 일이 어부 생애 아니던가
배 뛰워라 배 뛰워라
漁翁을 웃지 마라 그림마다 그렸더라
찌거덩 찌거덩 어야차
사철 흥취 한가지나 가을 강이 으뜸이라

〈동사1〉
구름 걷은 후에 햇볕이 두텁도다
배 띄워라 배 띄워라
천지가 막혔으니 바다만은 여전하다
찌거덩 찌거덩 어야차
끝없는 물결이 비단을 편 듯 고요하다

〈추사2〉
강촌에 가을이 드니 고기마다 살쪄 있다
닻 들어라 닻 들어라
넓고 맑은 물에 실컷 즐겨 보자
찌거덩 찌거덩 어야차
인간세상 돌아보니 멀도록 더욱 좋다

〈동사2〉
낚싯줄대 다스리고 뱃밥을 박았느냐
닻 들어라 닻 들어라
瀟湘江 洞庭湖는 그물이 언다 한다
찌거덩 찌거덩 어야차
이때에 고기 낚기 이만한 데 없도다

〈추사3〉
흰 구름 일어나고 나무 끝이 흔들린다
돛 달아라 돛 달아라
밀물에 西湖 가고 썰물에 東湖 가자
찌거덩 찌거덩 어야차
흰 마름 붉은 여뀌꽃 곳마다 아름답다

〈동사3〉
얕은 개의 고기들이 먼 소에 다 갔느냐
돛 달아라 돛 달아라
잠깐 날 좋은 때 바다에 나가 보자
찌거덩 찌거덩 어야차
미끼가 꽃다우면 굵은 고기 문다 한다

〈추사4〉
기러기 떠 있는 밖에 못 보던 강 뵈는구나
배 저어라 배 저어라
낚시질도 하려니와 취한 것이 이 흥취라
찌거덩 찌거덩 어야차
석양이 눈부시니 많은 산이 금수 놓였다

〈동사4〉
간 밤에 눈 갠 후에 景物이 다르구나
배 저어라 배 저어라
앞에는 유리바다 뒤에는 첩첩옥산
찌거덩 찌거덩 어야차
仙界인가 佛界인가 人間界인가 아니로다

〈추사5〉
크다란 물고기가 몇이나 걸렸느냐
배 저어라 배 저어라
갈대꽃에 볼을 붙여 골라서 구워 놓고
찌거덩 찌거덩 어야차
질흙병을 기울여 바가지에 부어다고

〈동사5〉
그물 낚시 잊어두고 뱃전을 두드린다
배 저어라 배 저어라
앞개를 건너고자 몇 번이나 생각하고
찌거덩 찌거덩 어야차
공연한 된바람이 혹시 아니 불어올까

〈추사6〉
옆 바람이 곱게 부니 다른 돗자리에 돌아
돛 내려라 돛 내려라
어두움은 가까이에 오되 맑은 흥은
멀었도다
찌거덩 찌거덩 어야차
단풍잎 맑은 강이 싫지도 밉지도 아니하다

〈추사7〉
흰 이슬 비꼈는데 밝은 달 돌아온다
배 세워라 배 세워라
宮殿이 아득하니 맑은 빛을 누를 줄꼬
찌거덩 찌거덩 어야차
옥토끼가 찧는 약을 快男兒에 먹이고저

〈추사8〉
하늘땅이 제각긴가 여기가 어디메뇨
배 매어라 배 매어라
바람 먼지 못 미치니 부채질하여 무엇하리
찌거덩 찌거덩 어야차
들은 말이 없으니 귀 씻어 무엇하리

〈추사9〉
옷 위에 서리 오되 추운 줄을 모르겠도다
닻 내려라 닻 내려라
낚싯배가 좁다 하나 속세와 어떠한가
찌거덩 찌거덩 어야차
내일도 이리 하고 모레도 이리 하자

〈추사10〉
솔숲 사이 내 집 가서 새벽달을 보자
하니
배 붙여라 배 붙여라
空山 落엽에 길을 어찌 찾아갈꼬
찌거덩 찌거덩 어야차
흰 구름 따라오니 입은 옷도 무겁구나

〈동사6〉
자리 가는 까마귀가 몇 마리나 지나갔느냐
돛 내려라 돛 내려라
앞길이 어두운데 저녁눈이 꽉 차 있다
찌그덩 찌그덩 어야차
거위떼를 누가 쳐서(차취)를 싯엇던가

〈동사7〉
붉은 낭떠러지 푸른 벽이 병풍같이
둘렀는데
배 세워라 배 세워라
크고 좋은 물고기를 낚으나 못 낚으나
찌그덩 찌그덩 어야차
孤舟에 도롱 삿갓만으로 흥에 넘쳐
앉았노라

〈동사8〉
물가에 외롭게 선 솔 홀로 어이 씩씩한고
배 매어라 배 매어라
험한 구름 원망 마라 인간세상 가린다
찌그덩 찌그덩 어야차
파도 소리 싫어 마라 속세 소리 막는도다

〈동사9〉
滄洲가 우리 道라 옛부터 일렀더라
닻 내려라 닻 내려라
七里灘에 낚시질하던 嚴子陵은 어떻던고
찌그덩 찌그덩 어야차
십년 동안 낚시질하던 강태공은 어떻던고

〈동사10〉
아 날이 저물어 간다 쉬는 것이 마땅하다
배 붙여라 배 붙여라
가는 눈 뿌린 길에 붉은 꽃이 흩어진 데
흥청거리며 걸어가서
찌그덩 찌그덩 어야차
눈달이 西山에 넘도록 松窓을 기대어 있자.

우리 나라에서 관습적 의미에서의 해양문학이 본격적으로 등장한 시기는 대체로 일제라는 타자에 의한 자본주의적 개발이 본격화된 1930년대 이후다.[8] 이 시기에 김기림, 정지용, 신석정 등이 바다를 모티프로 한 시를 발표하였다. 특히 모더니즘 계열의 시인인 김기림은 항구, 부두, 해양, 항해 등을 시제로 한 많은 시를 발표하였다. 그의 '바다와 나비'는 해양으로 표상된 근대에 대한 혼란을 보여주는 시로, 수심도 모르면서 달려간 해양이라는 근대에 익사할지도 모른다는 시인의 불안감이 은유적으로 표현되어 있다. 그러나 김기림은 관조의 바다가 아닌 실존의 바다를 형상화하는 데는 이르지 못했다.

2.1. 김성식

해양소설과 마찬가지로 우리 나라에서 본격적인 의미에서 해양시가 출현한 것은 선장시인 김성식이 1971년 조선일보 신춘문예에 '청진항'이란 시로 당선되고 난 이후라 할 수 있다. 당시 심사위원을 맡았던 전봉건 시인은 김성식이 첫 시집 『청진항』을 출판하였을 때, "김성식의 바다 시는 우리에게 없었던 본격적인 해양시의 효시가 될 가능성이 크다"고 전망한 바 있다. 다행히도 전봉건 시인의 전망은 틀리지 않아 김성식은 2000년에 지병으로 하선하기까지 30여 년간 선상생활을 하는 동안 해양시집 4권을 발표하여 우리 해양문학계의 별이 되었다.

출항 II

앵커를 올려라 닻을 감아 / 오륙도 너머 수평선을 / 불끈 들어 일어서는

---

8) 구모룡, 『해양문학이란 무엇인가』, p.41.

／태양 쪽으로

　윈드라스 레바를 힘껏 눌러 / 무거운 닻줄 감아 / 떠나자 선수를 돌려 떠나 / 거리의 창문마다 무늬진 햇살 / 골목길 개구쟁이 입술에서

　묻어나온 알사탕의 꿈 / 아내의 행주치마에 젖어 있던 / 짭짤한 생활을 뒤에 두고 / 거침없이 소리치며 / 흔들리는 / 물결 따라 / 여기 / 솟아오른 시뻘건 불덩어리를 / 선창 가득 실어 / 에메랄드 삶아 뿌려 논 / 카리브 / 전설이 녹아 소금이 된 / 지중해 / 달이 흘린 눈물로 / 파르르 떨고 있는 / 적도를 향해 / 청동빛 팔뚝을 걷어 / 꿈틀대는 푸른 힘줄을 햇빛에 구워 또 구워 / 힘의 대양을 내세워 / 펄펄 살아 뛰는 / 바다를 잡으러 / 풀무질 쳐 뜨거워진 / 가슴의 근육 / 광풍에 내 맡기러 / 메인 마스트에 소리치던 / 출항기가 부풀기 전에 / 닻을 감아라 앵커를 올려 / 물살 헤쳐 / 돌아나는 태양을 향해 / 윈드라스 레바를 / 힘차제 잡아 / 잡아 당겨라.

　김성식은 첫 시집 『청진항』에서 맨 처음 '출항'이라는 연작시 2편을 실었는데, 출항에 대한 기대감이 잔뜩 묻어있다. 이러한 건강한 기대감은 미지의 세계에 대한 동경에서 유래한다. 이 시에서 출항은 육지에 두고 온 가족들과의 이별의 아픔이 아니라, 밖으로 펼쳐진 세계에 대한 갈망을 담고 있다.

　김성식은 한편으로는 세계주의를 지향하면서도 다른 한편으로는 민족주의로 귀환한다. 가령 '장보고'와 같은 시에서는 근대해양을 민족주의적 관점에서 이해한다. 즉 대양을 향한 진취적 기상의 결여로 우리 민족은 제국주의의 식민지로 전락했다는 것이다. 그는 "진작 대양을 향해 뛰어 나갔었다면 평양성 근처로 뭇 놈들이 어슬렁댈 수 있겠느냐 말일세"라고 따끔하게 지적한다. 근대에 들어 서구 문명은 세계를 제패했던 데 반해, 우리의 해양성은 조선 시대 이래 상실되었다. 그러나 그의 민족주의는 배타적이지 않았다. 그의 '뉴우기니아 식인종', 티벳의 처녀 슈텐의 이야기를 읊은 'Miss Tsu ten', '아메리카의 꿈'등은 서구 중심주의에 대한 비판과 주변의 소수 문화에 대한 문화적 상대주의적 관점이 잘 배어 있다. 그가 이렇든 개방된 관점을 가질 수 있었던 것은 이동성을 핵으로 삼는 선원 문화에 젖어 있었기 때문이었다.

이 세상 가장 높은 곳에 바다가 있네

이 세상 가장 낮은 곳에 / 바다가 있네 / 낮은 곳 낮은 곳으로 내려가는 / 모든 하수구 아래 / 바다가 있네

몸을 낮춰 낮춘 몸이 / 웅얼웅얼 모여드는 / 작은 물방울 버리지 못하고 / 천만개 굳어진 입술들이 / 한밤중 몰래 버린 수상스런 말들도 / 지우지 못하고 / 빨갛게 죽어간 폐수까지 거두어 / 파도에 씻어내던 바다가 / 다시 살아나는 말들만 골라 / 때때로 해일을 일으켜 / 썩은 갯가를 휘저어 대지만 / 끝내는 / 제 살을 태우면서 / 금강석 보다 더 단단한 소금을 만들어 / 바람에 말리고 있었네

이 세상 가장 낮은 곳에 엎드려 / 거듭 일어나는 바다를 / 오늘도 나는 / 조심스레 지나고 있네

김성식의 해양시에서 해양체험의 구체성은 후기로 가면서 강화되는데, 초기 해양시에 내포된 낭만주의적 태도는 가시고 선원이라는 직업의식에 눈을 뜨게 된다. 두 번째 시집 『바다는 언제 잠드는가』에 실려 있는 연작시 '항해일지'는 김성식이 이제 낭만적 뱃사람에서 전문 뱃사람으로 변모하고 있음을 보여준다. 연작시 '선원수첩'에서는 노동자로서 자신의 승선 경력을 기록해 놓은 '선원수첩'을 보며, 마침내 "바다는 점점 나를 닮아가고 있었고, … 내가 점점 바다를 닮아가고 있음"을 깨닫게 된다. 김성식은 선장으로서 선원 계급의 최상위에 자리잡고 있었지만, 배의 모든 구성원들의 애환에 대해 따뜻한 시선을 보내고 있다. 선원의 대표 이름 허두무라는 가상의 인물을 통해 갑판장, 통신장, 2등 항해사, 견습 갑판원, 기관장, 견습 기관원 등이 선원으로 승선하게 된 배경과 그들 각 직급이 겪는 선상 노동자로서의 애환을 묘사하고 있다.[9]

그의 마지막 시집이 된 『이 세상 가장 높은 곳에 바다가 있네』는 낭만의 바다에서 출항한 김성식이 현실의 바다를 경유하여 마침내 '해양시

---

9) 구모룡, 『해양문학이란 무엇인가?』, 제2장.

성'(海洋詩聖)으로 우뚝 섰음을 보여준다. 세상의 모든 하수구가 모여드는 바다는 세상의 가장 낮은 곳에 있지만, 그럼에도 햇살에 제 몸을 태우면서 금강석 보다 단단한 소금 결정체를 만들어 내는 바다는 이 세상 가장 높은 곳에 있는 셈이다. 그런 바다를 시인은 아주 조심스레 지나지 않을 수 없는 것이다.

물론 김성식 이전에 우리 시에 바다 시가 없었던 것은 아니다. 최남선 이래 현재까지 우리 시인들이 써낸 바다의 시는 적지 않다. 그러나 그 바다들은 전부가 관념의 바다요 경치의 바다였다고 해도 과언이 아니다. 저만치 두고 바라보는 바다요 시인의 피부와 살이 섞여 있지 아니한 허구의 바다였다. 그러나 김성식의 바다는 달랐다. 바다를 생활의 터전으로 삶고 있는 만큼 그의 바다는 그의 피와 정신이 섞여 있는 현실의 바다요, 바라다보는 바다가 아니라 그가 이미 그 안에 있는 바다인 것이다.[10]

2.2. 심호섭

김성식과 더불어 본격적인 해양시인이라 부를 수 있는 사람은 심호섭이다. 상선의 항해사로서 승선 경력을 지닌 심호섭은 1997년 국제신문에 〈스코틀랜드 가족여행기〉가 논픽션 부문에 당선되어 등단한 이후 해양시 창작에 열정을 쏟고 있다. 그는 2002년 펴낸 『바다기슭』이란 시집을 '바다기슭'이란 단일 제목의 연작시 60편으로 채우고  있다. 시집 전체가 단일 제목의 연작시로, 그리고 시집 한권이 바다 이미지를 탐구하려한 시집은 김성식 이후 처음이었다. 서시에 해당하는 '바다 기슭 1 - 관측'은 시인이 바다를 어떤 관점에서 보고 있는 지를 여

---

10) 전봉건, 서 : 청진항, 수문서관, 1977.

실히 보여준다. 뭍에서 보는 바다는 수평선과 파도, 수평선 너머로 사라지는 배가 전부다. 그에 비해 심호섭이 관측 지점으로 포착한 해발 4789피트 상공은 바다를 넓게 조망할 수 있는 곳이다.11) 심호섭 시인은 바다를 뭍에서 보지 않음은 물론, 김성식 시인처럼 바다와 하나가 되어 바라보지도 않을뿐만 아니라, 하늘에서 바라다보고 있다. 이것이 그를 다른 시인들과 구별되게 할 수 있는 그만의 특장점이라 할 수 있다.

바다 기슭 1 - 관측

지난 세기 늦게

해발 4789피트 상공에서 비행 중
나는 보았다
푸른 평원
브론토사우루스 하나가 달라다가 멈칫 서서,
거친 숨을 몰아쉬며 마구 흘리는
허연 타액을

육중한 근육에
지하철과 레스토랑을 적재하고
가파른 봉우리를 넘어가던
14만 5천톤의 자본주의

유조선 한 척

심호섭의 시 '화물선에서 피스톤 분해작업을 마친 후의 샤워'는 선원으로 승선한 경험이 없이는 쓸 수 없는 해양시의 전형을 보여준다. 이 시는 심호섭의 세 번째 시집 『아시아의 No. 5 터널』의 제2부 리비도에 수록되어 있다. 문학평론가 채훈은 이 시에서 "너라는 화자에게 〈너〉는 또 하나의 나이고, 나"라고 밝히고 있다. 그의 분석에 따르면, "너나 나

---

11) 최영철, 「저 깊은 곳에 꿈틀대는 시원의 생명력」, 심호섭, 『바다기슭』, 해성, 2002.

가 바깥 현상의 세계에서 즐거워하고 슬퍼하는 주체라면, '너'와 '나'는 끊임없는 욕망이다. 이 둘 사이에 기계가 있다. 그래서 '화물선에서 피스톤 분해 작업을 마친 후의 샤워'는 그 시적 세계를 이루는 질료는 당연히 물과 수초와 공기와 기름이 된다." 채훈은 "샤워를 하면서도 기계로 이루어진 화물선(항해선)의 운명을 걱정해야 하는 인간에게 리비도는 목숨처럼 세포를 가졌을지도 모를 암나사와 수나사와 피스톤의 안전핀과 선수의 수밀문의 두께에 와 닿는다"고 분석한다.[12] 심호섭은 2011년 국토해양부와 한국해양재단이 공동으로 주최한 제5회 한국해양문학상 경선에서 시 '낯선 자와의 항해 2'로 최우수상을 받았다.

낯선 자와의 항해 2

큰 새가 날아왔다 / 갑자기 어디선가 날아와서는 몇 번 퍼덕이다가 / 항해실 창가 핸드 레일 위에 앉았다 / 정오의 햇빛에 새의 흰 몸둥이 눈부시다 / 새는 고개를 수그리더니 부리로 이리저리 쪼아댄다 / 자세히 보니 가슴 부위에 피 같은 것이 나 있다 / 상처를 입었나 보다 / 새는 멀리 수평선을 바라보고 있다. 바람에 깃털이 나부끼고 있었다.

북위 07도, 서경 123도 그리고 수심을 나타내는 숫자와 알파벳 기호들 / 나는 이런 것들로 채워진 해도 위에 / 4B연필로 침로선을 긋고 있었다 / 나는 해 뜨는 시각과 해 지는 시각이 기록된 책을 읽고 있었다 / 나는 검은 잉크펜으로 항해일지에 / 오늘의 일들을 꼼꼼히 기록하고 있었다.

나는 항해실 바깥의 큰 새가 궁금해졌다 / 나는 하는 일을 멈추었다. 그리고 큰 새에게 가 보았다 / 새는 잔뜩 웅크린 채 앞만 바라보고 있다 / 내가 큰 새에게 가까이 다가가자 / 갑자기 새는 크게 날개짓하며 하늘로 치솟았다 / 다시 갑판에 내려 앉았다 / 다시 새에게 가까이 다가갔다 / 새가 나를 쳐다본다. / 새의 얼굴이 사납다. 무섭다.

그 자가 새에게 가까이 다가갔다 / 그 자는 새에게 손을 내밀었다 / 새가 그 자에게 손을 주었다 / 그 자는 호주머니에서 먹이를 한 줌 꺼내어

---

12) 채훈, 작품해설, in 심호섭, 『아시아의 NO. 5 터널』, 해성, 2006, p.151

새에게 주었다 / 무슨 열매를 열심히 먹는다 / 새가 힘을 얻었다 / 새의 가슴 부위 상처가 나아졌다 / 새가 하늘로 날아올랐다. 그리고 항해실 위의 하늘을 빙빙 돈다 / 나는 새와 새를 바라보는 그 자의 모습을 바라보았다 / 참 보기 좋았다

그러나, 새는 어디로 날아가는 것일까? / 그는 이렇게 말했다. 싸우러, 싸우러 가는 거요 / 싸우다 상처를 입으면 또 이렇게 찾아올 거요 / 갑판으로 나와서 하늘을 쳐다보았다. 새가 없다 / 나는 새를 찾기 위하여 배의 가장 높은 곳인 / 나침의 갑판으로 올라갔다 / 사방으로 멀리, 하늘을 살펴본다. / 보인다. 새가 보인다. / 그 큰 새가 날아가고 있다 / 어딘가로 날아가고 있다. 그리고 보이지 않는다.

이들은 모두 승선 경험을 갖춘 진정한 의미에서 해양시인이라고 해도 좋을 것이다. 이들의 시는 바다 - 배 - 항해라는 모티브를 모두 껴안고 있는 진정한 의미에서의 해양시라고 할 수 있다. 이들 외에도 부산시와 부산문인협회가 공동으로 주관한 한국해양문학상을 수상한 시인들의 작품도 있다. 1997년 제1회 한국해양문학상 우수상 수상작인 김명수의 '그 바다', 2003년 제7회 한국해양문학상 대상 수상작인 김왕노의 '사진 속의 바다', 2005년 제9회 한국해양문학상 우수상 수상작인 권태원의 '바다, 그리운 첫사랑', 2006년 제10회 한국해양문학상 대상 수상작인 문성해의 '부표의 승천', 2007년 제11회 한국해양문학상 대상을 받은 선장 시인 이윤길의 시집 『대왕고래를 만나다』와 『진화하지 못한 물고기 한 마리』, 2009년 제13회 한국해양문학상 우수시집인 김길녀의 '바다에게 의탁하다', 2013년 제17회 해양문학상 장려상을 받은 이석래의 '장성 일발' 등이 그것이다. 한국해양문화재단과 해양수산부가 공동으로 시상하는 한국해양문학상 당선작에서도 해양시를 읽을 수 있다. 이외에도 2003년부터 발행되어 온 한국해양문학가협회의 『해양과 문학』에도 여러 시인들의 해양시가 실려 있다.

제1회(2007)	손상철	물고기 한 마리
제2회(2008)	김 영	출항 II
제3회(2009)	유종인	밸러스트 水
제4회(2010)	한기홍	출항기
제5회(2011)	심호섭	낯선 자와의 항해 2
제6회(2012)	이재성	스물 다섯 살의 바다(잉크 편지)

본격적인 해양 시인이라고는 할 수 없지만, 해양 시인 못지않은 해양시를 써 온 이원철도 주목할 만하다. 1998년 시대문학으로 등단한 이원철은 중앙대 약학과를 졸업하였지만, 본업에서 벗어나 30여 년간 『월간 해양한국』 편집장을 지냈다. 그는 이 기간 동안 뱃사람들과 맺은 친분과 선상 여행 등을 통해 해상무역과 항해, 뱃사람의 생리에 대해 누구보다 잘 이해하게 된 듯하다. 그의 시 '배타고 떠나는 마음'은 그가 뱃사람의 심층의 저변을 얼마나 정확하게 꿰뚫어보고 있는 지 잘 보여주는 작품이다. 뱃사람들은 늘 육지를 지향하고, 막상 육지에 내리게 되면 똑같이 되풀이 되고, 번잡한 육지 생활에 적응을 하지 못하고 배타기를 고대한다. 이 시를 읽는 뱃사람들이라면 마치 자신만의 비밀을 들키기라도 한 것처럼 화들짝 놀라게 된다.

배타고 떠나는 마음 – 떠나기 연습

배타고 떠나는 마음 / 누가 알까 / 아침잠이라도 든 듯 / 겨울처럼 말간 웃음 / 배시시 웃다가 / 뒤집어엎을 듯 / 뒤집어엎을 듯 / 휘몰아치는 물결

과 바람 사이로 / 떠나는 마음 누가 알까

어떤 사람은 / 돌아오지 않기 위해 / 배를 타고 / 또 어떤 사람은 / 돌아오기 위해 / 배를 탄다

돌아오고 싶어 하던 사람 / 돌아오지 않고 / 돌아오고 싶어 하지 않던 사람 / 돌아오는 / 아 그 마음 누가 알까

오늘도 바다엔 물결이 일고 / 배는 고동을 울린다

해양단상 2 : '선원'과 '선장'이란 용어에 대한 단상

어떤 직업명에는 그 직업에 대해 그 사회 구성원들이 부여한 인식과 가치 평가가 내포되어 있다. 이를테면 판사, 변호사, 의사 등 이른바 '사'(士)자가 들어가는 직업은 유럽이나 미국에서는 전문인의 하나로 치부되지만, 우리 사회에서는 가장 상위에 속하는 직업으로 평가되고 있다. 뿐만 아니라 그 직업에 종사하는 사람들도 그 직업을 갖기 위해 흘린 노력과 땀방울 만큼 사회적 존중과 경제적 보상을 받을 수 있기 때문에 자기 직업에 대해 자부심을 갖고 있다.

그렇다면 우리 해사 산업계에 종사하는 사람들은 어떠한가? 해사 산업계라고 하면 너무 광범위하기 때문에 뱃사람과 관련한 직업으로 범위를 좁혀보자. 뱃사람과 관련한 직업으로는 도선사, 선장, 기관장, 항해사, 기관사, 갑판장, 조기장, 조타수, 조기수, 갑판원, 조기원, 조리장, 조기수 등이 있다. 이 가운데 흔히 '뱃사람의 꽃'이라고 일컬어지는 도선사는 직업의 희귀성이나 취득의 어려움, 높은 소득 등 여러 가지 면에서 뱃사람들에게는 선망의 직업임에 틀림없다. 하지만 우리 사회에서 도선사로 활동하고 있는 분들이 불과 200여명 남짓에 불과하기 때문에 일반인들은 이들이 어떤 일을 하는 지에 대해 잘 모르는 것이 보통이다. 그

단적인 예가 우리들은 파일럿(pilot)이라고 하면 도선사를 먼저 떠올리지만, 일반인들은 비행사를 먼저 떠올린다는 것이다.

그리고 기관장, 항해사, 기관사, 갑판장, 조기장, 조타수, 조기수, 갑판원, 조기원, 조리장, 조기수 등은 선원이란 직업 가운데 하나의 직위에 불과한 것으로 그 명칭에는 가치 개념이 포함되어 있지 않다. 이를테면 부장, 과장, 대리, 사원이라고 하면 어떤 가치 개념을 떠올릴 수 없지만, 회사원이라고 하면 어떤 고정관념이 떠올리게 되는 것과 마찬가지이다. 이는 회사원이라는 직업에 우리 사회가 부여한 일정한 가치가 부여되어 있기 때문이다. 이와 마찬가지로 뱃사람에 대한 우리 사회의 인식은 바로 선원이란 직업에 대해 우리 사회가 어떤 가치를 부여했느냐에 따라 좌우된다고 할 수 있다.

선원이라고 하면 먼저 떠올리게 되는 것은 해양사고, 거친 파도, 밀수, 밀항, 선상 폭력, 3D 업종 등 부정적인 것이 대부분이다. 이는 선원이란 직업을 일반인들에게 알려주는 매개역할을 하는 TV나 언론이 주로 해양사고, 밀수, 밀항, 선상 폭력 등과 관련한 것들을 주로 다룸으로써 일반인들에게 선원이란 직업을 부정적으로 각인시키고 있기 때문이다. TV나 언론들은 앞으로도 해양사고, 밀수, 밀항, 선상 폭력 사건이 터질 때마다 이를 보도할 것이고, 그럴 수록 선원에 대한 일반인의 선원에 대한 부정적인 인식은 더욱더 고착되어 갈 것임에 틀림없다.

현재 뱃사람 사회는 변혁기에 접어들고 있다. 외항 상선의 선원 수는 점차 감소하는 추세에 있고, 국제선박제도, 외국 선원과의 혼승 등으로 갈수록 우리 선원에 대한 수요도 줄어들고 있다. 이는 비단 보통선원뿐만 아니라 직원도 마찬가지이다. 이런 상황에서 선원에 대한 사회적인 인식이 제고되지 않는 한 젊은이들은 뱃사람이 되려고 하지 않을 것이다. 그 동안에는 병역 혜택과, 병역 혜택을 받는 동안 돈을 벌 수 있다는 것 등을 통해 수험생들을 해양계 대학으로 유인할 수 있었고, 젊은 이들을 배로 끌어들일 수 있었다. 그러나 이제 갑판원으로서 배를 타려는 젊은이들은 거의 없을 뿐 만 아니라 설사 있다고 하더라도 선사들이 반기지 않고 있다. 그나마 다행이었던 것은 그 동안에는 대학 입학 정원 보다 수험생의 수가 월등히 많았기 때문에 해양계 대학들이 별 어려움 없이 입학 정원을 채울 수 있었다는 점이다. 어떠한 동기에서 선택했든 해양계 대학에 진학한 학생들은 대학을 졸업하게 되면 배를 타거나 전공과 관련한 육상직에 취업하여 왔다. 그러나 곧 수험생의 수가 대학의 입학 정원 보다 적어지게 될 것으로 예상되고 있고, 산업기능요원으로서 일정기간 산업계에 복무하면 병역을 대체해주던 제도도 점차축소되어 갈 것으로 보인다. 이와 같은 일들이 현실화된다면 수험생들이 해양계 대학을 선택하도록 유인할 요인은 상당부분 사라지게 될 것이다. 이는 곧 국적선을 운항할 해기사의 수효의 감소로 이어지고, 결국에는 해상 경력을 갖춘 유능한 해기전문인을 찾아보기 힘들게 될 날이곧 현실화 될 것이다.

이는 국가적으로 커다란 손실이 아닐 수 없다. 해기 전승이 이루어지지 않는다면 국적선을 외국 선원으로 운항하게 된다는 것 이상의 문제를 야기하게 된다. 우선 전쟁이나 비상시에 외국 선원이 승선한 국적선을 효율적으로 운항 관리할 수 없게 된다. 국적선에 승선한 외국 선원이 전쟁이나 비상사태가 발생한 해역으로 항해하기를 꺼려할 것은 너무도 당연한 일이기 때문이다. 그리고 해기와 관련한 육상 직역, 이를테면 해상 경력이 절대적으로 필요한 도선사, 해난심판, 해운중개, 선박검사, 선급, 해상보험 및 해상손해사정 등의 업무가 대폭 축소되거나 전적으로 외국인에게 의존해야 할 지 모른다. 현재까지 이들 직역이 우리 경제에 미치는 기여도에 대해 분석한 연구 결과가 없기 때문에 그 영향이 어느 정도일지는 예단하기 어렵지만, 결코 적지 않을 것임에 틀림없다. 이는 최근 영국이 직면하고 있는 문제이기도 하다.

따라서 선원에 대한 우리 사회의 인식을 제고하는 것은 작게는 우리 뱃사람의 자긍심을 회복하는 일임과 동시에 크게는 국가 경제에 기여하는 길이기도 하다. 뱃사람에 대한 사회적 인식을 제고하는 첫 번째 길은 선원이란 직업명에 내포된 부정적 어감을 없애는 일이다. 그렇기 위해서는 선원이란 직업명 대신 다른 직업명을 사용할 필요가 있다. 언뜻 해인(海人), 해원(海員), 선인(船人) 등의 용어가 떠오른다. 이는 새롭게 만들어낸 용어가 아니라는 점에서 큰 어려움없이 선원 대신 사용할 수 있는 용어로 활용할 수 있을 것이다. 다행히도 이 용어에는 아직 부정적인 어감이 내포되어 있지 않다. 그밖에도 여러 용어를 생각해 볼 수 있으나 어떤 용어든 선원 사회가 모두 공감하는 용어가 되어야 한다.

뱃사람에 대한 사회적 인식을 바꾸는 가장 효과적인 방법 가운데 하나는 선장에 대한 사회적 평가와 인식을 제고하는 것이다. 왜냐하면 선장은 뱃사람의 상징과도 같은 존재이기 때문이다. 뱃사람들이나 한때 배를 탔던 사람들, 또는 해사산업계에 종사하는 사람들은 선장이 어떤 권한을 갖고 있고, 어떤 역할을 하는지 잘 알고 있다. 그러나 일반인들이 선장에 대해 갖고 있는 인식은 선원에 대한 인식과 크게 다르지 않다. 일반인들이 선장에 대해 접하게 되는 것은 여객선 선장의 잘못으로 여객선이 침몰했다거나, 어선 선장이 선원들에게 폭력을 행사하여 선원이 사망했다거나 하는 식의 부정적인 뉴스를 통해서이기 때문이다.

우리말로 선장이라고 하면 유람선에서부터, 연안 여객선, 어선, 연안 상선, 외항선의 최고 책임자 모두를 일컫는다. 이는 우리 문화의 기조가 해양문화가 아니었기 때문에 바다와 관계된 용어가 다양하지도 못하고 세분화되어 있지 않았던 데서 기인한 것이다. 이에 반해 해양국인 영국에서는 해군의 대령으로 재직하여 함정을 지휘한 경력을 갖춘 사람과 외항선의 선장에 대한 경칭으로 captain이란 용어를 사용하고 있고, 외항선의 선장은 일반적으로 master mariner로 부르며, 어선 선장이나 소형선 선장은 skipper로 칭해 왔다.

그러나 최근에는 master mariner나 captain이라는 용어가 지나치게 남용되고 있고, 그들의 사회적 지위가 예전에 비해 매우 낮게 평가되고 있는 것으로 알려지고 있다. 영국항해협회(Nautical Institute)가 발간하는 'Seaways' 2001년 9월호에 James Cartlidge 선장이 투고한 글에 따르면, "영국의 일부 지역에서는 고무보트(rubber dingy) 소유주까지도 captain이라고 자칭할 정도"라고 한다. 상황이 이렇다보니 영국항해협회는 captain, master mariner, shipmaster, skipper 등을 보다 명확하게 정의해서 사용하자고 제안하였다. 영국항해협회가 제안한 용어의 정의를 보면 다음과 같다.

- seagoing ship(항양선) : 내륙 수역 또는 폐쇄된 수역이나 항만 규정이 적용되는 지역 안이나 그곳에 근접한 수역에서만 항해하는 선박(단 어선과 요트는 제외한다)
- master mariner : STCW 95 II/2 면허를 소지한 자
- shipmaster : 상선 중 항양선을 조선하는 전문 항해자(professional seafarer)
- captain(상선의 맥락에서) : 항구적으로 항양선을 지휘하는 사람(permanent command of a seagoing ship). 단 master mariner이지만, 항구적으로 항양선을 지휘하지 않는 사람에 대해서는 captain이라는 경칭을 사용할 수 없다.
- skipper : 어선, 요트, 항양선의 정의에 적합하지 않는 배나 소형선을 조선하는 사람

위와 같은 제안에 대해 다양한 의견이 제시되었다. 스코틀랜드의 Jones 선장은 "전체적으로는 항해협회의 제안에 동의하지만, 1급 선장 면허를 갖고 있는 사람은 모두 captain이란 경칭으로 불러야 한다"고 밝

혔고, Munro 씨는 "master mariner는 STCW 95 II/2 면허와 외항선장 면허를 소유한 사람을 칭하고, captain은 선박에 승선하고 있거나 육상의 해사산업계에서 상당한 경력을 갖춘 master mariner에 대한 경칭으로 사용하며, skipper는 어선, 요트, 예인선 등의 소형선을 조선하는 사람을 칭하도록 하자"고 수정 제의하였다. Cartlidge 선장은 "항양선을 조선하는 사람이나 해군에서 대령을 역임한 사람, 그리고 자격있는 전문 요트 master에게만 captain이란 경칭을 사용하도록 해야 한다"고 주장했고, 태스매니아의 Smith 씨는 "1급 선장 면허를 소지한 사람만 master mariner로 칭해야 한다"고 밝혔다.

일반적으로 영국에서는 뱃사람에 대한 사회적 인식이 우리 사회에서보다는 낮고, 선장에 대한 인식도 좋은 것으로 알고 있는 것이 보통이었다. 하지만 최근 영국의 마린소사이어티(marine society)에서 master mariner와 captain이란 용어를 두고 갑론을박하는 것을 보면 '뱃사람의 나라' 영국에서조차도 선장의 지위가 예전에 비해 하락했음을 절실하게 느끼게된다. 그럼에도 불구하고 영국 외항선의 선장들은 그래도 행복한 편이다. 최소한 어선 선장이나 요트, 유람선, 연안 여객선 등의 선장과 혼동될 염려는 없기 때문이다.

그런 점에서 우리 사회에서 외항선의 선장들은 선장이란 용어가 명확하게 정의되어 있지 않고, 또 세분화되어 있지 못해 지위상에서 피해를 입고 있었다고 할 수 있다. 현재 외항선에 승선한 대부분의 선장들은 해양계 대학이나 해군사관학교 또는 일반 대학을 졸업한 뒤 전문과정을 이수한 분들이다. 그리고 국제조약으로 규정된 엄격한 교육과 훈련, 승선 경력을 쌓은 뒤 어렵게 외항선의 선장 면허를 취득하였다. 그런데 이런 분들을 유람선이나, 소형 연안선, 연안어선을 조선하는 사람을 칭하는 용어로 불러 왔던 것이다. 이는 적절한 비유가 될지는 모르겠지만,

놀이공원에서 코끼리 열차를 운전하고 있는 사람과 초고속철도를 운전하는 사람을 모두 '기관사'라고 칭하는 것과 마찬가지이다. 이는 분명히 잘못된 것이지만, 그 동안 그 누구도 관심을 기울이지 않았었다. 이제 그 동안의 잘못을 바로잡을 때가 되었다. 여기에서 그 대안을 제시할 수는 없다. 다만 우리 해기 사회가 이러한 문제점을 인식하고 개선해야 한다는 데 공감대를 형성하기를 바라는 마음에서 문제점을 제기해 본 것뿐이다.

그 동안 우리 선원 사회는 파편화되어 있었다. 일반 선원은 해상노련을 중심으로, 상선 해기사는 해기사협회를 중심으로, 해군 장교 출신들은 해양연맹을 중심으로 개별적으로 활동해 왔다. 해군 장교 출신들은 자신들이 뱃사람이었다는 사실을 의식하지 조차 못하고 있고, 또 뱃사람이라고 생각하고 싶어하지 않는지도 모른다. 그렇지만 아무리 부정하려해도 그가 전함에 승선했다면 해군 장교들도 뱃사람인 것은 부정할 수 없다. 어쨌든 선원 사회단체가 파편화되어 있었던 것이 선원의 사회적 위상을 제고하는 데 장애물이 되어 왔던 것이 사실이다. 영국의 경우 마린 소사이어티란 단체 아래 예비 상선 사관과 해군 사관, 현역 상선 해기사와 해군 장교, 예비역 상선 해기사와 해군 장교 등이 한 데 어우러져 있다. 이는 상선과 해군이 같은 뿌리에서 출발한 역사적인 전통에서 유래한 것이긴 하다. 그 덕분에 영국에서는 상선과 해군 출신자들이 동질감을 갖고 있을 뿐만 아니라, 뱃사람들이 정치적 영향력을 발휘할 수 있었다. 많은 해군 장교들이 의원, 장관, 수상 등을 역임했을뿐만 아니라, 심지어 조지 5세(George V)는 해군 장교로 복무한 덕분에 뱃사람(The Sailor)이란 애칭까지 얻었다.

그런데 우리의 형편은 어떤가. 해양안전심판원장이라고 하면 선박 사고의 시시비비를 가리는 자리로서 항법에 정통한 선장이 맡는 것이 당연하지만, 우리 나라는 해양수산부의 고위 공무원들이 낙하산을 타고 내려오는 자리가 되어 버렸다. 이미 지나간 이야기지만 한국선급이 국제선급연합회(IACS) 의장을 맡게 되었을 때 당시 한국선급 회장을 제쳐 두고 이미 퇴직하신 분을 부회장으로 재영입하여 국제선급연합회 의장직을 수행하도록 한 적도 있다. 이것이 잘못되었다는 것을 안다면 감사원에 진정하고, 청와대에도 진정서를 넣어 시정해야 하지 않은가? 그러나 관련 단체에서 이를 시정하려고 어떤 움직임을 벌였다는 소식을 아직 들어보지 못했다. 이를 보면 뱃사람 사회 스스로가 현재와 같은 사회적 인식을 얻게된 데 대해 가장 큰 책임이 있는지도 모른다.

그런 점에서 개별화된 뱃사람 사회를 통합하여 가칭 한국마린소사이어티(Korea Marine Society)를 만드는 문제를 검토해 봄직하다. 해군측에서는 상선측의 우군을 얻게 되고, 상선측에서는 해군측의 정치적 영향력을 활용할 수 있다는 점에서 양측에게 득이 되는 승 - 승(win - win) 전략인 셈이다.(『월간 해기』 2001년 10월)

제4장 해양 미술

제4장 해양 미술

해양소설이나 해양시와는 달리 해양음악이나 해양미술은 하나의 장르로 분류될 수 없다. 따라서 우리가 해양미술이나 해양음악을 얘기할 때는 대체로 바다를 소재로 한 것을 의미하게 된다. 물론 바다가 미술이나 음악에서 중심적 소재인가 하는 것이 중요한 판단기준이 될 것이다. 해양미술의 경우 근대 이후 사실화가 대세로 자리매김하면서 풍경화의 소재로서 바다가 많은 화가들의 사랑을 받았다. 그러나 바다를 풍경화의 소재로 활용했다고 하더라도 단순한 배경으로 그쳤다면, 그것은 진정한 해양화라고 얘기할 수 없을 것이다. 바다의 출렁거림과 해양사의 역사적 사건들, 그리고 뱃사람들의 생생한 노동의 현장을 있는 그대로 사실적으로 묘사한 그림을 해양화라고 할 수 있을 것이다.

이에 반해 해양 음악은 훨씬 구분해 내기 어렵다. 추상적인 음으로 표현되는 음악에서 바다를 형상화 해내는 것이 어렵기 때문이다. 따라서 해양음악은 바다를 소재로 하되 바다와 배, 그리고 항해가 테마의 중심에 있는 음악으로 보면 크게 틀리지 않을 것 같다. 이제 바다를 그린 그림과 바다를 형상화 낸 음악을 감상해 보자.

네덜란드와 바다는 떼려야 뗄 수 없는 숙명적 관계에 있다. 나라 전체가 해수면 보다 낮은 데 위치하여 제방을 쌓지 않고서는 도시를 건설할 수 없었기 때문이다. 네덜란드의 대표적인 도시인 로테르담과 암스테르담은 바로 로테르 강과 암스테르 강에 제방(dam)을 쌓아 건설한 도시라는 뜻이다. 이렇듯 네덜란드의 역사와 문화는 바다와 떼려야 뗄 수 없었고, 예술 또한 예외가 아니었다. 따라서 본격적인 해양화가 두 네덜란드 인으로부터 시작되었다는 것은 우연이 아니었다.

1. 해양화의 선구자 살로몬 반 루이스달

전 생애를 네덜란드의 하르렘(Haarlem)에서 보낸 살로몬 반 루이스달(Salomon van Ruysdael, 1602?~1670)은 네덜란드의 일상적 풍경인 바다와 강을 많이 그린 화가다. 풍경화가 독자적인 장르로 자리잡기 시작한 것

Ferry Boat(1630) 자료 : 해양과 문화, 제17호, 2007, p.103

이 17세기 네덜란드에서였고, 풍경화라는 말 자체도 16세기 말 네덜란드 어에서 유래했다고 한다. 루이스달은 탁 트인 지평선 위로 높이 피어오 르는 구름과 오밀조밀한 해안선을 즐겨 그렸다. 그는 초기에는 육지 풍 경을 많이 그렸는데, 그의 초기 풍경화에서는 지평선을 아주 낮게 그린 것이 특징이었다. 이러한 특징은 후기에 그린 해양화에서도 그대로 나 타난다. 차이점이라면 육지 풍경화에서는 화면의 오른쪽 혹은 왼쪽에 나무를 그려 넣고 사선 구도를 즐겨 사용한 반면, 해양화에서는 나무 대신 배나 구름을 배치하여 보는 이로 하여금 속도감을 느낄 수 있게 유도하였다. 이러한 화풍은 훗날 영국의 풍경화에도 경향을 끼쳤고, 빌 렘 반 데 벨데, 터너, 마네 등에게 영향을 미쳐 루이스달은 해양화의 선 구자로 기억되고 있다.[1]

2. 해양화의 거장 빌렘 반 데 벨데

빌렘 반 데 벨데(Willem van de Velde) 부자는 네덜란드 최고의 부자 해양화가였다. 아버지(1611~93) 벨데 역시 해양화가로 아들의 스승이자 후견인으로 함께 작품제작에도 참여하였지만, 아들 벨데(1633~1707)가 미술사적으로 더 유명하여 통상 벨데하면 아들을 일컫는다. 빌렘 반 데 벨데는 1673년 영국으로 이주하여 영국 왕실과 귀족의 총애를 받으며 말년까지 런던에 머물며 해양화에 전념하였다. 따라서 그는 미술사상 대표적인 해양화가로서의 위상을 굳혔으며, 영국 해양화의 초석을 놓았 다. 현재 이들의 주요 작품은 런던 근교 그리니치의 영국국립해사박물 관 내 퀸스 하우스(Queen's House)에 전시되어 있다.

벨데가 활동하던 시기는 미술사적으로 바로크 시대에 해당한다. 바로크

---

1) 김학민, 「해양화의 선구자 살로몬 반 루이스달」, 『해양과 문화』, 15호, 2007, pp.103-107.

Captured Swiftsure(1666) 자료 : 해양과 문화, 제20호, 2009, p.128.

란 지성보다 감성을 중시하던 예술양식을 고전주의의 퇴락으로 폄하했던 근대 고전주의자들이 냉소적인 표현으로 지어 붙인 '찌그러진 진주'라는 뜻이었다. 중세 시대 줄곧 신화나 종교, 역사의 재현에서 등장하는 인물의 배경으로만 처리되던 풍경은 15세기부터 독립된 소재로 다루어지다가 17세기 네덜란드 화가들에 의해 객관적이면서도 생동하는 순수한 풍경화로 완성되기에 이르렀다. 네덜란드 풍경화의 특징은 역시 바다가 자주 그려졌다는 것이다. 수평선과 지평선은 화면의 맨 아래에 자리잡고 있었고, 나머지 넓은 영역을 할애 받은 하늘은 단순한 여백으로 남지 않기 위해 다양한 변조를 통해 구름이나 빛깔로 채워졌다. 벨데의 바다 풍경에는 특히 배들의 비중이 높다. 아버지 벨데는 한때 선원이기도 했고, 네덜란드 함대의 종군화가로 해전에 참전한 적도 있는 탁월한 배 소묘가였다. 그는 주로 잉크와 펜으로 단색조 배 소묘를 많이 제작했고, 후기에는 유화도 그렸다. 아들 벨데 역시 아버지로부터 소묘를 배웠을 것이고, 시몬 데 블리거(Simon de Vlieger, 1601~1653)라는 당대의 해양화가에게 사사하면서 스승의 뛰어난 색감을 전수받았다.

이렇게 해서 다채로운 하늘과 바다를 배경으로 사실적인 배들이 항해하는 빌렘 반 데 벨데의 해양화가 완성되었다. 그의 그림에는 자연이 빚어낸 솜씨와 인간이 만들어낸 재주가 조화롭게 배치되어 있다. 하늘과 바다는 다양한 색과 형태로 주제의 분위기를 조성하고 그 바다 위에 배들이 평온하게 떠 있거나 쓰러질 듯 격렬한 폭풍과 파도를 가르고 있다. 벨데의 해양화는 뛰어나기는 하지만, 조형적으로 당대의 화가들과 비교해 월등히 높은 것도 아니고, 표현 면에서 시대를 초월하는 창의성을 보여준 것도 아니었다. 그러나 그는 해양력이 네덜란드에서 영국으로 넘어가던 시기에 모국인 네덜란드를 떠나 영국으로 이주하여 생애 내내 세계 최강의 해양국가 영국의 심장부 런던에서 활동했다. 그의 작품이 현재까지 기억되고 사랑받고 있는 것은 그 덕을 톡톡히 보고 있는 셈이다. 그럼에도 그는 한평생 해양화에만 천착한 해양화가라는 명성을 듣기에 조금도 손색이 없는 화가임에 틀림없다.[2]

3. 독일의 낭만파 화가 카스파 다비트 프리드리히

18세기 말부터 19세기에 걸쳐 전 유럽에 일어난 문예사조는 낭만주의였다. 낭만주의(Romanticism)란 용어는 중세의 모험담 로맨스에서 나온 말로 개성을 추구하고 자아의 해방을 주장하며 상상과 무한적인 것을 동경하는 주관적이고 감성적 태도가 두드러진 특징이다. 낭만주의가 회화에 끼친 영향은 풍경화에서 두드러지게 나타났고, 초창기 낭만주의를 주도했던 독일에서 대표적 풍경화가로 인정받는 화가가 프리드리히였다.

---

2) 이상 김학민, 「해양화의 거장 빌렘 반 데 벨데」, 『해양과 문화』, 제20호, 2009, pp.125-133.

바닷가 수도사(1808~10) 자료 : 『해양과 문화』, 16호, 2007, p.113

독일의 작은 항구 도시 그라프스발트에서 엄격한 프로테스탄트 집안에서 태어난 카스파 다비트 프리드리히(Caspar David Friedrich, 1774~1840)는 어린시절부터 죽음의 그림자에 쫓겨야 했다. 13살 때 빙판 속에 빠진 자신을 구하려다 동생이 익사했고, 어머니와 누이들은 병사했다. 이런 경험들이 그의 감성에 형성에 영향을 끼쳤다. 그는 코펜하겐에서 본격적인 미술을 공부한 뒤 1798년 드레스덴에 정주하여 본격적인 작품 활동에 전념하였다. 이후 10년간 그는 자신만의 화풍을 구축해 갔다. 그 결과 1810년경 독일 낭만주의 회화 중 가장 대담한 작품으로 평가받는 '바닷가의 수도사'를 그린다. 하늘과 바다, 땅 그리고 아주 작게 자리잡은 수도사 한 명으로 이루어진 이 그림은 기존 풍경화의 전통을 과감히 해체시킨다. 무한한 자연에 직면한 왜소한 인간은 자연에 대한 경외, 비극적인 슬픔 그리고 숙명적인 고독과 마주하게 된다. 이 수도사가 누구

**안개 낀 바다
위의 방랑자(1818)**
자료 : 『해양과 문화』,16호, p.115

인가에 대해서는 해석이 분분했으나, 프리드리히 자신은 불가사의한 내세 앞에서 묵상하는 일종의 파우스트적 사상가로 묘사한 듯하다.

저채도의 녹색과 청색조의 땅위의 풍경을 주로 그리던 프리드리히는 1815년에 다소 전통적인 해양화 양식에 입각한 '항구 풍경'을 그렸고, 1817년경에 그린 '안개 바다 위의 방랑자'는 그의 사상과 개성이 모두 극적으로 표현된 작품이다. '바닷가의 수도사'에서 왜소하게 표현되었던 인간은 '안개 바다 위의 방랑자'에서는 거친 바다를 당당하게 맞서고 있다. 프리드리히의 작품에서 최고의 걸작은 단연 '빙하'를 꼽을 수 있다. 1823년 경 제작한 이 작품은 풍경의 주제로서는 생소한 빙하를 그렸다는 점과 구도의 급진성 등으로 인해 당대에는 제대로 이해받지 못하여 1840

빙하(1823년 경) 자료 : 『해양과 문화』, 16호, 2007, p.11

년 그가 죽을 때까지 주인을 찾지 못했다. 이 소재는 1819~20년 윌리엄 에드워드 패리의 북서항로 개척을 위한 극지 탐험에서 영감을 얻었지만, 날카롭고 육중한 빙하 조각 사이로 애처롭게 침몰해 가는 배의 잔해에는 어린 시절 빙판에 빠진 자신을 구하려다 익사한 동생에 대한 죄의식과 일생에 걸쳐 자신을 괴롭혔던 우울함이 잘 반영되어 있다. 또한 당시 메테르니히의 반동 치하에서 숨이 막힐듯한 정치적 겨울이 은유되어 있고, 범신론적 자연 앞에 힘없고 나약한 인간에 대한 자각과 경고를 담고 있다. 1835년 그린 '인생의 단계들'이란 작품에서는 우울한 그의 말년을 엿볼 수 있다. 1824년 공석이 된 드레스덴 예술원 교수직도 얻지 못하고, 1826년 중병을 얻게 되고 재정난에 봉착하는 등 우울한 일들이 연속되었다. 1835년 뇌졸중으로 쓰러지기 직전에 그린 이 그림에는 다섯 척의 배와 등을 보인 한 남자, 그리고 남편과 아내 그리고 아이 2명이 등장한다. 말년에 재정적 어려움에 겪고 있던 프리드리히는 죽음을 예 감하면서 자신 때문에 죽은 동생과, 아무 것도 남겨줄 것이 없는 가족들에 대한 자책과 애틋한 연민을 그림으로나마 위로해주고 싶었는지도 모른다.[3]

인생의 단계(1835) 자료 : 『해양과 문화』, 16호, p.118

4. 영국 해양화의 대가 윌리엄 터너

해양력이 네덜란드에서 영국으로 이전되었듯 해양화 역시 네덜란드에서 발전되어 영국에서 꽃을 피웠고, 그 꽃을 피운 장본인은 윌리엄 터너(William Turner, 1775~1851)였다. 터너는 14살 때부터 로얄 아카데미에서 수채화를 배웠고, 네덜란드의 풍경 화가들로부터 영향을 받았다.

3) 김학민, 「카스파 다비트 프리드리히」, 『해양과 문화』, 16호, 2007, pp.113 - 119

1802년 유럽으로 건너가 프랑스를 중심으로 풍경화 소재를 모아 500여 점의 스케치를 남겼다. 그는 1820년 전후부터 자연주의적 화풍에서 벗어나 낭만주의적 화풍으로 기울어졌다. 1819년 처음으로 이탈리아를 여행하고 색채에 밝기와 빛을 더하게 되었다.

노예선(1840)

뛰어난 풍경 화가였던 터너는 서사적이고 영웅적인 자연의 한 순간을 포착하고자 하였다. 그는 초기에는 전통적인 역사화를 중시하여 '카르타고 제국의 전설' 같은 그림을 그린 한편, 폭풍우가 몰아치는 바다의 장엄함이나 숭고함에도 깊이 매료되어 있었다. 그의 '노예선'같은 그림은 보험금을 노리고 노예들을 바다에 던져버린 노예상인들의 비인간적 행위를 주제로 한 작품이다. 터너는 특히 색채는 빛과 어둠이 서로 경합

바다의 눈보라(1842) 자료 : 『바다』, 26호, 2008, p.60.

되는 가운데 발현된다고 주장한 괴테의 이론에 깊은 영향을 받았다고 한다. 어두움과 밝음, 서로 다른 색조들이 서로 부딪히며 녹아드는 형태를 통해 터너는 자연의 광폭함을 유감없이 표현할 수 있었던 것이다. 이러한 터너의 화풍은 '비, 증기, 속도'에서 나타나듯이, 점차 형태를 무시하고 보이는 것의 인상 그 자체를 중시하는 경향으로 나아가 모네의 인상주의와 흡사하다는 느낌을 준다.[4]

터너는 빛의 묘사에서 획기적인 표현력을 수립했다는 평가를 받고 있으며, 미술사상 가장 많은 여행을 했고, 가장 많은 작품을 남긴 화가 중의 한 명이다. 수채화의 대가였던 그는 거의 불가능한 색조를 표현하려고 시도하여 후기 작품에는 한 화면에 수채, 유화, 파스텔 물감을 함께 사용한 작품도 남겼다. 터너의 그림에 대한 집념과 치밀함은 다음 일화

---

4) 「윌리엄 터너의 그랜드 운하」, 『바다』, 16호, 2005.3, pp.6 - 7.

에서도 잘 나타난다. 한번은 폭풍우를 그리기 위해 네덜란드 해변을 찾아간 터너는 한 어부에게 바다에 폭풍이 불어오면 자기를 갑판 돛대에 묶고 배를 띄워달라고 부탁하였다. 엄청난 폭풍이 몰아치는 바다에서 견딜 수 없는 고통을 이겨낸 터너는 그 생생한 경험을 '바다의 눈보라'로 형상화하였다.5) 평생 독신으로 산 터너는 말년에 은둔 생활을 하였다. 그는 죽기 직전 "문을 열어라, 석양을 바라보며 죽고 싶다"고 말했다고 한다. 인상주의의 선구자로 평가받는 터너는 모네와 추상화가들에게 많은 영향을 주었다.

5. 프랑스 사실주의 대표화가 구스타브 쿠르베

예술의 나라 프랑스에도 해양화가 없을 수 없는데, 구스타브 쿠르베 (Gustave Courbet, 1819~77)가 그 대표적인 화가이다. 쿠르베는 부유한 농민의 아들로 태어나 법률 공부를 하다가 미술로 전환하여 브장송의 데생학교, 파리 아카데미에서 수학하는 한편, 루브르미술관에서 스페인과 네덜란드 거장들의 작품을 공부하였다. 1844년 살롱전에 출품하여 입선한 쿠르베는 1847년 네덜란드를 여행하면서 할스와 램브란트의 영향을 받게 되었다. 1849년 제작한 '오르낭의 매장'이 화단의 화제를 불러일으켰으나, 1850년 제작한 '오르낭의 장례식'은 화단에 일대 파란을 몰고 왔다. 지나치게 실경을 묘사하는 데 치중하여 불경스런 희화라는 비난과 함께 세상에서 가장 추하고 괴이한 장면을 가장 추악하게 표현하였다는 혹평을 받았다. 그러나 이러한 사실에 충실한 묘사는 파리만국박람회 출품작 '화가의 아틀리에'(1855)에 이르러 더욱 두드러졌다. 그러나 박람회 출품이 거절당하자 그는 몽테뉴 가에 임시 가옥을 지어 입구에 '사실

---

5) 「바다의 눈보라」, 『바다』, 26호, 2008, pp.60 - 62.

폭풍의 바다(1866) 자료 : 『바다』, 23호 2007.6, p.6

주의'라는 간판을 걸고 '화가의 아틀리에'를 비롯한 40여점을 손수 전시함으로써 최초의 개인전을 열었다.

쿠르베는 이상미를 추구하거나 상상적 주제를 추구하는 낭만주의 화풍에 반대하여 눈에 보이는 그대로 그려야 한다고 주장한다. 그는 1871년 파리 코뮌 때 방돔 광장의 나폴레옹 1세 동상을 파괴함으로써 6개월간 투옥되었다가 석방 후 전 재산을 몰수 당하고 막대한 배상금을 변상해야 해야 했다. 결국 그는 1873년 스위스로 망명하여 베르에르에 정착하였다. 그는 이곳에서 수많은 풍경화와 초상화를 그렸다. 그의 견고한 마티에르(matiere, 질감)와 스케일이 큰 명쾌한 구성의 사실적 작풍은 19세기 후반의 화가들에게 많은 영향을 끼쳤다. 그의 화풍은 '천사는 보이지 않으므로 그리지 않는다.'는 말에 잘 나타나 있는 것처럼, 현실을 있는 그대로 직시하고 묘사할 것을 주장한 그의 이론은 미술사상 큰 의미를 지녔다. 그의 사실주의는 인상주의의 선구가 되었고, 독일, 벨기에, 러시아 등의 미술계에도 적지 않은 영향을 끼쳤다. 그는 특히 화가 개개인의 개성을 중시하였다. 그는 자신의 화실에 "라파엘을 따르지 마라. 라파엘은 한명으로 족하다." "내 충고를 따르지 말라."고 써 붙여 놓았다고 한다. 그의 대표작으로는 '세느강변의 아가씨들'(1856), '나부와 앵무새'(1866), '사슴의 은신처'(1866) 등이 있으며, 해양화로는 '폭풍의 바다'(1869)가 특히 유명하다.[6]

6. 어부의 삶과 일상을 그린 요제프 이스라엘스

19세기의 대표적인 해양화가를 들라면 네덜란드의 요제프 이스라엘스(Josef Israels, 1824~1911)를 꼽을 수 있다. 유대인 가정에서 태어난 이스라엘스는 랍비나 사업가를 만들고 싶어했던 아버지의 바람과는 달리 화가의 길을 걸었다. 장 아담 크루즈만(Jean Adam Krusemann)과 피콧(Picot)을 사사하였는데, 크루즈만으로부터는 미술의 기초를 배웠고, 당대 유명한 역사화가였던 피콧으로부터는 낭만적 역사화를 배우게 되었다. 그의 초기작들은 해양화와는 거리가 먼 초상화나 드라마틱한 역사화가 주류를 이루었다. 그러나 1855년 악화된 건강을 회복하기 위해 하를렘 인근의 잔트포르트(Zandvoort)라는 해안도시에서 휴향을 하면서 화풍에 변화를 겪게 된다. 그는 이곳에서 휴양하면서 해안의 아름다운 풍광과, 어부들의 작업, 해안에서 뛰어노는 아이들, 남편을 기다리는 아내 등 어촌의 일상에 깊이 빠져 스케치를 하게 되었다. 그는 어부들의 노역에 서린 슬프기까지 한 엄숙함을 감동적으로 형상화함으로써 어촌생활의 애수어린 측면을 강조했다. 그의 대표작은 대부분 이 시기에 그려진 것

6) 「구스타프 쿠르베의 폭풍의 바다」, 『바다』, 23호, 2007. 6, pp.6-7.

어부, 198 x 137cm, 1883
자료『바다』, 제32호, p.122

들인데, 〈침묵의 집〉(1858년 브뤼셀 살롱전 금메달 수상작), 〈어부 아내
의 기다림〉, 〈익사자를 옮기는 어부들의 행렬〉 등이 그것이다.

그의 작품 가운데 해양화로는 〈어부〉(1883)와 〈바다의 노동자〉(1889)
작품을 들만하다. 〈어부〉는 네덜란드가 연해 있는 북해의 어둠침침한
바다를 배경으로 하여 바다 안에서 고기를 잡는 어부를 화면 중심에 배
치하고, 어부 주변에서 일렁이는 물결을 생동감 있게 묘사하고 있다.
〈바다의 노동자〉는 〈어부〉에 비해 좀 밝은 색채로 어선에서 닻을 옮기

바다의 노동자(1989), 자료 : 『바다』, 제32호, p.125.

는 어부와 닻줄을 거들어 옮기는 어부의 모습과, 일렁이는 파도의 물결을 생생하게 묘사해 내었다.

이스라엘스는 여타 화가들과는 달리 비교적 경제적으로 여유를 누리며 작품 활동을 할 수 있었다. 1862년 그가 그린 〈난파선〉이란 작품을 런던의 부호가 높은 가격에 매입하였기 때문이다. 그는 1870년까지 암스테르담에서 작품 활동을 하다, 이후 헤이그로 이주하여 말년을 보냈다. 헤이그 시기에도 이스라엘스는 네덜란드 뿐 만 아니라 프랑스에까지 널리 알려져 크게 성공을 거두었다. 그의 아들인 아이작 이스라엘스도 화가의 길을 걸었는데, 아버지의 재능을 이어받아 '암스테르담의 인상주의'에서 아버지 못잖은 명성을 얻었다. 이스라엘스는 헤이그 파를 대표하는 화가로서 '네덜란드의 밀레'라고도 불리는데, 반 고흐도 밀레와 이스

해변에서 노는 아이들 자료 : 『바다』, 32호, p.124.

라엘스를 '위대한 선구자들'이라며 존경하였다고 한다. 그러나 밀레와 이스라엘스는 농촌과 어촌의 풍경을 묘사했다는 점에서는 공통점이 있으나 차이점도 분명히 있었다. 밀레가 시골의 소박함과 평화로움을 강조했다면, 이스라엘스는 어부와 어촌의 비애, 고통을 표현했다. 이스라엘스는 어촌의 풍광만을 아름답게 그린 것이 아니라 초라하고 가난한 사람들의 고단한 삶을 성스러움을 느껴질 정도로 애잔하게 형상화함으로써 보는 사람들로부터 공감대를 불러일으키고 있다. 그의 작품은 암스테르담의 리직스(Rijiks)박물관, 런던국립미술관, 반고흐미술관, 도르트레흐트갤러리 등에 소장되어 있다. 에드먼드 듀란티는 이스라엘스이 암흑과 고통을 그렸다고 평했다.[7] 그러나 그의 작품이 어둡고 침울한 것만은 아니었다. 해변에서 노니는 아이들을 그린 작품을 보면 화창한 날에

---

7) 이상은 「어촌 사람들의 일상 속에 숨겨진 비극」, 『바다』, 제32호 2009년 겨울, pp.122 - 126 요약함.

해변가에서 정신없이 노닐고 있는 아이들의 모습을 형상화하여 절망이 아닌 희망을 만끽할 수 있다. 그의 작품이 전반적으로 어둡게 그려진 것은 실제 북해 연안의 풍광과 색채를 반영된 것과, 그 속에서 고단한 삶을 살아가야 하는 어부와 그 가족들을 주된 화제로 삼았던 데 따른 자연스런 결과였다.

7. 바다에 그린 화가 스미드슨과 크리스토

　그림은 캔버스 위에 색칠을 하여 그리는 것이 일반적이다. 그러나 바다를 캔버스 삼아 그린 화가들도 있다. 로버트 스미드슨(Robert Smithson,

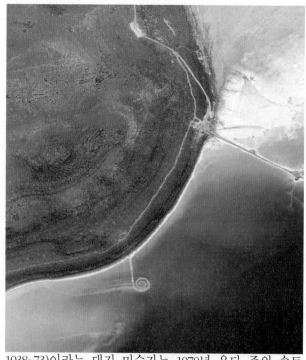

**스미드슨의
'나선형 방파제'(1970)**
자료:『해양과 문화』, 17호, 2008, p.82

1938~73)이라는 대지 미술가는 1970년 유타 주의 솔트 레이크의 로젤 포인

트에 불도저를 동원하여 '나선형 방파제'를 만들었다. 이 '나선형 방파제'는 펄과 바위 그리고 결정염을 너비 4.6m에 길이 457.4m로 반경 48.8m짜리 나선형 둑을 쌓은 것이었다.

크리스토의 '둘러싸인 섬'(1983)
자료 : 『해양과 문화』, 17호, 2008, p.85.

이처럼 캔버스가 아닌 대지에 그림을 그리는 '대지 미술'(earth art)이란 도대체 무엇인가? 무수히 시도되었던 미술 속에서 일군의 예술가들은 인공적인 예술의 가치에 대한 의구심과 실종되었던 자연에 대해 관심을 갖게 되었다. 베트남 전쟁이 진행 중이던 1960년 대 말, 불안과 염세적 위기감이 감돌던 미국의 사회현실과 한편으로 경제적인 풍요, 그리고 광대한 대지라는 환경을 배경으로 자연으로 예술적 오브제(objet)로 선택해 '자연과의 관계를 설정'하는 콘셉트 미술이 태어났다. 대지 미술이라는 명칭은 1968년 미국에서 결성된 한 그룹의 전시회 제목에 로버트 스미드슨이 소설가 브라이언 앨디스(Brian Aldiss)의 과학소설 제목인 〈earth art〉를 차용해 붙인 데서 유래되었다. 그렇다면 '대지 미술'을 어떻게 이해해야 할까? 스미드슨은 이렇게 설명한다.

① 보통 그림은 6피트 떨어져서 본다. 그렇지만 이러한 대상들은 비행기에서 본다든지 공항의 망원경을 통해 볼 수밖에 없다. 그것은 마치 접근하기 어려운 결정체의 평평한 성운(星雲)의 단편을 보는 것과 유사한, 새로운 종류의 지각임에 틀림없을 것이다.
② 대지는 자연으로만 받아들일 필요는 없다. 나는 실외를 미술관이라 생각하고 있다. 대지의 아래쪽은 감추어진 미술관과 같은 것이다.
③ 예술작품을 땅의 어딘가에 놓는 대신에 어딘가의 땅이 예술작품 속에 놓여지는 것이다.
④ 인간의 마음과 대지는 끊임없는 부식의 상태에 있다. 관념은 미지의 돌들로 분해된다.

또 다른 대지미술가인 야베체프 크리스토(Javacheff Christo, 1935~)의 작품을 감상해 보자. 그는 흔히 포장 미술가로 불리기도 하며 세계적인 스타 작가로서 명성을 얻었다. 미술에 관심이 많지 않은 대중들도 1995년 베를린의 국회의사당을 천으로 포장한 그의 작품에 대한 이야기는 들었을 것이다. 그는 사람에서부터 나무, 세느강의 다리, 베를린의 국회의사당, 시드니만의 해안 등을 천으로 덮었다. 그는 또한 1976년에는 캘리포니아 해안에 페탈루마(petaluma)라는 내륙의 조그만 마을을 잇는 39.4km에 달하는 나일론 펜스를 세우기도 했다. 그리고 1983년에는 비스케인 만의 섬 11개를 55만 평방미터의 분홍색 폴리프로필렌 섬유로 주위를 둘러쌌다. 크리스토는 이 거대한 프로젝트를 실행하기 위해 수년에 걸쳐 캠페인을 벌이고, 법적 투쟁을 벌이기도 하는 한편, 수백만 달러의 기금을 모으고 수백 명의 인력을 동원하여 그의 인생과 모든 정

열을 쏟아 부었다. 하지만 그의 작품들은 공공장소를 한시적이라고는
해도 예술가 개인이 독점적으로 지배하고 변형시키는 데 대한 비판이
제기되기도 했다. 그러나 이러한 비판에 대해 크리스토는 매우 세심한
주의를 기울이며 작품을 완성했다. 그는 '둘러싸인 섬들'을 제작하면서
400명 이상의 보조인력을 고용하였는데, 그 가운데는 재봉사를 비롯해
변호사, 건축업자, 해양생물학자, 조류학자, 해양포유류 전문가, 해양기
술자들이 포함되어 있었고, 환경보호론자들을 설득하기 위해 오직 인조
로 만든 땅만을 포장하였다. 결과적으로 그의 작품은 이 섬들의 주요
서식동물인 해우들에게 약간의 호색적 본능을 자극하는 정도의 영향만
끼치는 것으로 입증되었다.

인상, 해돋이(1873)

이들 외에도 바다를 주된 풍경으로 삼아 그린 그림은 많다. 가장 널리

알려진 그림은 아마도 끌로드 모네(Claude Monet, 1840~1926)의 '인상, 해돋이'일 것이다. 1872년 모네가 그린 이 그림은 르느와르, 피사로, 드가, 시슬레 등 무명화가 모임 화가들이 사진작가 나다르의 작업실에서 개최한 전시에 출품 중 하나였다. 그러나 이 전시회는 관람객들로부터 철저히 외면을 당했고, 화단으로부터 악평을 들었다. 사실주의 화가였던 르루와는 이 전시를 보고 '인상주의 전시'라는 제목으로 비평을 실었다. "인상이라니! 나도 확실히 그렇게 생각했다. 나 역시 인상을 받았으니까. 요컨대 인상이 그려져 있었다는 말이다. 그러나 어딘지 방자하고 어딘지 미적지근하다. 붓질에 자유와 편안함이라니! 엉성한 벽지조차도 이 해안 그림보다 더 완성적일 것이다." 이 비평으로부터 오늘날 대중들로부터 가장 사랑받는 화풍이 된 인상주의라는 사조가 탄생하게 된 것이다.[8]

20세기에 들어와 바다를 장엄하게 항해하는 범선의 모습을 더 이상 찾아볼 수 없게 되었다. 그러나 그 대신 바다 위를 달리고 싶어하는 인간의 욕망은 요트를 통해 충족되었다. 야수파 화가의 일원인 라울 뒤피(Raoul Dufy, 1877~1953)가 그린 '카우스에서의 요트경기'가 오늘날 볼 수 있는 대표적 바다 풍경을 잘 묘사한 작품이다. 집안이 가난하여 어릴 적 커피점에서 일하기도 했던 라울 뒤피는 자연을 재현한 색채보다는 작가의 감성으로 표출되는 강렬하고 투박한 원색을 지향한 야수파에 합류했다가 입체파를 받아들여 독자적인 화풍을 정립한 화가이다. 그는 요트 경주나 경마 같은 생동감 있는 소재를 즐겨 그렸다. '카우스에서의 요트 경기'에서도 미술의 정형이나 관습을 벗어던진 순수하고 천진난만함을 느낄 수 있다.[9]

---

8) 김학민, 「순간을 영원으로 그려낸 화가 끌로드 모네」, 『해양과 문화』, 14호, 2006, pp.38 - 49.
9) 김학민, 「아름다운 바다, 무서운 바다」, 『해양과 문화』, 21호, 2009, p.209.

카우스에서의 요트경기(1934) 자료 : 『해양과 문화』, 21호, 2009, p.108.

해양단상 3 : 배질하는 마음 II

황부길이라면 우리 근대 해운사에서 빼놓을 수 없는 인물이다. 황부
길 선장은 인천해양대학장, 해무청장, 한국해양대학장 등을 역임한 우리
근대해운사의 거목 중의 거목이다. 필자가 월간 해양한국을 발행하는
한국해사문제연구소에 근무하면서 그 분의 존함과 공적을 귀동냥이나마
엿들을 수 있었다. 그 가운데서도 그분께서 1973년 『월간 해양한국』 10
월호에 실은 '배질하는 마음'이란 짧은 수필 한편은 나에게 황부길이란
사람과 배질이란 것이 과연 무엇일까 하는 의문점을 던져 주었다.

2002년에 한국해양대학교 해양박물관에서 일을 하게 되면서 다시 황

부길 이라는 이름을 접할 기회가 찾아왔다. 우리 해운사에 이름을 남긴 분들 중 동경상선대학을 졸업하신 분들이 많다. 이시형 학장, 윤상송 학장, 황부길 학장 등등… 이미 역사적인 인물이 된 분들이다 보니, 개인적으로 이 분들과 관련한 물품이나 기록들에 관심을 갖지 않을 수 없었다. 2003년 초 즈음으로 기억된다. 개인적인 일로 동경을 방문할 기회가 있어 동경상선대학을 방문한 적이 있었다. 내심 동경상선대학이 어떤 학교인가 궁금하기도 했고, 이 학교에서 공부한 전임 학장들과 관련한 기록이라도 찾아볼 수 있지 않을까 하는 기대심도 갖고 말이다. 당시 동경상선대학의 안면 있는 히로시 야마기시(山寛 岸) 교수와 만나 이런 목적을 얘기했다. 그러나 야마기시 교수는 당일은 박물관이 열 지 않은 날이니 알고 싶은 것이 있으면 찾아봐서 연락해 주겠다고 대답했다. 이 날 동경상선대학 방문길에는 동경상선대학의 실습선이었던 메이지 마루(明治丸)만 구경하고 돌아올 수밖에 없었다.

얼마 뒤 야마기시 교수로부터 우편물 한 통이 배달되었다. 동경상선대학의 학적부에는 이시형 학장이나 윤상송 학장의 학적부는 동경 대화재 때 소실된 듯하다는 얘기와 함께 황부길 학장의 학적부를 복사해서 보낸 준 것이다. 황부길 학장의 학적부를 보니 성적이나 학교생활 등 모든 면에서 다섯 손가락 안에 든 수재였다. 이 학적부로 인해 황부길이라는 사람을 조금 더 알 수 있게 되었다.

황부길 학장은 다양한 이력, 그것도 해운 관련 고위직을 두루 역임하였지만, 본인은 늘 배꾼 내지는 선장으로 생각했음은 앞서 언급한 '배질하는 마음'이란 글에서도 확인할 수 있다. 이 글에서 황부길 학장은 음악이나, 그림 등 예술 하는 데서도 음악 하는 마음과 그림 하는 마음이 필요하듯, 배 쓰는 데서도 역시 배질하는 마음이 필요하다고 하였다. 황부길 학장의 '배질하는 마음'은 이러하였다. "무릇 배 쓰는 사람은 배를 자기 애인이요 처라고 생각하고 평소에 사랑의 손이 구석구석까지 뻗쳐 배의 성능과 특성을 파악해야 한다. 또한 각 배마다 다른 고유한 특성과 성능을 잘 파악해서 배와 자신과 물심물여의 마음으로 조선해야 한다. 그 결과 계획하는 대로 배가 소정의 장소에 계류했을 때 법열에 가까운 기쁨을 느끼는 것이다."

황부길 학장의 '배질하는 마음'은 대형 상선을 조선하는 선장의 마음 자세를 잘 정리한 글이다. 필자도 3년간 대형 상선에 승선한 바 있지만, 한번도 배질하는 마음에 대해 생각해 본 적이 없었다. 그런데 최근에 우연찮은 기회에 요트를 접하게 되면서 배질하는 마음과 바다와 배에 대해 다시 생각해 볼 기회를 갖게 되었다. 필자가 처음 요트를 타고 바다로 나갔을 때는 파도가 제법 많이 쳤었다. 당시 수영만 요트장에서 부산항 파일롯트 스테이션(pilot station)까지 항해하였는데, 옆질(rolling)이 무려 40도에 가까웠다. 요트는 한 쪽으로 기운 상태로 항해하는 것이기 때문에 상선의 롤링과는 차이가 있다. 하지만 40도씩 기운 상태에서 몸의 균형을 잡고 돛줄을 잡아 당겨야 하는 일은 쉬운 일이 아니었다. 그 때 필자는 기운 뱃전 쪽에서 돛줄을 잡아당기다가 안전 줄(safety line)을 잡고 균형을 잡으려고 했는데, 그만 안전 줄을 묶어 놓은 고리가 터져 버리고 말았다. 재빨리 안전봉(safety bar)을 잡지 않았다면 바다에 빠졌을 순간이었다. 또 한 번은 파도와 너울에 요트가 심하게 흔들리는 바람에 잡고 있던 버팀목 같은 스텐레스 파이프가 빠져 버리고 말았다. 당시 세 사람이나 이 파이프를 잡고 있었는데, 하마터면 크게 다칠 뻔했다.

요트는 돛을 이용하여 항해를 하기 때문에 돛이 아주 중요하다. 대개 겨울철에는 파도가 많이 치기 때문에 돛은 바닷물에 젖기 마련이다. 항해를 마치고 난 뒤 돛을 민물로 씻어두지 않으면 돛이 상하기 십상이다.

따라서 항해를 마치고 나면 늘 돛과 갑판 위의 해수를 말끔히 씻어두는 것을 잊어서는 안된다.

대형 상선도 그렇지만, 요트도 일단 항해를 하고 나면 외부에서 도움을 받을 수가 없다. 따라서 배에는 필요한 물품과 예비품을 충분히 보관해 두어야 한다. 5월 중순경 '이순신의 부산해전 항로를 따라서'란 주제로 수영만 요트장을 출발하여 오륙도, 태종대, 남항, 남항해교, 자갈치 시장, 영도대교를 돌아오는 항해를 한 적이 있었다. 되돌아오는 길에 태종대 부근에서 짙은 안내가 끼어 시정이 채 50미터도 되지 않았다. 요트장까지는 아직도 6마일 이상 남아 있었다. 다행히 위치는 GPS로 확인하고, 해도 위에 위치를 내가면서 무사히 2시간여의 무중항해를 마치고 안전하게 귀항할 수 있었다. 이때 해도와 GPS를 갖추었던 것을 천만다행으로 여기면서 다시 한 번 배질하는 마음을 되새겨 본 절호의 기회였었다. 당시 요트장의 다른 요트들도 항해를 하였는데, 안개 속에서 항해를 하지 못하고 닻을 내리고 안개가 걷힐 때까지 기다려야만 했다. 그렇지만 대양항해가 김현곤 선장의 충고에 따라 해도와 GPS를 갖추어 놓은 우리 요트는 무사히 항해하여 되돌아올 수 있었다.

대형상선이건 요트건 배질하는 사람의 마음은 같아야 한다. 우선 겉만 번지르르하게 꾸밀 것이 아니라 배가 파도와 너울을 이겨낼 수 있는 '감항성'을 확보할 수 있도록 안전을 최우선에 두어야 한다. 섞은 철판을 바꾸고, 삭아버린 안전줄은 교체하여 최악의 사태에 대비해야 한다. 감항성에 대한 고려는 배꾼이 갖추어야 할 첫 번째 자질이다. 이와 같은 감항성을 유지하기 위해 미리미리 그것도 철저하게 준비해야 한다. 어설피 준비했다가는 태풍이나 돌바람에 배나 요트가 견뎌낼 수가 없다. 준비성은 배꾼이 갖추어야 할 두 번째 자질이다. 그리고 모든 일을 철저하게 준비하고 마무리해야 한다. 매듭하나, 새클(shackle) 하나, 라인

하나 모두 철저하게 준비하고 마무리 해야 한다. 배란 고정되지 아니하고 늘 물 위에서 유동하기 때문에 뒤틀린다. 이리 저리 뒤틀리다 보면 어설피 묶어 놓은 매듭 같은 풀리는 날에는 사고로 이어지기 십상이다. 따라서 철저성은 배꾼이 갖추어야 할 세 번째 자질이다.

닻얼(anchor spirit)은 감투정신과 희생정신, 그리고 봉사정신으로 상징된다. 돌이켜 생각해보면 배꾼이 갖추어야 할 감항성, 준비성, 철저성은 결국 감투정신, 희생정신, 봉사정신으로 상징되는 닻얼의 실천강령에 다름 아니다. 이밖에 고흐의 '고기잡이 배'(1888), 바실리 칸딘스키의 '요동치는 라폴로 바다'(1906), 에드윈 처치의 '빙하'(1891) 등이 생생한 바다 풍경을 묘사한 그림들이다.(『해조음』 제15집, 2006)

제5장 해양 음악

제5장 해양 음악

1. 고전 음악

1.1. '바다' 노래

19세기 영국 낭만파 시인 바이런은 '대양'에서 '파도의 포효 속에 음악이 있다'고 읊었듯이, 바다를 소재로 한 음악은 무척이나 많다. 어릴 적불렀던 동요 중에는 바다를 아름답고 서정적으로 노래한 곡들이 많았다.

　'해당화가 곱게 핀 바닷가에서 나 혼자 걷노라면 수평선 멀리 갈매기한두쌍이 가물거리네. 물결마저 잔잔한 바닷가에서. 저녁 놀 물드는 바닷가에서 조개를 잡노라면 수평선 멀리 파란 바닷물은 꽃무늬지네. 모래마저 금같은 바닷가에서.'

장수철 작시, 이계석 작곡인 '바닷가에서'는 우리 나라 사람들의 바다에 대한 일반적 정서를 가장 대표적으로 표현한 작품이다. 하지만 바다속이 아닌 바닷가에서 거니는 소박한 아름다움을 표현한 데 머물고 있다. 이 보다는 '바다'라는 동요가 훨씬 더 바다에 다가서 있다. 문병호작시, 권길상 작곡인 '바다'는 아침에 풍어를 기대하며 출항하고, 저녁에만선으로 귀항하는 어부의 희망에 찬 모습을 그리고 있다.

　'아침 바다 갈매기는 금빛을 싣고, 고기잡이배들은 노래를 싣고, 희망에 찬 아침바다 노저어가요 희망에 찬 아침바다 노 저어가요. 저녁바다

갈매기는 행복을 싣고 고기잡이배들은 행복을 싣고 넓고 넓은 바다를 노
저어가요 넓고 넓은 바다를 노 저어가요.'

이 두 동요는 '바다'를 대하는 두 가지 상반된 태도를 가장 극명하게
대조적으로 보여주고 있는 노래들이다. '장수철 작시의 바닷가에서'는 바
닷가 모래밭을 거닐며 바라다보는 바다를 그리고 있고, 문병호 작시의
'바다'는 만선의 희망과 행복을 싣고 출어하고 귀항하는 모습을 노래하
고 있다. 두 노래의 시점은 모두 바다 밖에서 바라보는 바다를 그리고
있지만, '바닷가에서'는 배와 항해에 무관심하지만, '바다'는 고기잡이 배
의 희망에 찬 항해를 응시하고 있다는 점에서 큰 차이가 있다. 물론 '바
다'역시 화자가 직접 배를 타거나, 바다 속으로 뛰어들지 못하고 관찰자
에 머물러 있다는 한계는 있다. 하지만 '바다'의 화자는 '고기잡이 배의
풍어를 바라는 희망과 행복'을 노래하고 있다는 점에서 여타 바다를 소
재로 한 노래들과는 다르다. 이는 가곡 '떠나가는 배'와 비교해 보면 더
욱 두드러진다.

'저 푸른 물결 외치는 / 거센 바다로 떠나는 배 / 내 영원히 잊지 못할 /
임 실은 저 배는 야속하리 / 날 바닷가에 홀 남겨두고 / 기어이 가고야 마
느냐 /

터져 나오라 애슬픔 / 물결 위로 한 된 바다 / 아담한 꿈이 푸른 물에 /
애끓이 사라져 나 홀로 / 외로운 등대와 더불어 / 수심 뜬 바다를 지키
련다 /

저 수평선을 향하여 / 떠나가는 배 오! 설운 이별 / 임 보내는 바닷가를 /
넋 없이 거닐면 미친 듯이 / 울부짖는 고동 소리 / 임이여 가고야 마느냐 /

이 노래의 화자는 '임 실고 떠나는 배'를 육지에서 바라보고 있다. 따
라서 화자에게 배는 야속하고, 바다는 거칠고 한스럽다. 이 노래를 해양
음악으로 분류할 수는 없다는 것은 분명하지만, 바다와 배에 대한 우리

나라 사람들의 일반적인 정서를 대표하는 곡임에는 틀림없다. 양중해 작시의 '떠나가는 배'는 1952년 6.25 전쟁 중 제주도로 피난 왔던 육지 사람들이 배를 타고 다시 육지로 떠나가는 모습을 바라보면서 지은 이별의 노래다. 따라서 여기에서 바다와 배를 희망적으로 바라볼 수는 없었을 것이다. 이 노래는 교과서에도 실릴 정도로 국민적 애창가곡이 되었는데, 이는 바다와 배가 이별, 슬픔, 삶의 애환으로 받아들여질 수밖에 없었던 역사적 경험을 반증한다. 변훈이 작곡한 노래 가운데, 양명문 작시 '명태'는 '떠나가는 배'에 비하면 훨씬 더 친해양적이다. 화자가 바다 속을 헤엄쳐 다니는 '바다의 주인' 명태이기 때문이다.

> '검푸른 바다,' 바다 밑에서 / 줄지어 떼지어 찬물을 호흡하고 /
> 길이나 대구리가 클 대로 컸을 때 / 내 사랑하는 짝들과 노상 /
> 꼬리치고 춤추며 밀려 다니다가 / 어떤 어진 어부의 그물에 걸리어 /
> 살기 좋다는 원산 구경이나 한 후 / 이집트의 왕처럼 미이라가 됐을 때 /
> 어떤 외롭고 가난한 시인이 / 밤 늦게 시를 쓰다가 쐬주를 마실 때 /
> 그의 시가 되어도 좋다 / 그의 안주가 되어도 좋다 /
> 짜악 짝 찢어지어 내 몸은 없어질지라도 / 내 이름만은 남아 있으리라 /
> '명태, 명태'라고 이 세상에 남아 있으리라 /

'명태'는 동란 중 종군작가로 활동했던 양명문이 당시 미 8군 통역관으로 근무 중이던 변훈에게 부탁해 작곡한 곡이다. 양명문은 평양 출신이었고, 변훈은 원산 출신이었으니 실향민으로서 망향에 대한 각별한 동질감이 공유했을 것이다. 게다가 당시 낙동강 전투 중이었던 까닭에 전쟁터로 변한 한반도와 고향을 잃어버린 자신들의 처지가 마치 '북북 찢어지는 명태'나 다름없는 것으로 느꼈을 법하다. '명태'는 1952년 '떠나가는 배'와 함께 부산에서 초연되었다가 도입부의 읊조리는 듯한 창법 탓에 한 평론가로부터 '명태는 가곡도 아니다'는 혹평을 들었다고 한다. 이에 충격을 받은 변훈은 작곡해 놓은 작품들을 찢어버리고, 외교관으로 전업하기도 했다. 그러나 1964년 서울대학교에서 열린 음악회에서 바리톤 오현명이 다시 불러 엄청난 반향을 일으켰고, 이후 한국가곡 중의 명곡의 반열에 오르게 되었다.[1]

외국의 노래 가운데는 단연 '산타 루치아'가 으뜸이다.

> 창공에 빛난 별 물 위에 어리어 바람은 고요히 불어오누나.
> 내 배는 살같이 바다를 지난다. 산타 루치아, 산타 루치아.
> Sul mare luccica / L'astro d'argento / Placida è l'onda / Prospero è il vento
> Venite all'agile / Barchetta mia / Santa Lucia / Santa Lucia …

나폴리 민요로 알려진 이 노래는 사실 작곡자 코트라우(T. Cottrou, 1827~1879)가 작곡한 노래로 여름밤 잔잔한 바다 위에 배를 띄우고 사랑하는 이에게 '함께 배를 저어 떠나자'고 권하는 내용이다. 산타 루치아에서 산타는 성인을 뜻하고 루치아는 나폴리 사람들이 숭배하는 여자 성인의 이름이다. 나폴리 출신의 불후의 테너 엔리코 카루소(Enrico Caruso, 1873~1921)가 부른 '산타 루치아'가 특히 감동적이다.

1.2. 멘델스존의 〈고요한 바다와 즐거운 항해〉, D - 장조, op.27

ko.wikipeadia.org

바다와 항해를 테마로 한 성악곡 가운데는 〈고요한 바다와 즐거운 항해〉가 널리 알려져 있다. 이 곡은 괴테가 쓴 짧은 시 〈고요한 바다〉(Meersstille)와 〈즐거운 항해〉(glücklich Fahrt)에 곡을 붙인 것으로 베토벤과 슈베르트, 멘델스존이 각각 작곡하였다. 베토벤이 오케스트라와 합창을 위한 칸타타로 1815년 초연하고 1822년에야 출판되었다. 베토벤

---

1) 이상임, '감칠맛 나는 그 명태 제대로 들어보자,' 《부산일보》, 2010. 8.25.

의 〈고요한 바다와 즐거운 항해〉는 앞 부분에서는 바람이 불지 않아 고요한 바다 위에 정선해 있는 듯한 배를 묘사하였고, 뒷 부분에서는 바람이 일어 안개가 걷히고 하늘이 밝아오면서 배가 바다 위를 미끄러져 항해하는 것을 묘사하였다.2)

Meeresstille	glücklich Fahrt
Tiefe Stille herrscht im Wasser, Ohne Regung ruht das Meer, Und bekümmert sieht der Schiffer Glatte Fläche ringsumher. Keine Luft von keiner Seite! Todesstille fürchterlich! In der ungeheuern Weite Reget keine Welle sich.	Die Nebel zerrei β en, Der Himmel ist helle, Und Äolus löset Das ängstliche Band. Es säuseln die Winde, Es rührt sich der Schiffer. Geschwinde! Geschwinde! Es teilt sich die Welle, Es naht sich die Ferne; Schon seh ich das Land

1815년에 슈베르트(Franz Peter Schubert, 1797~1828)도 괴테의 시 〈고요한 바다〉와 〈즐거운 항해〉에 곡을 붙인 바 있다. 불과 18살에 불과했던 슈베르트는 괴테의 시를 흠모하여 그의 가곡 1번 〈마왕〉을 포함하여 16편을 작곡하여 괴테에게 보냈다고 한다. 하지만 당대 최고의 문학자이자 저명인이었던 괴테에게 불과 18살 무명 소년의 작곡집은 별 의미가 없었을 것이다. 그렇게 잊혀졌던 슈베르트의 가곡집은 1830년 81세가 된 괴테가 유명 가수가 부르는 〈마왕〉을 듣고서야 그 작곡자가 슈베르트임을 알게 되었다고 한다. 그러나 괴테를 그토록 존경하여 평생 40여편의 그의 시에 곡을 붙인 슈베르트는 이미 이 세상 사람이 아니었다. 이에 반해 부유한 은행가의 아들인 덕에 괴테와 친분을 맺을 수 있었던 멘델

---

2) http://en.wikipedia.org/wiki/Meeresstille_und_gl%C3%BCckliche_Fahrt_(Beethoven), 2013. 10.15.

스존의 〈고요한 바다와 즐거운 항해〉를 보내자 괴테는 무척 반겼다고 한다.[3]

ko.wikipeadia.org

세 곡의 〈고요한 바다와 즐거운 항해〉 중에 가장 널리 알려진 성악곡은 펠릭스 멘델스존(Jakob Ludwig Felix Mendellssohn - Bartholdy, 1809~1847)의 곡이다. 이 곡은 멘델스존이 스무 살 때인 1828년 작곡한 가곡이자 서곡이기도 하다. 전체 10여분 정도의 비교적 짧은 관현악 소품으로 4분의 4박자의 느린 안단테로 시작한다. 이는 마치 괴테의 시 〈고요한 바다〉의 도입부처럼 정적 속에서 고요한 바다를 형상화한 듯하다. 이어 관악과 현악이 잔잔하게 연주를 진행하면서 잔잔한 물결이 일어나는 것을 느끼게 한다. 전곡의 1/3 시점에 이르면 '아이올로스가 바람을 일으키기 시작'했음을 알리듯 청아한 플루트 연주가 이어진다. 다시 전곡의 1/2 시점에서 바람이 일기 시작한 바다에서 돛단배가 항해를 시작한다. 라장조, 2분의 2박자의 몰토 알레그로 비바체의 격한 빠르기의 관현악이 돛대에 순풍을 단 배가 파도를 헤치고 뭍을 향해 항해하는 듯하다. 괴테의 시 자체가 바다 안, 즉 배에 타고 있는 시인의 관점에서 쓰여져 있는 만큼, 멘델스존의 곡 역시 '고요한 바다에서 바람이 불어 뭍으로 귀향하는 선원들의 즐거운 항해'를 느낄 수 있다.

고요한 바다	즐거운 항해
물 속에는 깊은 정적이 흐르고 바다는 미동도 하지 않는다. 사공은 근심에 젖는데	안개가 걷히자 하늘이 밝아오고, 아이올로스가

---

3) 이근정, 「청춘의 돛을 올려 바다를 건너노라」, 『바다』 34호, 2010, 여름, pp.123 - 129.

둘레에는 온통 잔잔한 물결 뿐
어느 곳에도 바람 한 점 불지
않는구나.
죽음 같은 정적이 섬뜩하다.
머나먼 저 광막한 대양에서도
파도 한 점 일지 않는다.

근심의 끈을 풀어내린다.
바람이 살랑거리자
선원들이 움직이기 시작한다.
서두르자! 서둘러!
파도가 갈라지고
먼 곳이 금세 가까워온다.
벌써 뭍이 보인다.

1.3. 쇼팽의 〈에튀드 25 - 12 C 단조, 바다〉

피아노곡으로는 쇼팽(Frederick Chopin, 1810~1849)
의 〈에튀드 25~12 C 단조〉를 들어보자. 에튀드는
연주기법을 연마하기 위한 곡을 말하는데 현재는
미적으로도 수준이 높고 기교를 터득하는 데도
좋은 그 자체로 완전한 악곡을 의미하게 되었다.
채 3분이 되지 않는 쇼팽의 에튀드 25 - 12는 보통
'바다'라는 표제로 알려져 있는데, 이는 쇼팽 자신
이 붙인 것이 아니라 후대에 붙여진 것이다. 왜

ko.wikipedia.org

후대인들은 이 연습곡에 '바다'라는 표제를 붙였을까? 연주자들의 연습을
위한 곡으로 만들어진 만큼 이 곳은 건반의 왼쪽부터 오른쪽까지 몇 옥
타브를 오르내리는 음률로 구성되었다. 특히 이곡은 아르페지오 주법을
활용한 곡이다. 아르페지오란 화음을 이루는 음을 한꺼번에 소리 내지
않고 아래에서 위로, 위에서 아래로, 또는 오르내리는 방식으로 연주하
는 주법을 말한다. 이 곡의 전체적인 흐름을 들으면 이 곡이 상승과 하
강을 오가면서 시각적으로는 마치 파도가 밀려올라가는 듯하다. 바다를
맹렬히 달려와 한걸음에 솟구치는 물결, 그러나 높은 파도는 중력을 이
기지 못하고 내려앉고 만다. 이 곡은 구르고 달리고 도약하다 어지럼증
속에서 숨을 고르는 팽팽한 시도, 젊음의 선율로 이루어져 있다. 그러면

서도 자만이 아니라 예측하고 예비하는 부드러움을 느낄 수 있다. 어느 음악평론가는 가을 바다의 느낌이 난다고 평하였다. 쇼팽은 오페라를 작곡하지도 않았고, 음악이론 면에서 학구적 업적을 남긴 것도 아니었다. 그럼에도 그는 인간 내면의 은밀한 지점을 통찰하여 피아노로 창조할 수 있는 신비로운 음악을 만들어냈다.[4] 그가 '피아노의 시인'이라고 불리는 데는 다 그만한 까닭이 있다.

쇼팽 하우스(바르샤바)

1.4. 바그너의 오페라 〈떠도는 네덜란드인〉

오페라 가운데는 바그너(Richard Wagner, 1813~1883)의 〈떠도는 네덜란드인〉(Der Fliegende Holländer)이 대표적인 해양음악 가운데 하나로 꼽을

---

4) 이근정, 「피아노 가을 바다를 만지다」, 『바다』, 31호, 2009, pp.94 - 101.

수 있다. 바그너가 전성기인 28세(1841년)에 작곡한 〈방황하는 네덜란드인〉은 1843년 드레스덴에서 초연되었다. 전체 3막으로 이루어진 〈떠도는 네덜란드인〉은 독일 시인 하이네의 발라드에 바탕을 두고 있다. 하이네의 소설 가운데 다음과 같은 이야기가 있다. "폭풍우에 떠밀린 배 한 척(반 더 데켄 선장의 유령선)이 해변으로 가까이 다가가

ko.wikipeadia.org

는데, 데켄 선장은 사나운 폭풍우를 무릅쓰고 희망봉을 우회하려다 실패하자 비록 영겁의 바다 위를 방황하는 한이 있더라도 결코 그 희망을 버리지는 않겠다고 맹세하는 바람에 사탄의 저주를 받게 된다. 그리하여 이 네덜란드인 선장은 배에 유령의 선원을 태우고 영원히 어려운 항해를 계속해야만 하게 되었다. 바그너는 이 이야기에 자신이 런던까지의 항해 도중 폭풍우를 만나 고생했던 체험과 상상력을 덧붙여 〈떠도는 네덜란드인〉을 만들게 되었다. 즉 바그너는 하이네의 소설에 "7대양을 영원히 떠돌게 될 운명인 네덜란드인 선장은 자신을 진실로 사랑하는 연인을 만나게 되면 그 저주가 풀린다"는 이야기를 덧붙임으로써 새로운 것을 창작하게 된 것이다. 이 오페라는 7년 동안 7대양을 떠돈 네덜란드 선장이 해안에 상륙하는 장면부터 시작한다.

서막 : 전체 이야기를 암시하는 강렬하고 극적인 곡으로 d 단조의 자유로운 소나타 형식을 취하고 있다. 바다에서 폭풍우가 치고, 네덜란드인 선장이 영원한 저주를 받게 되는 동기와 젠타(Senta)가 속죄하는 고별의 멜로디가 연주된다.

제1막 : 폭풍우에 떠밀린 달란트(Dalland) 선장의 배가 그의 집에 가까운 노르웨이 해안에 닿는다. 잠시 뒤 방황하는 네덜란드인이 해안으로

다가와 '생사를 같이 할 연인이 있어야 구원 받을 수 있는 자신의 처지'
를 노래한다. 네덜란드인은 달란트 선장에게 '금은보화를 건네며 하루
밤을 묵어가게 해 달라'고 요청하면서, 만약 딸이 있다면 자신을 구원해
줄 부인으로 삼게 해달라고 부탁한다. 이 요청을 수락한 달란트 선장과
네덜란드인은 함께 달란트 선장의 고향을 향해 항해한다.

〈떠도는 네덜란드인〉 제1막 자료 : 루츠 붕크, 『역사와 배』, 해냄, 2006, p.108

제2막 : 달란트의 집에서는 아름다운 딸 젠타와 여인네들이 길쌈을
하고 있다. 젠타는 사냥꾼인 에릭과 약혼한 사이였는데, 에릭이 '기묘한
배가 나타나 달란트 선장과 초상화 속의 네덜란드인이 함께 나타나자
젠타가 네덜란드인의 발밑에 꿇어앉아 키스를 하더라'는 꿈 이야기를 한
다. 방황하는 네덜란드인의 이야기에 연민과 동정을 갖고 있던 젠타는
이 이야기를 듣고 한편으로는 놀라면서도 기뻐한다. 에릭의 말처럼, 네

딜란드인이 함께 집으로 돌아온 달란트 선장은 딸 젠타에게 네덜란드인을 소개한다. 네덜란드인은 젠타에게 청혼을 하고, 젠타도 이를 수락한다. 이날 밤 배가 귀항한 날에는 성대한 잔치를 여는 노르웨이의 관습에 따라 잔치를 열게 되었는데, 달란트 선장은 젠타와 네덜란드인과의 결혼식을 함께 치르자고 제안하여 마을잔치가 벌어진다. 그러나 아직 젠타에게 미련을 버리지 못한 에릭이 젠타를 설득하고 젠타는 자신을 단념하라고 얘기한다. 하지만 이 둘의 대화를 듣고 있던 네덜란드인은 젠타가 자신과 에릭 사이에서 방황하는 것으로 알고, 젠타가 죽을 때까지 자신을 사랑하여 자신을 저주에서 풀어줄 사람이 아니라고 생각하여 자신의 배로 귀선해 버린다. 그러자 젠타는 에릭의 만류를 뿌리치고 네덜란드인을 따라 그의 배에 올라 '죽을 때까지 진심으로 사랑하겠다'고 고백한다. 그러자 네덜란드인이 탄 배는 선원과 함께 바다 속으로 가라앉아 버리고, 젠타와 네덜란드인은 하늘로 올라간다.[5]

전체적으로 2시간이 넘게 공연되는 〈떠도는 네덜란드인〉는 배와 항해, 그리고 저주와 사랑을 통한 구원을 모티브로 하여 단순한 이야기 속에서 지루할 틈이 없이 역동적인 오페라로서 큰 사랑을 받고 있다. 〈떠도는 네덜란드인〉이 하나의 이야기로 소설화 한 사람은 하이네였지만, 사실은 이미 17세기부터 이와 유사한 이야기가 전해져오고 있었다. 1629년 네덜란드 동인도 선 바타비아 호의 참극이 발생했다. 인도네시아의 자카르타로 향하던 바타이아 호는 선위를 잘못 추산하여 오늘날 오스트레일리아 서부의 산호초에 좌초하였고, 그 뒤 코르넬리스 예로니무스의 이단적 신념과 식량을 아낀다는 명분에 따라 124명이 참혹하게 살해되었다.[6] 이 사건이 있고 난 뒤 반세기만에 세계의 바다 곳곳에서는

---

5) 『현대인을 위한 최신 명곡해설』, 세광음악출판사, 1987, pp.235 - 237.
6) 마이크 대쉬, 김성준·김주식 옮김, 『미친 항해』, 혜안, 2011.

기이한 이야기가 떠돌기 시작했는데, 그것은 '떠도는 네덜란드인'으로 상징되는 유령선에 관한 것이었다.' 1689년 12월에 네덜란드의 식민지가 된 케이프타운 상공에서 불길한 혜성이 나타났고, 12월 23일에는 머리가 둘 달린 송아지가 이곳에서 태어났다. 이듬해인 1690년 1월 28일에는 테푸이(Tepui, 탁상산지) 만에 정박해 있던 노르트(Nord) 호가 사라졌다. 5월 초에 알베르트 포케르스 선장이 스노페르 호를 타고 이 만으로 입항했다. 알베르트 포케르스 선장은 암스테르담에서 바타비아까지 90일만에 항해한 바렌트 포케르스선장의 아들이었다. 최단 항해기록을 세울 당시 아버지 포케르스 선장이 탔던 배도 스노페르 호였다. 1690년 5월 초 테푸이만에 또다른 배가 입항했는데 먼저 입항한 알베르트 포케르스 선장은 이 배가 일행인 페르굴데 플라밍 호라고 생각했다. 그런데 페르굴데 플라밍 호가 온데 간데 없어지고 말았다. 이런 이야기들이 한 데 뒤섞였다. 페르굴데 플라밍(Verdegulde Vlamingh) 호가 플리겐데 플라밍 (Vligende Vlamigh) 호로 바뀌었고, 영국 선원들은 이를 영어식으로 'flying Dutchman'으로 불렀다. '떠도는 네덜란드인'이 확실한 근거를 얻게 된 데에는 18세기와 19세기 문학작품을 통해서였다. 1798년 영국의 문학자 콜리지와 1813년 월터 스콧이 네덜란드 유령선에 관한 이야기를 출간하였고, 1821년에는 에든버러의 한 잡지에는 유령선 선장의 이름은 반 더 데켄(van der Decken)으로 소개되었다. 유령선의 활동 무대는 1822년 워싱턴 어빙의 〈폭풍의 배〉에서는 허드슨 강으로 삼았고, 1826년 빌헬름 하우프의 〈유령선 이야기〉에서는 인도양이 되었다. '떠도는 네덜란드인'은 한편에서는 바다를 유랑하는 선원들의 삶을 상징하기도 하고, 다른 한편에서는 바다에서 발생하는 초자연적 현상을 유령선이라는 이미지로 형상화한 것이기도 하다.[7]

---

7) 김성준, 「바타비아 호의 참극과 유령선 플라잉 더취맨」, 한국해양산업협회, SEA, 2011. 10, pp.62 - 63.,

1.5. 코르사코프의 〈세헤라자데〉

림스키 코르사코프(ko.wikidepia.org)

　김연아가 피겨스케이팅 배경음악으로 선정한 곡으로도 널리 알려진 '세헤라자데' 역시 배와 신바드의 항해를 시작으로 전체 테마가 시작된다는 점에서 바다를 소재로 한 음악이라고 할 수 있다. 러시아의 림스키 코르사코프(1844~1908)가 1888년 발표한 작품으로 흔히 '천일야화'로 알려진 이야기를 소재로 한 곡이다. 고대 페르시아의 샤흐라야르 왕은 아내에게 배신당한 쓰라진 경험 때문에 첫날밤을 치르고 나면 신부를 죽이는 일을 반복한다. 결국 온 나라에 처녀가 한 사람도 남지 않게 되자 신하의 딸인 샤흐라자드를 아내로 맞게 되는데, 현명했던 샤흐라자드는 천 하룻 동안 왕에게 재미있는 이야기를 들려주어 죽음도 면하고 나라도 평화를 되찾는다는 이야기다. 이 천일야화에는 알라딘과 요술램프, 알리바아와 40인의 도둑, 신바드의 모험 등이 수록되어 있다.

　림스키 코르사코프는 당시 러시아에서 교육용으로 많이 읽히던 『천일야화』에서 착상하여 '세헤라자데'를 작곡하였다. 그는 이 곡을 쓸 즈음 악기편성법에서 바그너의 영향을 벗어나 기교에 뛰어난 빛나는 음향을 갖게 되었다고 밝혔다. '세헤라자데'의 도입부는 계속되는 두 개의 주제로 나타난다. 술탄의 모티브는 힘차고 험악하며, 세헤라자데의 주제는 바이올린에 의해 섬세하고 부드럽게 표현된다. 이 두 개의 주제는 이 곡의 4개 악장에 다양한 모습으로 등장한다. 서주 뒤 **제1악장** '바다와 신바드

의 배'는 술탄의 주제를 사용하여 뱃사람 신바드의 항해를 그린 회화적으로 묘사한 곡이다. 이 악장에서 기초가 흔들리는 듯한 리듬은 바다 위에서 배가 흔들리는 모습을 실감나게 묘사한 것이다. 그가 신바드 배의 항해를 생생하게 묘사할 수 있었던 것은 그가 해군 사관생도로서 원양항해를 해 본 경험이 있었기 때문이었음은 두 말할 나위도 없다. 第2악장 '칼렌다 왕자의 이야기'는 우아하고 자유로운 구성의 스케르쪼로서 매우 유머러스한 특징을 보여주고 있다. 수도승으로 위장한 왕자의 모험을 다룬 이야기로 중간부에 나오는 강렬한 부분은 호전적인 왕의 노여움을 묘사하고 있다. 第3악장 '젊은 왕자와 공주'는 우아하고 이국적인 색채감이 돋보인다. 카말 알 자만(초승달) 왕자와 바두르(보름달) 공주와의 달콤한 사랑 이야기를 다룬 것으로 작은 무도회 장면을 그리고 있다. 제4악장 '바그다드의 축제·자석 바위 위의 배의 난파'에서는 바다와 폭풍을 묘사한 부분으로 가장 인상적인 악장이다. 이 작품의 마지막에서는 평온하게 끝을 맺고 있는데, 이는 술탄이 마음을 고쳐먹고 세헤라자데와 결합하는 것을 나타내고 있다.8) 원래는 각 악장마다 표제를 붙여 놓았으나, 림스키 코르사고프 자신이 표제를 빼버렸다고 한다. 그 이유는 어떤 이야기에 맞추어 음악을 듣는 것이 아니라 귀와 가슴으로 음의 세계를 느끼는 것을 바랐기 때문이다.

1844년 러시아의 노브고로드에서 고위 관리의 아들로 태어난 코르사

---

8) 성음, 니콜라이 림스키-콜사콥의 세헤라자데, 악곡 해설.

고프는 해군사관학교를 졸업하고 1862~1865년까지 3년 동안 범선 알마즈 호를 타고 세계를 항해하였다. 15살 때부터 가정교사로부터 피아노와 작곡법을 배운 것 외에는 정규 학교에서 음악을 공부하지 않았던 코르사고프는 원양항해에서 돌아온 뒤 첫 번째 교향곡을 완성하였는데, 이것이 러시아에서 작곡된 최초의 교향곡이었다. 이 곡이 어느 정도 반응을 얻자 본격적인 작곡가의 길로 들어섰다. 그의 나이 스물 한 살 때였다. 그는 발라키레프, 쿠이, 보로딘, 무소르그스키와 함께 러시아 국민악파 5인의 일원으로서 유럽 음악의 영향을 벗어나 러시아 음악의 독자성을 추구하였다. 그는 1871년 상트페테르부르크음악원의 교수가 되어 후진을 양성하는 데 힘쓰는 한편, 러시아 작곡가들의 작품을 출판하는 데도 힘을 쏟았다. 그의 문하생 가운데는 스트라빈스키와 같은 독창적인 작곡가가 배출되었다.

1.6. 드뷔시의 교향시 〈바다〉

바다를 표제로 한 고전 음악 가운데 첫 머리에 떠오르는 곡은 드뷔시(Archille Claude Debussy, 1862~1918)의 교향시 '바다'(La Mer)다. 서른 살에 '목신에의 오후' 전주곡을 발표하여 유명해진 그는 1905년 '바다, 오케스트라를 위한 세 개의 교향시'를 발표하였다. 3악장으로 이루어진 이 교향시는 경험에서 얻어진 바다나 바다의 생명력이나 내면적인 생태를 파고든 작품이라기보다는 상상으로 그려낸 동경의 바다를 스케치한

ko.wikipedia.org

풍경화라고 하겠다. 제1악장 바다에서 새벽부터 정오까지(느리게)는 표제처럼 바다라는 공간에 시간이 맞물린다. 이는 마치 바다의 우렁차면

서 미세한 소리의 결이 눈에 보이는 바다의 시시각각 다른 풍경과 겹쳐지는 것 같다. 수평선에 떠오르는 태양이 하늘의 정점을 향해 갈 때까지 바다도 푸름과 빛남의 정점을 향해 내달린다. 여기서 현악기와 관악기가 어우러져 내는 소리는 바다가 내는 소리, 바다가 받아들이는 빛, 바다가 내뿜는 인상이다. 제2악장 파도의 유희(빠르게)는 바다가 하나의 주체가 되어 다른 세상과 노니는 것 같다. 갈매기가 날고, 배가 항해하고, 물고기가 헤엄치고, 사람들은 바닷가를 오고 간다. 물결은 자유롭게 너울거리고, 물거품은 보글보글 일다가 이내 흔적도 없이 사라진다. 바다는 이렇게 자유와 변형의 이미지로 소리로 형상화된다. 제3악장 바람과 바다와의 대화(활기차고 격정적으로)는 격정적이고 역동적인 선율 속에서 현악기와 관악기가 엇갈리며 대화한다. 잔잔한 바람에는 살랑대는 물결, 그러다 거센 폭풍우가 몰아치면 무섭게 넘실대는 파도. 바다는 바람과 대화하기도 하고 바람을 받아들이기도 한다.

전체 3악장으로 구성된 '바다'는 교향시의 대표곡으로 널리 알려져 있을만큼 관현악곡이면서도 '바다'를 표제로 하여 시적이고 회화적인 내용을 표현한 작품이다. 그러나 드뷔시 자신은 이 곡을 '교향적 소묘'라고 불렀으나, 사람들은 교향시에 속하는 작품으로 보고 있다.9)

1악장 바다에서 새벽부터 정오까지 - 매우 느리게 : 잔잔하고 느린 선율로 흐르는 시간과 함께 일렁이고 춤추는 바다를 형상화하고 있다. 여기서 현악기와 관악기가 어우러져 내는 소리는 바다가 내는 소리, 바다

---

9) http://terms.naver.com/entry.nhn?docId=1529365&cid=170&categoryId=170. 2013. 9.30.

가 받아들이는 빛, 그리고 바다가 뿜어내는 인상을 표현하고 있다.

2악장 파도의 희롱 - 빠르게 : 일렁이는 파도를 마치 갈매기와 배, 온갖 물고기들, 백사장의 사람들과 희롱하는 것으로 빠르게 연주된다.

3악장 바람과 바다의 대화 - 생동감 있고 격정적으로 : 바다와 바람이 서로 대화하듯, 격정적이고 역동적인 선율 속에서 현악기와 관악기가 얽혀 연주된다.

드뷔시는 비록 자신을 인상주의 음악가라고 불리는 것을 싫어했지만, 그의 음악은 분명 인상주의 화풍과 연관이 있는 것은 부정할 수 없다. 이 '바다'를 들어보면 인상파 화가 모네나 해양화가 윌리엄 터너의 그림이 연상되기도 한다. 재미있는 것은 드뷔시가 '바다'의 악보를 출판할 때 일본의 가츠시카 호쿠사이(葛飾北齊)의 유명한 다색판화인 '가나가와 만 앞바다의 파도'를 표지로 사용했다는 점이다. 해양화나 바다 등을 운운할 때면 늘 거론되는 이 유명한 목판화는 후지산을 원경으로 하고, 집채만한 파도를 근경으로 하는 한편, 부드러운 파도는 오른편에, 부서지는 거친 파도는 왼편에 배치함으로써 단조롭지 않게 조화미를 형상화한 작품이다.

'바다'를 작곡할 무렵 드뷔시는 부인 릴리 텍시에와 1904년 이혼하고, 에마 바르다크와 재혼하는 우여곡절을 겪었다. 이 과정에서 호사가들의 입방아에 오르자 영국의 해안도시 이스트번으로 이주하였다. 아내와 헤어지고 두 번째 부인을 만난 시기와 교향시 '바다'를 겹쳐 놓고 보면 흥미롭다. 왜냐하면 바다는 인간의 감성을 자극하고 영감을 불러일으키는 동시에 욕망과 생명에 관해 풍부한 생각할 거리를 던져주기 때문이다. 드뷔시는 25년 동안의 짧은 작곡 활동기 동안 기존 관념을 끊임없이 깨드린 작곡가였다. 그는 상투적인 19세기 화성처리법을 받아들이지 않았고, 조성감을 없애기 위해 21 음계를 고안하기도 하였으며, 전통적인 관현악법에서도 벗어나고자 했다. 현악기는 주로 서정적으로 사용해야 한 다는 통념도 가차없이 거부했다. '바다'에서 바이올린이 창조해 낸 거대 한 파도 소리는 현악기 음색에 새로운 개념을 가져다 주었고, 목관악기 역시 사람의 목소리처럼 다양한 음색을 전달해야 한다고 보았으며, 금 관악기 또한 원래의 음색을 변화시켜 활용했다. 한마디로 드뷔시는 19 세기 낭만주의 작곡법을 퇴색시키고, 독자적인 악곡기법을 창조한 인상 주의 음악의 창시자요, 완성자라 할 수 있을 것이다.[10]

1.7. 엘가의 연가곡 〈바다의 이미지〉

ko.wikipedia.org.

'사랑의 인사'라는 소품으로 널리 알려 진 엘가(Edward Elgar, 1857~1934)는 영국 의 작곡가답게 '바다의 이미지'라는 연가 곡집으로 바다를 표현했다. 당초 소프라 노를 위한 연가곡으로 작곡했다가 당대 유명한 콘트랄로(contralo)였던 클라라 버 트의 요청으로 낮은 성조로 바뀌어 1900 년에 '콘트랄로를 위한 연가곡'으로 발표 하였다. 전체 5곡으로 이루어져 있다.

Sea Pictures, op.37.

1. 바다의 자장가(Sea Slumber Song) : 영국 시인 로덴 노엘(Roden Noel)의 쓴 시에 곡을 붙인 것으로, 바다의 물결을 자장가 삼아 부르는 아름답고 부드러운 선율이다.

---

10) 이근정, 「드뷔시의 바다」, 대한민국 해양연맹, 『바다』, 29호, 2009, 가을, pp.102 - 106.

2. 항구에서(In Heaven) : 엘가의 아내인 캐롤라인 앨리스 로버츠 (Caroline Alice Roberts)가 작사에 곡을 붙인 것으로, 떠남과 만남이 있는 항구에서 굽이치는 물결을 보며 부르는 노래다.

3. 바다에서 맞는 안식일 아침(Sabbath Morning at Sea) : 영국 시인 엘리자베스 브라우닝(Elizabeth Browning)의 시에 곡을 붙인 것으로, 배는 장엄한 모습을 하며 출항을 하고, 거친 바다 앞에서 신에게 평온을 갈구하듯 복종하고 안식일 아침을 맞는다.

4. 산호초가 쉬는 곳(Where Corals Lie) : 리처드 가넷(Richard Ganet) 이 쓴 시에 곡을 붙인 것으로, 산호초가 쉬는 곳을 그리며 노래한다.

5. 헤엄치는 사람(The Swimmer) : 영국시인 애덤 린제이 고든(Adam Lindsay Gordon)이 쓴 시에 곡을 붙인 것으로, 5곡 중 가장 긴 6분여를 노래한다. 찌그러진 선체와 부러진 돛이 있었던 해안. 사랑하는 연인과 손을 잡고 걸었던 그 해안. 거친 폭풍우가 쓸어 가버린 해안. 그럼에도 사랑은 결코 사그라 들지 않는다.

영국의 국민 작곡가라고 불릴 만큼 인기를 얻고 있는 엘가는 1857년 영국 우스터 근처의 시골마을에서 태어났다. 그의 아버지는 피아노조율사이자 악기상을 했는데, 그 덕분에 바이올린을 배우기도 하고, 독학으로 작곡을 배웠다. 그러나 전문적인 음악 수업을

받지 못하고, 열여섯 살에 학교를 마치자마자 변호사 사무실에 일하였다. 엘가는 변호사 사무실에서 일하는 동안에도 음악 공부를 멈추지 않아서 교회의 오르간 연주자로 활약했다. 그의 인생의 전환점은 29살 때 아내 캐롤라인 앨리스 로버츠와 만나고 나서부터였다. 육군소장의 딸로

캐롤라인과 엘가
『바다』, 30호, p.96.

가문이 좋았던 캐롤라인은 엘가에게 피아노를 배우러 왔고, 마침내 1889년 엘가와 결혼하기에 이르렀다. 엘가는 캐롤라인의 도움을 받아 작곡에 열중하였고, 1899년 '수수께끼 변주곡'을 발표하여 이름을 얻기 시작하여, 소품 '사랑의 인사', '위풍당당 행진곡' 등을 작곡하여 영국에서 명성을 얻었다. 그러나 1919년 아내 캐롤라인이 죽고 난 뒤에는 1934년 사망할 때까지 이렇다 할 작품을 내놓지 못했다. 일부에서는 전문적인 작곡법을 배우지 못한 엘가는 악보 기보법을 몰랐는데, 이를 도와줬던 캐롤라인이 사망하자 작곡을 할 수 없었기 때문이라고 주장하기도 한다. 그럼에도 불구하고 17세기 헨리 퍼셀(Henry Purcell, 1659~1695) 이후 이렇다 할 작곡가를 배출하지 못했던 영국에서 엘가는 국민 작곡가로 명성을 얻었고, 사후에도 영국민들로부터 많은 사랑을 받고 있다.[11] 그는 1904년 써(Sir) 작위를, 1931년에는 준남작(1st Baronet of Broadheath) 작위를 받았다.

1.8. 짐머만의 행진곡 〈Anchor Aweigh〉

해양 음악 가운데 가장 신명나는 곡은 단연 찰스 짐머만(Charles Zimmerman, 1861~1916)이 1906년 작곡한 〈닻을 올려라(Anchor aweigh)〉 행진곡이다. 이 곡은 미국 피바디음악원(Peabody Conservatory in Baltimore)를 졸업하고 미 해군사관학교의 악단장을 맡고 있던 짐머만 대위가 당시 1학년생이었던 알프레드 마일즈(Alfred Hart Miles)의 부탁으로 1907년에 있을 예정인 미

---

11) 이근정, 「엘가의 연가곡 바다의 그림」, 대한민국 해양연맹, 『바다』 30호, 2009 여름, pp. 92-97

국 육군과 해군간의 축구시합의 응원곡으로 작곡한 곡이다. 이 경기에서
는 'Anchor Aweigh' 응원 덕분인지 해군이 승리하였다. 이후 Anchor Aweigh
는 1907년 미해군사관학교의 졸업식 축하곡으로 사용되었고, 이후 미 해
군의 공식 노래로 지정되었다. 원 가사는 마일즈가 붙였는데, 현재는 조지
로트맨(George Lottman)이 개사한 노래 중 제2절이 널리 불려지고 있다.[12]

Anchor Aweigh

Revised Lyrics by G. D. Lottman

Anchors Aweigh, my boys, Anchors Aweigh.
Farewell to college joys, we sail at break of day - ay - ay - ay.
Through our last night on shore, drink to the foam,
Until we meet once more. Here's wishing you a happy voyage home.

젊은이여 닻을 감아라. 닻을 감아라.
생도 시절의 즐거움과는 작별하고, 우리는 동틀 녘에 항해한다.
육지에서 마지막 보내는 이 밤 내내, 다시 만날 때까지 실컷 마시자꾸
나. 행복한 귀향을 기원한다.

'Anchor Aweigh'는 1945년 진 켈리(Gene Kelly)
가 주연한 같은 제목의 영화 'Anchor Aweigh'의
주제곡으로 사용되기도 하였고, 1982년 리처드
기어(Richard Gere)가 주연한 '사관과 신사' 등 미
국 해군이 등장하는 영화에서는 단골처럼 배경음
악으로 연주되곤 한다.
　이밖에 베토벤의 피아노 소나타 17번 D단조
'폭풍우', 슈베르트의 현악 5중주 A장조 '숭어' 등
이 있다.

en.wikipedia.org

---

12) http://www.navy.mil/navydata/nav_legacy.asp?id=191. 2013. 9. 28.

2. 대중 음악

2.1. 로드 스튜어트의 'Sailing'

ko.wikipedia.org

유럽의 문화의 주조가 해양문화에 있는 만큼 팝음악 가운데는 바다, 배, 항해를 테마로 한 음악이 많이 있다. 로드 스튜어트의 Sailing, 크리스토퍼 크로스의 Sailing, 로비 윌리암슨과 조지 벤슨의 Beyond the Sea 등이 대표적이다.

팝 음악에서 해양 음악을 들라면, 제프 백 그룹(Jeff Beck Group)과 페이시스(Faces)의 멤버로 활동하기도 했던 로드 스튜어트(Rod Stewart, 1945~)가 1975년에 발표한 '세일링'을 첫손가락을 꼽지 않을 수 없다. 세일링은 그의 허스키한 목소리와 절묘하게 어우러져 그해 영국 싱글차트 1위를 차지하는 등 'Passion'과 더불어 그의 대표곡이 되었다. 세일링의 가사는 폭풍우와 어둠을 뚫고 자유를 얻고, 주(Lord)께 가기 위해 항해하겠다는 내용이다. 가사의 내용으로는 항해 자체가 목적이 아니라, 자유와 영원한 안식을 찾아 주의 품 안으로 항해하겠다는 상징적 의미를 담고 있다. 그렇기 때문에 주에게 가기 위해 항해만을 한 것이 아니라 하늘도 날고 있는 것이다. 그럼에도 불구하고, 이 세일링은 마치 전세계 뱃사람들의 주제곡과 같이 되어 널리 사랑받고 있다. 로드 스튜어트는 1971년 '플레이보이 선정 최고의 남성 보컬리스트'에 선정되었고, 1994년 미국 로큰롤의 명예의 전당에, 2006년에는 영국 음악의 명예의 전당에도 솔로 아티스트 자격으로 각각 헌액되었다.

Sailing	항해

I am sailing, I am sailing, home again
'cross the sea.
I am sailing, stormy waters, To be near
you, to be free.

I am flying, I am flying, like a bird
'cross the sky.

I am flying, passing high clouds, To be
with you, to be free.
Can you hear me, Can you hear me,
Thro' the dark night far away.

I am dying, forever Crying, to be with
you who can say.
Can you hear me, Can you hear me,
Thro' the dark night far away.

I am dying, forever Crying, to be with
you, who can say.
We are sailing, We are sailing, home
again 'cross the sea.

We are sailing, stormy waters, To be
near you to be free.

Oh Lord to be near you. To be free
Oh Lord to be near you. To be free
Oh Lord to be near you. To be free
Oh Lord

나는 항해를 합니다. 바다를 건너
다시 본향으로 가기 위해
항해합니다.

나는 폭풍우가 치는 거친 바다를
항해합니다. 당신에게 다가가기
위해, 그리고 자유롭기 위해

나는 날아 갑니다. 하늘을 가로질러
새처럼 날아갑니다.

나는 높은 구름을 지나 날아 갑니다.
당신과 함께 있기 위해 그리고
자유롭기 위해
내 목소리가 들리시나요. 어두운 밤
저 멀리로 내 목소리가 들리시나요.

나는 당신과 함께 있고 싶어
죽을 지경이며, 영원히 울고
있습니다. 누가 말하였던가요?
저 멀리 어두운 밤 너머에서
우리는 항해합니다. 바다를 가로질러
본향으로 가기 위해 항해하고
있습니다.

우리는 폭풍우 속에서 항해하고
있습니다. 당신에게 다가가기 위해
그리고 자유롭기 위해

오 주여! 당신에게 다가가기 위해.
그리고 자유롭기 위해

2.2. 크리스토퍼 크로스의 'Sailing'

로드 스튜어트의 'sailing'과 같은 제목으로 그에 못지않은 명곡으로 손
꼽이는 곡이 크리스토퍼 크로스(Christopher Cross, 1951~)의 Sailing이다. 이

곡은 그의 1979년 데뷔앨범 '크리스토퍼 크로스'에 수록된 곡이다. 이 데뷔앨범에서 'Say You'll be Mind'가 크게 히트한 데 데 뒤이어 'sailing'까지 대히트하였다. 이로써 크리스토퍼 크로스는 데뷔앨범으로 1980년 그래미 어워드 최우수 신인가수상, 올해의 노래상, 올해의 앨범상을 수상했고, 1981년 아카데미어워드 최우수노래상을 수상했다. 크리스토퍼 크로스가 이처럼 데뷔 앨범 한 장으로 성공할 수 있었던 것은 운이 좋았기 때문이 아니었다. 그는 의과대학을 다니다가 음악에 대한 열정으로 의학을 그만두고 음악으로 전향한 뮤지션이다. 그는 텍사스 주의 오스틴의 클럽을 중심으로 그룹을 만들어 활동하였는데, 그가 만든 그룹은 딥 퍼플, 레드 제플린과 같은 슈퍼밴드의 오프닝밴드로 활동하였다. 그의 데뷔 앨범도 그의 개인적 역량만이 아니라, 두비 브라더스의 마이클 맥도날드와 데이브드 사우더, 이글스의 돈 헨리 등 당대 최고의 뮤지션들이 참여하였다. '세일링'은 크리스토퍼 크로스가 작사, 작곡, 노래까지 1인 3역을 한 이 노래로 마음의 평온과 평정심을 찾기 위해 항해하면 파라다이스이자 네버랜드(neverland)로 갈 수 있을 것임을 서정적으로 노래하였다. 이 노래는 크리스토퍼 크로스의 맑고 청아한 목소리와 시적인 가사, 마치 잔잔한 바다를 항해하는 듯 한 멜로디가 어우러져 사람들의 항해심(航海心)을 고취하고 있다.

Sailing	항해

It's not far down to paradise
At least it's not for me
And if the wind is right
you can sail away
And find tranquility
oh! The canvas can do miracles
Just you wait and see
Believe me
It's not far to never never land
No reason to pretend
And if the wind is right
you can find the joy of innocence again
oh! The canvas can do miracles
Just you wait and see
Believe me
Sailing, Takes me away
To where I've always heard it could be
Just a dream and the wind to carry me
And soon I will be free
Fantasy
It gets the best of me
When I'm sailing
All caught up in the reverie
Every word is a symphony
Won't you believe me
Sailing, Takes me away
To where I've always heard it could be
Just a dream and the wind to carry
me(repeated)
It's not far back to sanity
At least it's not for me
And when the wind is right you can sail away
And find serenity
oh! The canvas can do miracles
Just you wait and see
Believe me

이상향까지는 멀지 않아요. 적어도
내게는요.
바람만 좋다면, 평온을 찾아 당신도
항해할 수 있어요.

돛이 기적을 부릴 것이니, 당신은 그저
지켜 보기만 하세요. 나를 믿으세요.
네버랜드까지는 멀리 않아요. 그런 척 할
이유도 없어요.

바람만 좋다면, 당신은 다시 천진의
기쁨을 찾을 수 있을 거예요.
돛이 기적을 부릴 것이니, 당신은 그저
지켜 보기만 하세요. 나를 믿으세요.

항해. 내가 단지 꿈이라고 늘 들어왔던
곳으로 나를 데려다 줘요.
바람이 나를 데려다 줄 거예요.
그러면 곧 나는 자유로워 질 거예요.(후렴)
공상.
항해하고 있을 때는 최고의 나를 만날 수
있어요.
모든 것이 몽상에 사로잡혀 있어요.
모든 말은 한곡의 교향곡이에요.
내 말이 믿기지 않나요.
(후렴)

제 정신으로 돌아가는 게 어렵지 않아요.
적어도 내게는요.
바람이 좋을 때 당신은 평정심을 찾아
항해할 수 있어요.
(후렴)

돛이 기적을 행할 것이니, 당신은 그저
지켜 보기만 하세요.
나를 믿으세요.

2.3. Beyond the Sea

'Beyond the Sea'는 그 부드러운 음악과 바다 너머에 대한 희망 찬 동경 등이 어루러져 바다와 나가고자 하는 욕구를 불러일으킨다. 가사를 살펴보면, "바다 건너 어딘가에서 나를 기다리고 있을 사랑하는 여인을 찾아 항해를 떠나서 그녀를 만나 행복을 찾을 것"을 노래하고 있다. 이 노래에서 바다 너머는 '사랑하는 애인'과 '그녀와의 달콤한 입맞춤'과 '행복'이 있는 곳이어서 그곳으로 가는 항해는 무척이나 희망과 기쁨에 차 있다. 이 곡의 원곡은 La Mer(바다)라는 샹송으로 1938년 샤를 트레네 (Charles Trenet)가 툴루즈와 파리 사이의 급행열차 안에서 옛날 회상하면 단숨에 작사·작곡한 곡으로 알려져 있다. 이 노래는 이후 잭 로렌스 (Jack Lawrence)가 영어로 번안하여 크게 히트하였고, 이후 로비 윌리엄슨, 로드 스튜어트, 스티비 원더, 조지 벤슨 등 여러 가수들이 불렀다.

Beyond the Sea	저 바다 너머
somewhere beyond the sea somewhere waiting for me my lover stands on golden sands and watches the ships that go sailing	저 바다 너머 어딘가에, 나를 기다리고 있는 내 애인이 황금빛 백사장에 서서 항해하고 있는 배들을 보고 있네요.
somewhere beyond the sea she's there watching for me if I could fly like birds on high then straight to her arms I'd go sailing	저 바다 건너 어딘가에 나를 바라보며 그녀가 있어요. 하늘 높이 새들처럼 날 수 있고, 그녀에게 곧장 안길 수 있다면, 나는 기꺼이 항해할 거예요.
It's far beyond the stars It's near beyond the moon I know beyond a doubt My heart will lead me there soon	저 별 너머 멀리 있어요. 저 달 너머 가까이에 있어요. 내 마음이 곧 나를 그곳으로 데려다 줄 것임을 결코 의심하지 않아요.
We'll meet beyond the shore	우리는 저 해안 너머에서 만나, 예전처럼

We'll kiss just as before
Happy we'll be beyond the sea and never
again I'll go sailing

I know beyond a doubt
My heart will lead me there soon
We'll meet (I know we'll meet) beyond the
shore
We'll kiss just as before happy we'll be
beyond the sea and never again I'll go
sailing

no more sailing, so long sailing sailing bye
bye sailing
Good bye farewell friends.

입 맞출 거예요.
저 바다 너머에서 우리는 행복할 거예요.
그라면 다시는 항해하지 않을 거예요.

내 마음이 곧 나를 그곳으로 데려다 줄
것임을 결코 의심하지 않아요.
우리는 저 해안 너머에서 만나, 예전처럼
입 맞출 거예요.
저 바다 너머에서 우리는 행복할 거예요.
그리고 다시는 항해하지 않을 거예요.

2.4. 크리스 더 버그의 'Ship to Shore'

버그(Chris de Burgh)가 2001년 발표
하여 히트한 'Ship to Shore'는 사랑에 빠
진 자신을 연인에게 구해줄 것을 요청
하는 사랑의 노래다. 그러나 자신을 침
몰 중인 선박에, 연인을 육상국에 비유
하여 선박과 육상국 간의 교신 내용을
주된 가사로 채택하여 해양음악으로 손
꼽을 수 있게 되었다. 버그(Burgh)는 또
'Sailor'란 노래에서는 "뱃사람들을 자신

cdeb.com/gallery/

을 고향과 연인에게 데려다 주는 존재"로 그리고 있다.
 1948년에 아르헨티나에서 영국 외교관의 아들로 태어난 버그는 더블
린의 트리니티대학교 영문학과 재학 중 파티에서 어느 작곡가를 만나
음악계에 입문하게 되었다고 한다. 그는 1986년 'The Lady in Red'란 곡
으로 영국 등 유럽의 주요 챠트에서 1위를 차지함으로써 두각을 나타내

었다. 이 곡은 국내 드라마 〈결혼의 여신〉에서 배경음악으로 사용되기도 했다. 여주인공인 남상미가 방송국에서 실수를 하고 난 뒤 사표를 내고 귀가하는 동안 차 안에서 흘러 나왔던 곡이다.

Ship To Shore	선박에서 육상국으로
Ship to shore, do you read me anymore. This line is bad, and fading, Ship to shore, answer my call, Send me a signal, a beacon to bring me home;	여기는 배, 육상국. 감도 있습니까? 감도가 나빠요. 감도가 떨어지고 있어요. 여기는 배, 육상국, 답신 바랍니다. 고향으로 나를 데려다 줄 신호인 비이컨을 보내주세요.
I have been to see the world, tasted life at every turn, And all the time, Your face came back to haunt me; Ship to Shore Day by day the feeling grew, I know I'm still in love with you, The farther that I go, the more I know it, I wanna show it,	나는 언제 어디서나 세계를 보았고, 삶을 겪었죠. 당신의 얼굴이 나의 뇌리에서 떠나지 않아요. 하루하루 그 감정이 커져갔죠. 나는 아직 당신을 사랑하고 있다는 것을 알고 있어요. 내가 더 멀리가면 갈수록 나는 더 그 사실을 잘 깨닫게 되요. 그것을 보여주고 싶어요.
Ship to shore, do you read me anymore. This line is bad, and fading, Ship to shore, answer my call, Send me a signal, a beacon to bring me home;	여기는 배, 육상국. 감도 있습니까? 감도가 나빠요. 감도가 떨어지고 있어요. 여기는 배, 육상국, 답신 바랍니다. 고향으로 나를 데려다 줄 신호인 비이컨을 보내주세요.
Moving fast, all systems go, You and I had time to grow, Before there was a breakdown in transmission;	빠르게 이동 중이고, 모든 시스템은 작동 중이에요. 당신과 나는 교신이 고장나기 전에 (사랑을) 키울 시간이 있었어요.
How I wish that we could turn The clock back to the days when We were lovers in the true sense of the meaning, you must believe me,	우리가 진정한 의미에서 연인이었던 그 시절로 시계를 되돌릴 수 있기를 내가 얼마나 원하는지? 내 말을 믿어주세요.
Ship to shore, do you read	

me anymore.
This line is bad, I'm drowning,
Ship to shore, answer my call,
Send me a signal, a beacon to
bring me home;

Ship to shore, ship to shore,
ship to shore …

I cannot believe my eyes,
But I think I see a light;
You are everything I've always
Wanted in my life

여기는 배, 육상국. 감도 있습니까?
감도가 나빠요. 침몰 중이에요.
여기는 배, 육상국, 답신 바랍니다.
고향으로 나를 데려다 줄 신호인
비이컨을 보내주세요.
여기는 배, 육상국.

내 눈을 믿을 수가 없어요. 그러나 빛을
본 것으로 생각해요. 당신은 내 인생에서
내가 언제나 원해왔던 모든 것이에요.

이밖에 팝음악에서 바다와 배, 항해를 모티브로 하고 있는 노래로는
Chris de Burgh의 'Sailor', Lulu의 'Sail on, Sailor', Neil Diamond의 'The Boat
that I row', Cocoon의 'In my Boat' 등이 있고, 연주음악으로는 George
Winston의 'Sea', 국내퓨전국악그룹인 Leading Tone의 'Sea', Yuki Kuramoto
의 'Sonnet of the Sea'와 'Lonely Sailing' 등이 있다.

2.5. 더 뷰티풀 사우스의 'I'll sail this ship alone'

영국의 밴드 더 뷰티풀 사우스(The Beautiful South)가 1989년 자신들의
데뷔 앨범인 Welcome to the Beautiful South에 수록한 I'll Sail this ship
alone은 감미롭고 부드러운 Paul Heaton의 보컬에 아름다운 가사가 어우
러져 '홀로 돛단배를 타고 바다 위를 항해하는 느낌'을 절로 느낄 수 있
다. 이 곡은 1997년 일본의 드라마 'Beach Boys'에도 수록된 바 있다. 이
제목과 같은 노래로 1950년 Moon Mollican에 의해 발표되어 빌보드 싱글
차트 17위까지 오른 바 있는데, Moon Mollican의 노래와 The Beautiful
South의 노래는 제목이 같은 것을 제외하고는 아무 관련이 없다. The
Beautiful South은 포크와 팝, 리듬 앤 블루스, 재즈 등이 어우러져 순수

en.wikipedia.org

한 팝 록음악을 추구하였다. 2007년에 해체하였다. 이들의 음악 중에는 맥 라이언과 케빈 클라인이 주연한 〈French Kiss〉에 삽입된 'Dream a little dream of me'가 널리 알려졌다.

I'll Sail This Ship alone	혼자 이 배를 타고 항해하고 싶어

If, if you choose that we will always lose
Well then I'll sail this ship alone
And if, if you decide to give him another try
Well then I'll sail this ship alone

Well they said if I wrote the perfect love song
You would take me back
Well I wrote it but I lost it
And now will you take me back anyway

Now if, if you insist that this is for the best
Well then I'll sail this ship alone
And if, if you swear that you no longer care
Well then I'll sail this ship alone

I'll sail this ship alone
Between the pain and the pleasure

만약 당신이 우리가 언제나 질 것을 선택한다면, 나는 이 배를 홀로 타고 항해할 거예요.

만약 당신이 그에게 한번 더 시도해 볼 기회를 주려고 결정한다면, 나는 이 배를 홀로 타고 항해할 거예요.

내가 완벽한 사랑의 노래를 짓는다면, 당신에게 나를 다시 붙잡을 것이라고 얘기했어요.

그래서 나는 그 노래를 지었지만, 잃어버렸어요. 그래도 이제 당신이 나를 다시 받아주실까요?

만약 당신이 이것이 최선이라고

I'll sail this ship alone
Amongst the sharks and the treasure
If you would rather go your way then go your way
I'll sail this ship alone

If, if you're afraid that I won't make the grade
Well then I'll sail this ship alone
And if, if you agree to him instead of me
Well then I'll sail this ship alone

Well they said if I wrote the perfect letter
That I would have a chance
Well I wrote it, and you burnt it
And now do I have a chance anyway

If, if you swear that you no longer care
Well then I'll sail this ship alone

I'll sail this ship alone
Between the pain and the pleasure
I'll sail this ship alone
Amongst the sharks and the treasure
If you would rather go your way then go your way
I'll sail this ship alone

Well they said if I burnt myself alive
That you'd come running back

주장한다면, 나는 이 배를 홀로 타고 항해할 거예요.

만약 당신이 더 이상 상관하지 않을 것이라고 맹세한다면, 나는 이 배를 홀로 타고 항해할 거예요.

나는 고통과 기쁨 사이에 이 배를 홀로 타고 항해할 거예요. 나는 상어들과 보물 사이로 이 배를 홀로 타고 항해할 거예요.

만약 당신이 당신의 길을 가기를 원한다면, 나는 이 배를 홀로 타고 항해할 거예요.

만약 내가 완벽한 편지를 쓴다면, 나에게 기회가 있을 것이라고 말했어요.

그래서 나는 그 편지를 썼지만, 당신이 태워버렸죠. 그래도 제게 또 다른 기회가 있나요?

나는 고통과 기쁨 사이에 이 배를 홀로 타고 항해할 거예요. 나는 상어들과 보물 사이로 이 배를 홀로 타고 항해할 거예요.

만약 당신이 당신의 길을 가기를 원한다면, 나는 이 배를 홀로 타고 항해할 거예요.

내가 자신을 생생하게 태운다면 당신이 내게 다시 돌아올 것이라고 얘기했어요.

우리 가요에도 바다를 노래한 곡은 많다. 그 가운데서도 1940년에 故 김정구가 노래한 '바다의 교향시'와 1984년 정태춘이 노래한 '떠나가는

배'가 대중들에게 지금까지 널리 사랑 받는 곡이다. 보통 김능인 작사로 알려진 '바다의 교향시'는 실제는 월북 작사가인 조영출이 노랫말을 지은 노래로[13] 1940년 OK레코드에서 출반하였는데, 현제명의 가곡 '희망의 나라로'를 연상케 한다. 특히 이 노래는 멜로디가 경쾌하여 듣는 이나 부르는 이 모두에게 시원함을 전해준다. 일제 식민통치 말기 암울한 시기에 피폐해진 민심을 달래줄 희망가가 요구되던 시절 젊은 날의 추억과 낭만을 유감없이 심어주어 당시 젊은이들에게 널리 애창되어 왔고, 지금 들어도 그 가사나 멜로디가 시대에 뒤떨어진다는 느낌이 들지 않을 정도로 세련되어 있다. 일제 말기 대부분의 가요들이 구슬프고 애잔한 정서에 머물러 있던 당시에 경쾌한 멜로디와 희망찬 가사로 대중들에게 희망을 주고 널리 사랑받았다는 점에서 한국가요사에 중요한 의미를 차지하고 있는 노래라 할 수 있다.[14]

바다의 교향시

조영출 작사, 손목인 작곡

어서 가자가자 바다로 가자 출렁출렁 물결치는 십리포구 바닷가
안타까운 젊은 날의 로맨스를 찾아서 (헤이)
어서어서 어서가자 어서가 젊은 피가 출렁대는 저 바다는 부른다 저 바다는 부른다 //
어서 가자가자 바다로 가자 가물가물 황포돛대 쓰러지는 수평선
섬 아가씨 얽어주는 로맨스를 찾아서 (헤이)

---

13) 민경찬, 『청소년을 위한 한국음악사』, 한국두리미디어, 2006, p.338.
14) 현행복, 「음악 속의 바다」, 『해양과 문화』, 12호, 2005, pp.91 - 93.

어서어서 어서가자 어서가 젊은 피가 출렁대는 저 바다는 부른다 저 바다는 부른다 //
어서 가자가자 바다로 가자 출렁출렁 물결치는 십리포구 바닷가
안타까운 젊은 날의 로맨스를 찾아서 (헤이)
어서어서 어서가자 어서가 갈매기 떼 너울대는 저 바다는 부른다 저 바다는 부른다

1985년 발표된 정태춘의 '떠나가는 배' 역시 바다 너머 평화와 무욕의 땅을 찾아 나서는 희망을 노래하였다. 대부분의 항구나 배, 바다를 노래한 가요들이 연인과 가족과의 이별이나 고향을 떠나는 슬픔의 정서를 주로 노래하고 있는 데 반해, '떠나가는 배'는 오겠다는 약속이나 연인을 두고 떠나는 슬픔도 뒤로 한 채 평화의 땅을 찾아 나서는 배를 노래하였다. 그러나 창자는 배에 동승하지 못하고 멀리 육지에서 바라보는 것으로 그치고 있다. 그럼에도 떠나가는 배가 평화와 무욕이라는 희망을 땅을 찾아나가는 배로 보고 있다는 점에서 긍정적으로 평가해도 좋을 듯하다.

떠나가는 배(이어도)

정태춘 작사, 작곡

저기 떠나가는 배 거친 바다 외로이 겨울비에 젖은 돛에 가득 찬바람을 안고서
언제 다시 오마는 허튼 맹세도 없이 봄날 꿈같이 따사로운 저 평화의 땅을 찾아
가는 배여, 가는 배여, 그곳이 어드메뇨 강남길로 해남길로 바람에 돛을 맡겨
물결 너머로 어둠 속으로 저기 멀리 떠나가는 배 //
너를 두고 간다는 아픈 다짐도 없이 남기고 가져갈 것 없는 저 무욕의 땅을 찾아
가는 배여, 가는 배여, 언제 우리 다시 만날까 꾸밈없이 꾸밈없이 홀로 떠나가는 배
바람 소리, 파도 소리 어둠에 젖어서 밀려올 뿐

이 밖에도 둘다섯의 '밤배', 키보이스의 '해변으로 가요', 김트리오의 '연안부두', 심수봉의 '남자의 배 여자는 항구', 유영석의 '겨울바다', 김현

식의 '겨울바다', 유피의 '바다' 등이 바다와 배를 모티브로 하고 있다. 하지만 이들의 관점은 바다와 배 위에 있는 것이 아니라 배와 바다를 육상에서 바라보는 바다와 배다. 이와는 달리 조동진의 '항해', 김동률의 '고독한 항해', 구피디의 '항해(오딧세이)' 등은 배에 돛을 달아 직접 띄우거나, 바다

끝까지 항해한다거나, 항해를 마치고 자유를 찾는다는 내용을 노래하고 있다. 이처럼 우리 국민들에게 바다와 배, 항해는 생업이나 일상에 밀접한 것도 아니다. 따라서 우리 나라 노래 가운데 진정한 의미에서 바다 노래를 찾는다는 것은 쉬운 일이 아니다. 한국해양과학기술원(옛 한국해양연구원)이 작곡가 정풍송과 가수 인순이와 함께 바다 노래를 제작하였지만, 그 앨범에 실린 곡들을 진정한 의미에서의 바다 노래로 보이지 않는다. 설사 그 노래들이 바다를 소재로 한 노래라고 하더라도 그것이 일회적인 이벤트로 제작된 노래들이라 대중들에게 사랑을 받기에는 한계가 있는 듯하다.

항해(조동진)	고독한 항해(김동률)	항해(오딧세이)(구피디)
이제 더 잃을 것도 없는 고난의 밤은 지나고 새벽 찬 바람 불어와 우리의 텅 빈 가슴으로 이제 더 찾을 것도 없는 방황의 날은 끝나고 아침 파도는 밀려와	함께 배를 띄웠던 친구들은 사라져 가고 고향을 떠나 온 세월도 메아리 없는 바다 뒷 편에 묻어둔 채 불타는 태양과 거센 바람이 버거워도 그저 묵묵히 나의 길을 그 언젠가는 닿을 수 있단 믿음으로 난 날 부르는 그 어느	나 이제 멀리 떠나온 거잖아 또 머나먼 길 가야하겠지만 텅빈 구석에 나 홀로 남겨진 그런 느낌 속에 힘들어지지만 나의 삶 나의 삶 때론 서글퍼져 올 때면 가만히 눈을 감아 보겠지 나를 믿어줘 나를 기억해 다시 돌아올 그 때까지 소중한 약속으로 남겨줘

발 아래 하얀
거품으로

끝없는 허무의 바다
춤추는 설움의 깃발
모든 것 바람처럼
우리 가슴에 안으니

오랜 항해 끝에 찾은
상처 입은 우리의
자유

곳에도
닻을 내릴 순 없었지
부질없는 꿈
헛된 미련
주인을 잃고
파도에 실려 떠나갔지

난 또 어제처럼
넘실거리는
순풍에 돛을 올리고
언제나 같은 자리에서
날 지켜주던
저 하늘의 별 벗 삼아서
난 또 홀로 외로이
길을 잡고
바다의 노랠 부르며
끝없이 멀어지는 수평선
그 언젠가는
닿을 수 있단 믿음으로

수평선 너머 저 세계를 향해
바다 끝까지 너와 함께 항해하리
이제 수많은 사연 모두 깊은 파도
속에 던져 버리고 새로운 세계로

끝없이 끝없이 이어져왔던 내
영혼은
또 다시 삶을 찾아 가겠지
지금 헤어져 힘들지라도
잠시 뿐인 순간 일뿐야
우리는 다시 만날 테니까

수평선 너머 저 세계를 향해
바다 끝까지 너와 함께 항해하리
이제 수많은 사연 모두 깊은 파도
속에 던져 버리고 새로운 세계로

수평선 너머 저 세계를 향해
바다 끝까지 너와 함께 항해하리
이제 수많은 사연 모두 깊은 파도
속에 던져 버리고 새로운 세계로

너와 함께 항해하리
너와 함께 항해하리
너와 함께 항해하리
너와 함께 항해하리

해양단상 4 : '직업으로서의 항해, 취미로서의 항해'

내가 대학에 자리를 잡기까지는 박사학위를 받고나서부터 10년이 걸
렸다. 대학에서 항해학을 전공하고 3년간 승선생활을 마치고 역사학을
다시 공부한 해부터 계산하면 약 20년이 걸린 셈이다. 본의 아니게 첫
번째 학부과정에서 공학을 전공한 내가 역사학을 공부하면서 헤겔과 막
스 베버를 알게 된 것은 크나큰 기쁨이자 정신적 충격이었다. 독일 관

념철학의 집대성자인 헤겔은 1817년 마흔 여섯 살에 하이델베르크대학의 교수로 부임하면서 교수 취임 연설을 했다. 이상형적 학문론을 제시한 막스 베버는 1917년 바이에른자유학생연맹이 주최한 강연에서 〈직업으로서의 학문〉을 강의하였다. 그의 인생 말년에 행한 이 강연에서 베버는 학문을 직업으로 삼는 것이 어떤 의미가 있는지를 제시하였다.

내가 교수가 되기 위해 공학에서 역사학으로 전향한 것은 아니었다. 하지만 헤겔과 베버의 글을 읽으면서 교수가 된다면 어떤 교수취임연설을 할 것인지 행복한 고민을 해보기도 했다. 불행 중 다행으로 나는 헤겔과 같은 나이인 마흔 여섯 살에 목포해양대학의 역사학 전공 교수가 되었다. 지금은 어쩐지 알 수 없지만, 19세기 독일에서는 학자가 교수로 취임을 하게 되면 취임연설을 통해 자신이 속한 시대에 대한 나름의 전망과 입장 등을 자신의 학문적 연구와 관련시켜 압축적으로 피력하는 것이 통례였다고 한다. 그러나 우리 나라는 비교적 젊은 나이에 교수가 취임하는 경우가 보통이어서인지 이러한 전통은 없고, 오히려 퇴임식을 거행하는 것이 보통이다.

평소 교수가 되면 상선예비사관이었던 나의 젊은 시절의 방황을 지금의 젊은 상선예비사관들에게 들려줌으로써 그들이 바다에 헌신하는 것이 잘한 선택이었음을 웅변적으로 들려주고 싶었다. 다행히도 2012년 2월 28일 나는 목포해양대학의 교양과정부 역사학 전공 교수가 되었고, 그 다음날 목포해양대학교 해사대학 신입생 적응 교육이 있었다. 당시 승선생활관장직을 맡고 있었던 정재용 교수가 나에게 해사대학 신입생을 대상으로 강연을 해 줄 것을 부탁했다. 교수 취임식을 마련해주지 않은 우리 나라에서 나에게는 교수취임연설을 할 수 있는 기회가 주어진 셈이었다. 제목은 베버의 〈직업으로서의 학문〉을 차용한 〈직업으로서의 항해, 취미로서의 항해〉다.

직업으로서의 항해

나는 1990년부터 1993년까지 약 3년간 광탄선과 핫코일운반선에 승선하여 세계의 바다를 항해하였다. 비교적 짧은 승선 생활이었음에도 세계의 한바다를 두 번 일주하였으니 항해경력으로서는 꽤 괜찮은 편이었다. 그 동안 항해한 바다를 되돌아보니 태평양, 대서양, 인도양 등 3대양은 물론, 지중해, 북해, 남중국해, 동해, 파나마운하, 수에즈운하, 말라카해협, 쓰가루해협, 도버해협, 순다해협, 희망봉 등을 항해하였다. 일반인들로서는 할 수 없는 독특한 경험을 한 셈이다.

나의 직업으로서의 항해는 이것으로 끝이 났지만, 그 경험은 나의 두 조카에게 이어졌다. 큰 누나의 아들인 외조카는 목포해양대학 항해학과를 졸업하고 5년간 승선생활을 하였고, 형의 아들인 친조카는 현재 승선을 하고 있다. 큰 누나의 아들은 현재 본인의 경험을 살리지 못하고 엉뚱한 일을 도모하고 있고, 친조카도 얼마 남지 않은 의무승선기간을 마치면 하선하겠다는 목표를 세우고 있는 듯 하다. 이 두 조카를 보면서 우리 나라 해기사 교육이 직업윤리의식은 말할 것도 없고, 젊은이들에게 자기 분야에 대한 자부심과 미래에 대한 도전의식을 심어 주는 데 실패했다는 느낌을 갖지 않을 수 없었다.

2013년 현재 우리 나라는 1000톤 이상의 선박이 1576척, 7510만 중량톤의 외항선을 보유하고 있고, 여기에 약 9천 100명의 해기사들이 승선하고 있다. 이들 해기사를 양성하는 대학이 한국해양대학과 목포해양대학이 있으며, 이 두 대학에서 연간 1천 80명 정도의 해기사를 양성하고 있다. 이들 대졸 해기사 중 약 900여명이 원양선에 승선한다. 양 해양대학에서 해기사를 양성하는 데는 엄격한 국제협약이 적용되고 있다. 즉 유엔 산하 기관인 국제해사기구(IMO)가 정한 STCW 협약이 그것이다. 이 협약에는 원양선의 해기사로 승선하기 위해서는 3년간의 좌학과 1년간의 승선실습을 거치도록 하고 있다. 여기에다가 우리 나라의 경우 승선근무예비원제도(병역법 제21조)라는 것을 두어 양 해양대학 졸업자가 졸업 후 5년 내 3년 이상 승선실무종사를 하게 되면 병역을 필하도록 하고 있다. 대체적으로 양 해양대학 졸업 후 약 3년 실무종사 뒤 약 95%의 해기사들이 하선하고 있다.

일부에서는 이를 근거로 양 해양대학의 교육에 대해 회의 내지는 비판하는 의견도 제기되고 있다. 그러나 하선한 해기사들이 해운이나 해양산업이 아닌 다른 분야로 전직하는 경우는 매우 예외적인 경우에 속한다. 상당수의 하선자들은 결국 해운 관련 산업의 육상직으로 전직하고 있다. 이들은 선박을 하선한 뒤 해양경찰, 국토해양부 공무원, 해운대리점, 선박관리업, 선급, 검수검정업, 해운중개업, 조선업 등 해양관련 거의 모든 분야로 진출하고 있다. 따라서 3년간의 의무승선 후 하선하는 것은 이직이 아닌 직장을 옮기는 전직인 셈이다.

승선 생활을 해야 하는 선원이라는 직업은 육상직과는 다른 고유한 직업적 특성이 있다. 우선은 가정과 떨어져 지내야 한다는 것이다. 아무리 육체적으로 힘든 일을 하는 사람이라도 8시간의 일과가 끝나면 모두 가정으로 돌아갈 수 있지만, 선원은 그렇게 할 수 없다. 또한 선원은 그 직장 자체가 한 군데 머물러 있지 않고 상시적으로 이동 상태에 있다. 이는 단순히 직장이 움직이는 데 그치는 것이 아니라, 시간이 변하고, 온도도 함께 변하는 직장인 것이다. 뿐만 아니라 선원의 일터인 배 자체는 이른바 '바다 고유의 위험'에 상시적으로 노출되어 있다. 따라서 전 세계적으로 배와 바다가 좋아 선원이 된 민족이나 국민은 거의 없었다고 해도 지나친 말이 아니다. 우리들이 해양국가라고 하면 떠올리게 되는 영국이나 네덜란드 국민들조차도 바다나 배가 좋아 배를 타고 세계로 나아갔던 것은 아니었다. 가난한 농민들이 일굴 땅이 없어서 배를 타고 바다로 나아가지 않으면 안되었던 것이 이들 나라의 선원들이었다. 해양사의 대가인 알프레드 메이헌(Alfred Mahan)은 "영국인들이 바다로 내몰렸다면, 네덜란드인들은 바다로 내쫓겼다"고 썼다. 이제 선진국 대열에 선 이들 과거의 대해양국가의 국민들은 이제 배를 타고 바다로 나가지 않는다.

취미로서의 항해

나 또한 예외는 아니어서 3년간의 의무승선기간을 마치자마자 역사학을 공부하기 위해 바다를 떠났다. 그런데 역사학을 공부하기 시작하면서 "세계를 여행하고 돈도 많이 벌 수 있는 바다를 떠나 취직도 잘 안되는 역사를 공부하느냐"는 질문을 많이 받게 되었다. 이 질문에 액면 그대로 답을 해야 했다면 "선원이라는 직업에 대한 사회적 평판이 너무 낮기 때문"이라고 답했을 것이다. 1990년대 초반에는 에이즈에 대한 인식이 낮아서 선원들이 항구에 입항하면 보건당국에서 승선하여 선원들을 대상으로 채혈을 했다. 선원들을 외국항에 다니면서 에이즈나 매독을 옮기는 잠재적 성범죄자로 인식했던 것이다. 그리고 배가 입항하여 짬이 생겨 상륙을 하게 되면 세관을 통과해야만 했는데, 세관원들이 밀수를 방지하는 차원에서 선원들의 짐을 샅샅이 뒤지는 것이 보통이었다. 그것이 자존심 셌던 20대 초반의 젊은 내가 감당하기에는 너무나 큰 심리적 타격이었다. 그래서 역사학을 공부하면서 자연스럽게 '해양의 역사를 공부하기 위해'라는 나만의 목표가 설정되었고, '콜럼버스의 대서양 항해'를 주제로 한 석사학위논문으로 구체화되었다. 석사과정을 마치고 잠시 용선중개인 일을 배우기도 했으나, 내가 있을 자리가 아니라는 생각이 들기도 했고, 마침 연구원 자리로 생겨서 전직한 뒤 박사과정에 진학했다. 5년 동안의 박사학위논문을 준비한 끝에 "산업혁명기 영국 해운산업"을 주제로 한 박사학위논문을 완성했다.

2002년 박사학위를 딴 뒤 박물관으로 옮기면서 자연스럽게 부산의 수영만 일대에서 세일링 요트를 배우게 되면서 바다와 배가 좋아지기 시작했다. 20년 된 낡은 중고 요트를 구입하여 닦고, 쓸고, 조이면서 직업인으로서 배를 탈 때와는 다른 '배타는 재미'를 느끼게 되었던 것이다. 2005년 5월 중순경으로 기억된다. '이순신의 부산해전 항로를 따라서'란 주제로 수영만 요트장을 출발하여 오륙도, 태종대, 남항, 남항해교, 자갈치 시장, 영도대교를 돌아오는 항해를 한 적이 있었다. 되돌아오는 길에 태종대 부근에서 짙은 안내가 끼어 시정이 채 50미터도 되지 않았다. 요트장까지는 아직도 6마일 이상 남아 있었다. 다행히 위치는 GPS로 확인하고, 해도 위에 위치를 확인해 가면서 무사히 2시간 여의 무중항해를 마치고 안전하게 마리나로 귀항할 수 있었다. 이때 요트에 해도와 GPS를 갖추었던 것을 천만다행으로 여기면서 다시 한 번 배질하는 마음을 되새겨 볼 수 있었다. 당시 요트장의 다른 요트들도 항해를 하였는데, 안개 속에서 항해를 하지 못하고 닻을 내리고 안개가 걷힐 때까지 기다려야만 했다. 그렇지만 대양항해가 김현곤 선장의 충고에 따라 해도와 GPS를 갖추어 놓은 우리 요트는 무사히 항해하여 되돌아올 수 있었다.

대형상선이건 요트건 배질하는 사람의 마음은 같아야 한다. 우선 겉만 번지르르하게 꾸밀 것이 아니라 배가 파도와 너울을 이겨낼 수 있는 '감항성'을 확보할 수 있도록 안전을 최우선에 두어야 한다. 썩은 철판을 바꾸고, 삭아버린 안전줄을 교체하여 최악의 사태에 대비해야 한다. 감항성에 대한 고려는 배꾼이 갖추어야 할 첫 번째 자질이다. 이와 같은 감항성을 유지하기 위해 미리미리, 그것도 철저하게 준비해야 한다. 어설피 준비했다가는 태풍이나 돌바람에 배나 요트가 견뎌낼 수가 없다. 준비성은 배꾼이 갖추어야 할 두 번째 자질이다. 그리고 모든 일을 철저하게 준비하고 마무리해야 한다. 매듭하나, 새클(shackle) 하나, 라인 하나 모두 철저하게 준비하고 마무리해야 한다. 배란 고정되지 아니하고 늘 물 위에서 유동하기 때문에 뒤틀리기 마련이다. 이리 저리 뒤틀리다 보면 어설피 묶어 놓은 매듭이 풀리는 날에는 사고로 이어지기 십상이다. 따라서 철저성은 배꾼이 갖추어야 할 세 번째 자질이다. 닻얼(anchor spirit)은 감투정신과 희생정신, 그리고 봉사정신으로 상징된다. 돌이켜 생각해보면 배꾼이 갖추어야 할 감항성, 준비성, 철저성은 결국 감투정신, 희생정신, 봉사정신으로 상징되는 닻얼의 실천강령에 다름 아니다.

지금 돌이켜 보면 해양대학에서 항해학을 전공했던 것이 나에게는 최선의 선택이었던 것 같다. 그 당시에는 이를 벗어나 보려고 발버둥쳤던 것 같지만, 결론적으로 나는 '항해를 취미' 삼게 되면서 바다와 배를 사랑하게 되었다. 지금도 젊은 해대생들은 몸은 강의실에서 항해학과 기관학을 배우면서도 마음과 머리는 딴 것으로 가득 차 있는 게 현실이다. 젊은 후배 해양인들이 '직업으로서의 항해'를 생각하지 말고, '취미로서의 항해'를 즐기게 된다면 그들 자신이나 우리 나라 모두에게 득이 될 것임을 깨닫게 되기를 소망한다. (심문식 교수님 정년기념문집, 2013. 2)

제6장 해양레포츠 활동

제6장 해양레포츠 활동

바다는 해상교통로, 어자원의 보고, 광물자원의 매장지일 뿐만 아니라 인간에게 심미적 아름다움을 주고, 레포츠 활동의 무대이기도 하다. 바다가 인간에게 주는 심미적 아름다움을 표현하기 위해 음악과 미술이 활용된다면, 해양 레포츠는 바다에서 인간이 여가와 휴식을 즐기기 위한 방편이라고 할 수 있다. 해양레포츠에는 어떤 것들이 있고, 해양레포츠를 할 때는 무엇을 주의해야 하는지를 알아보자.

1. 해양레포츠의 종류

바다에서 즐길 수 있는 레포츠라면 우선적으로 해수욕이 떠오르겠지만, 이는 본격적인 의미에서 해양레포츠라고 할 수 없을 것이다. 왜냐하면 해수욕이란 바다에서 수영을 즐기는 것인데, 수영이란 기본적으로 물에서 하는 스포츠라는 점에서 해수욕을 해양스포츠라고 할 수 있으나 해양레포츠라고 할 수는 없을 것이기 때문이다. 바다에서 즐길 수 있는 레포츠로서 바다 낚시, 스킨 스쿠버, 요트 세일링, 서핑, 수상스키, 제트 스키 등을 들 수 있다. 이밖에도 최근에는 모터보트에 매달려 즐기는 바나나보트나 패러세일링(parasailing), 웨이크 보드(wakeboard) 등도 시도되고 있다.

웨이크 보드(자료 : http://cafe.daum.net/coddy)

2. 해양레포츠의 발전

2.1 요트 레이스

레포츠는 레저와 스포츠의 합성어로서 사용된 지 그리 오래된 용어는
아니다. 그렇다고 해서 과거에 레포츠 활동이 없었던 것은 아니다. 다만
과거에는 레저와 스포츠를 구분하는 경향이 있었다는 것뿐이다. 따라서
레포츠는 스포츠에서 시작되어 레저와 합쳐지면서 지금과 같은 형태를
띠게 되었다고 할 수 있다. 해양스포츠는 배의 출현과 더불어 시작되었
다고 해도 과언이 아니지만, 배가 화물이나 사람의 이동의 목적이 아닌
여가용으로 즐기기 시작한 것이 해양레포츠의 시작이라고 얘기할 수 있
을 것이다. 배가 화물이나 사람의 이동이 아닌 여가용으로 사용된 것을

흔히 요트라고 일컬어지는데, 요트는 대체로 17세기에 등장했다고 할 수 있다. yacht란 용어 자체가 17세기 네덜란드의 소형선박 jag 선에서 유래하였기 때문이다. 네덜란드어의 jagen은 '사냥하다', '쫓는다'는 의미를 지니고 있다. 당시 네덜란드에서는 야크 선을 바다나 넓은 호수에서 바람을 이용하여 빠른 속도로 항해하여 수렵에 용이한 선형이라 하여 수렵선이라고도 불렸다고 한다. 그러나 엄밀한 의미에서 요트의 기원은 1660년 찰스 2세가 왕정복고 후 귀국하여 왕으로 즉위할 때 네덜란드 인들이 이를 축하하기 위해 선물한 100톤급 메리(Mary) 호이다. 메리 호는 왕실 전용선으로서 '요트'라고 불린 최초의 배이다.

요트 경기 또한 찰스 2세에게서 유래하였다. 왕위 즉위 뒤 1661년 9월 1일 찰스 2세는 동생 요크 공과 템즈 강의 그리니치에서 그레이브 센트까지 37km에서 '100파운드 내기' 요트 레이스를 벌였는데, 이것이 요트 레이스의 시초가 되었다. 근대 스포츠가 대부분 영국에서 발전했듯 요트 또한 영국에서 근대적인 면모로 발전하였다. 1747년 최초로 요트경기 규칙이 영국에서 제정되었고, 1775년에는 대규모 요트 경기가 펼쳐지기도 했다. 요트는 영국인들이 신대륙으로 이주하면서 미 대륙으로 전파되어 1844년 뉴욕에 요트 클럽에 생겼다. 요트의 세계적 확산에 결정적인 영향을 미친 것은 1851년 개최된 제1회 국제요트경기였다. 영국의 와이트 섬을 일주하는 단거리 요트대회에 참전한 미국의 뉴욕요트클럽의 요트 '아메리카' 호가 영국의 요트 14척을 제치고 우승을 차지함으로써 영국 로얄요트클럽이 제작한 '백 기니 컵'을 미국으로 가져갔다. 이후 이 대회는 1회 우승요트의 이름을 기려 '아메리카 컵'으로 지금까지 개최되고 있다. 아이러니컬한 것은 제1회 '아메리카 컵'을 개최한 영국은 아직까지 한 번도 우승을 차지하지 못했다는 것이다. 아메리카 컵은 현재 4년마다 뉴욕요트클럽이 개최하고 있다.

왕실의 레포츠로 시작된 요트는 19세기 말부터 확산되어 1907년에는 국제요트경기연맹이 설립되었고, 제1회 아테네 올림픽에도 정식 종목으로 채택되었다. 그러나 기상악화로 제1회 올림픽에서는 실제 경기는 열리지 못했고, 1912년 제2회 파리 올림픽 대회에서 정식경기가 개최되었다. 우리 나라에서는 1930년 선교사 언더우드가 한강에서 목수들로 하여금 만든 요트를 제작하여 세일링을 즐겼고, 황해요트클럽을 결성했다는 기록이 있다.[1]

2.2. 수상스키

요트 외의 해양레포츠는 대체로 20세기에 발전하였다. 수상스키는 20세기 초에 시작되었는데, 눈 위에서 말이 끄는 스키를 타는 랜드 뤠이스(land race)를 모방한 것으로 여겨진다. 미국의 프레드 월터는 1900년경에 수상 스키로 특허를 땄고, 1914년 영국에서 열린 대회에서 우승했다. 미국의 랠프 새뮤얼슨은 미네소타 주의 페핀 호에서 스키를 탄 초기의 수상 스키 선수였다. 이 스포츠는 1930년대 미국에서 인기를 얻었고, 그 후 영국·프랑스·오스트레일리아에 보급되었다. 1939년에 창설된 미국 수상 스키 협회는 플로리다 주 윈터헤이븐에 본부를 두고, 수상 스키의 보급과 대회를 후원하고 있다. 1946년에 세계 수상 스키 연맹(World Water Ski Union / WWSU)이 세계적인 규모의 수상 스키 대회를 관장하는 기구로 결성되었다. 세계기록은 WWSU가 승인한다.[2]

---

1) 양홍근, 「해양레저의 꽃, 요트의 대중화는 요원한가?」, 『해양과 문화』, 13호, 2006, pp104 - 105; 정종석, 『세일링 요트』, 해인출판사, 2003, pp.13 - 14.
2) www.daum.net, 브리태니커 사전, 수상스키.

2.3. 서핑

서핑은 남태평양에서 시작된 해양스포츠로 그 기원은 선사시대까지 거슬러 올라간다. 기록상으로는 18세기 말 제임스 쿡 선장이 타히티 섬의 원주민들이 파도 위에서 보드를 타고 즐기는 것을 목격했다는 기록이 있다. 1821년 유럽 선교사들은 서핑이 부도덕하다고 생각하여 공식적으로 금지시켰고, 1920년에 가서야 재개되었다. 당시 하와이의 유명한 수영선수인 듀크 카하나모쿠가 처음으로 와이키키에 서핑 클럽을 결성했다. 그는 이보다 앞선 1915년에 오스트레일리아에 서핑을 소개한 바 있었다. 그가 사망한 1968년경에 이 스포츠는 범세계적인 인기를 누리게 되었고 국제경기도 열리게 되었다. 미국 플로리다 팜비치에 있는 국제서핑 협회(ISA, Internation of Surfing Association)는 1974년에 창설되었다. 1960년대 초부터 세계 서핑 선수권대회가 열리고 있다. 미국의 동서부 양안과 하와이, 페루, 남아프리카 공화국, 오스트레일리아에서 서핑 경기가 개최되고 있다. 국제 경기의 경우 5~12명으로 구성된 여러 그룹의 서퍼들이 동일지역에서 경기를 벌인다.[3]

2.4. 다이빙

다이빙은 인간이 바다 속에서 해산물과 진주 조개를 채취하던 생업에서 기원했지만, 이제는 수중 수영과 수중 다이빙을 한 데 묶어 스킨 스쿠버라는 새로운 레포츠로 자리잡았다. 당초 수중 다이빙의 장비는 얼굴 마스크, 보호안경, 짧은 호흡관(입과 연결시켜서 물 위로 내보냄), 오리발뿐이었다. 차가운 물 속에서는 웨트슈트, 드라이슈트 또는 웨트슈트 위에 드라이슈트를 입는 특수복을 착용할 수도 있다. 스킨 다이빙은 1920~30년대에 지중해와 미국의 캘리포니아 앞바다에서 처음으로 대중

---

3) www.daum.net, 브리태니커 사전, 서핑.

화되었다. 이렇게 되기까지는 미국의 잠수부 가이 질패트릭(John Guy Gilpatric)의 역할이 컸다. 그가 쓴 『완벽한 잠수부(The Complete Goggler)』 (1938)는 이 운동이 활발히 행해지는 데 자극제가 되었으며, 프랑스의 해군 엔지니어 장교이자 잠수부인 자크 이브 쿠스토(Jacques - Yves Couteau, 1910~97) 의 관심을 불러일으켰다. 1930년대에는 보호안경, 오리발, 스노클, 얼굴 마스크가 기본형태를 갖추게 되었다. 19세기부터 잠수기구를 제작해왔지만, 스쿠버 다이빙이나 아콸렁 다이빙(aqualung)은 1943년에 쿠스토와 프랑스의 엔지니어인 에밀 가냥(Emile Gagman)이 최초로 완전자동 압축공기 아쿠아 렁(Aqua lung)을 개발하면서 비로소 시작되었다. 또한 쿠스토는 수중 카메라와 수중 촬영술을 발달시키는 데 큰 공헌을 했으며, 프레데리크 뒤마(Frédérique Dumas - Zajdela)와 함께 쓴 『고요한 세계(Le Monde du silence)』(1952)와 그밖의 저서, 텔레비전, 영화 등을 통해 이 스포츠를 대중화시켰다. 1943년 이후에는 각종 장비를 손쉽게 구입할 수 있게 됨에 따라 동호인 모임이 계속 생겨났다. 프랑스·이탈리아·영국·캐나다·미국 등지에서는 전국 수중 다이빙 협회가 결성되었고, 쿠스토는 1959년에 15개국(나중에 50개국 이상으로 늘었음)의 기구를 모아 세계수중연맹(CMAS)을 창설했다.[4]

3. 해양레포츠

3.1. 바다낚시

가장 손쉽게 즐길 수 있는 해양레포츠는 아마 바다낚시일 것이다. 강이나 저수지 등에서도 즐길 수 있는 낚시를 굳이 바다낚시라고 해서 해

---

4) www.daum.net, 브리태니커 사전, 수중다이빙.

양레포츠로 분류할 필요가 있을까 하는 의문이 들기도 한다. 하지만 헤밍웨이의 『노인과 바다』에서 읽은 것처럼 바다낚시와 밀물낚시는 어종이 차이가 나는 만큼 '손맛'이 달라서 즐기는 사람들도 차이가 있다고 한다. 2004년 통계에 따르면, 우리 나라의 낚시 인구는 약 570만 명에 달하는데 이 가운데 약 34%인 195만 명이 바다낚시를 즐긴다고 한다. 2013년 추정치에 따르면 우리 나라 낚시 인구는 700만 명에 달하는데 이중 35%가 바다낚시를 한다고 하면 바다낚시 인구가 250만 명인 셈이다. 1980년 대 전체 낚시 인구 400만 명 가운데 약 10% 정도만이 바다낚시를 즐겼던 것과 비교하면 20년 사이에 바다낚시 인구가 크게 증가한 셈이다.[5]

이렇게 바다낚시 인구가 증가한 데는 여러 가지 이유가 있다. 우선은 다른 해양레포츠와는 달리 낚시는 우리 선대부터 전통이 있었다는 점이다. 둘째는 우리의 낚시 문화는 낚는 재미와 먹는 맛을 동시에 추구하는 경향이 있는데, 최근에는 양식 어류보다 자연산 어류를 선호하는 추세가 증가하면서 자연히 직접 낚아 요리해 먹을 수 있는 바다낚시가 크게 각광을 받게 되었다. 셋째는 주5일제 정착으로 내수면 낚시를 즐기던 기존의 애호가들이 먼거리 출조를 나설 수 있게 되었다는 점을 꼽을 수 있다.[6] 낚시는 비교적 간단한 낚시도구와 미끼 등만 구비하면 다른 레포츠에 비해 저렴하게 즐길 수 있다. 가장 간단하게는 낚시가 허용된 방파제나 연안의 갯바위에서 바다낚시를 즐길 수 있지만, 진정한 의미에서 바다낚시의 묘미는 흔들리는 배 위에서 물고기를 낚는 선상 낚시다. 최근에는 크루징 요트를 이용한 선상 낚시도 이루어지고 있다. 낚시도구를 마련하는 데 어려움이 있다면, 일단은 동호회에 가입하여 빌려서 즐기는 방법도 있다.

5) 《한국경제》. 2013.11.23
6) 김국률, 「낚시」, 『해양과 문화』, 13호, 2006, pp.113 - 118.

3.2. 크루징요트

해양레포츠의 꽃은 역시 요트라고 할 수 있다. 우리가 흔히 요트라고 하면 떠오르게 되는 이미지는 대개 40ft 이상의 대형 요트이다. 40ft 이상의 요트는 중고일지라도 가격이 1억 원 이상을 호가하는 것이 보통이기 때문에 일반인들이 접근하기에는 무리가 있다. 그러나 요트를 꼭 소유하지 않더라도 요트를 즐길 수 있는 방법이 많이 있다. 요트는 크게 모터가 달려 있느냐의 여부에 따라 크루저(cruiser)와 딩기(dinghy)로 나뉜다. 크루저는 선실이 있고, 엔진이 장착되어 있어 대양을 항해할 수 있는 반면, 딩기는 1~3명 정도만이 탈 수 있는 소형요트로서 엔진이 없어 순수하게 바람의 힘만으로 항해를 한다. 올림픽에서의 요트 경기는 모두 딩기를 운용하는 능력을 겨룬다. 1~2인승 딩기의 경우 700~1000만 원대에서 구입할 수 있고, 전국의 요트학교에서 실시하는 요트 강습을 이용하면 구입하지 않고도 강습료만 내면 배울 수 있다. 그밖에도 한강요트학교, 부산요트학교, 통영요트학교, 거제요트학교, 제주요트학교, 남해요트학교, 여수요트학교, 광주전남요트학교(무안), 양양요트학교, 경기요트학교(평택), 화성요트아카데미(화성), 목포해양대학교 요트아카데미(목포) 등에서도 강습이 이루어지고 있는데, 딩기의 경우 2~3일 강습만 받아도 혼자서 세일링을 즐길 수 있다.

그러나 딩기로는 서너 시간 연안에서만 세일링을 즐길 수 있기 때문에 진정한 의미에서의 해양레포츠로서의 세일링은 크루저를 이용한 세일링이라고 할 수 있다. 25피트 이상의 크루저급 요트의 경우 연안에서는 물론, 가까운 인근의 섬까지의 1박 2일 항해, 또는 제주도나 울릉도까지의 대양항해, 심지어 일본의 대마도와 후쿠오카 등까지의 항해도 가능하다. 크루저급 요트는 대체로 25피트 이상의 요트로서 가격대도 신형일 경우에는 1억 원 이상을 호가하지만, 중고일 경우에는 크기와 상

30피트급 요트 '백가제해 I'의 세일링

태에 따라 2,000~5,000만 원대에서 구입할 수 있다.(www.yachtworld.com /
www.theyachtmarket.com / chukotei.jp) 크루저 요트의 정원은 12명으로 제
한되어 있는데, 이는 13명 이상이면 일반 여객선으로 취급되어 등록을
해야 함은 물론 각종 안전장비를 갖추어야 하고, 정기검사를 받아야 하
기 때문이다. 우리 나라의 경우에는 선박법에 '5톤 미만의 엔진을 장착
한 범선'은 관할 관청에 등록하도록 하였고, 요트를 조종하기 위해서는
해양경찰청이 발급하는 요트면허를 취득해야만 한다.

크루징 요트가 발전하기 위해서는 요트를 계류할 수 있는 마리나 시
설이 갖추어져 있어야 한다. 우리 나라에는 크루저급 요트들이 계류할
수 있는 마리나로는 부산 수영만 요트경기장에 300여척, 경남 통영에 50
여척, 전남 목포에 30여척, 경기 화성 전곡항에 100여척을 계류할 수 있
는 마리나가 운영 중에 있고, 향후 전국 주요 항만에 마리나가 건설될

것으로 보인다. 그러나 이들 마리나를 이용할 경우 계류비용이 요트 한 척당 월 10만 원 이상이 소요되기 때문에 경제적 부담이 적지 않은 것이 사실이다. 그렇지만 요트를 즐기기 위해 굳이 요트를 소유할 필요도 없고, 계류비용을 모두 혼자서 부담할 필요도 없다. 부산의 수영만과 통영, 목포, 그리고 전곡 등에 소재한 마리나에는 요트 동호회를 중심으로 큰 부담없이 요트를 즐길 수 있기 때문이다. 따라서 요트를 즐기기 위해 먼저 요트를 구입하려고 생각하지 말고, 요트 동호회에 가입하여 가벼운 마음으로 요트를 배우고 즐기는 것부터 시작해 보자.

3.3. 스킨스쿠버

스킨스쿠버(Skin SKUBA)는 바다 속을 감상하며 즐길 수 있다는 점에서 색다른 해양레포츠 중의 하나다. 스킨스쿠버는 스킨다이빙(Skin Diving)과 스쿠버다이빙(Scuba Diving)을 통칭하는 말로서, 스킨다이빙은 공기통 없이 다이빙하는 것을 의미하며, 스쿠버 다이빙은 압축된 공기를 가지고 있는 공기통과 기타장비(래귤레이터, 부력조절기등)을 가지고 다이빙하는 것을 의미한다. SCUBA는 Self Contained Under Water Breathing Apparatus의 머리글자로 우리말로는 수중자가 호흡기이다. 이에 반해 스노클링(snorkling)은 오리발(fin), 숨대롱(snorkle), 물안경(mask)만을 착용한 채 수심 5m 안팎의 얕은 곳에서 잠영을 즐기는 것이다.

스킨 스쿠버
자료 : 세계스킨스쿠버연맹(http://www.skinscuba.or.kr)

스킨스쿠버를 하기 위해서는 수영을 할 수 있는 능력을 갖추는 것이 필요하지만, 수영을 하지 못하는 사람도 스쿠버다이빙을 배울 수 있으며, 오히려 어설픈 수영을 하는 사람보다 더 빨리 배울 수 있다. 하지만 다이빙 풀에서 스쿠버 다이빙을 배우고 바다에서 실습 잠수를 하기 위해서는 기본적인 수영능력을 갖춰야 한다. 다이빙을 하기 위해서는 정상적인 정서 상태를 유지해야 하고, 밀실공포증이 없어야 한다. 또한 폐결핵, 심장질환, 심한 고혈압 · 저혈압, 간질병, 천식, 심한 축농증 · 중이염, 심한 두통 · 당뇨병, 장염 · 위염 등의 질환이 없어야 한다. 연령으로는 15세 이상이면 단독으로 다이빙을 할 수 있으며, 보호자의 보호하에서는 12세 이상도 가능하다.

3.4. 기타 해양레포츠

서핑은 해양레포츠의 백미 중의 하나다. 특히 서핑은 밀려오는 파도 위를 질주하는 장쾌한 맛이 있다. 그러나 우리 나라 연안의 파도는 그리 높지 않아 서핑이 그렇게 대중적 인기를 얻지 못하고 있다. 서핑하면 캘리포니아나 하와이가 떠오르는 것은 이곳의 파도가 서핑하기에 안성맞춤하기 때문이다. 그러나 우리 나라도 비록 여름 한철이기는 하지만 동해안의 강릉의 경포대나 부산의 송정 등에서 서핑을 즐기는 동호인들이 꽤 있다. 윈드서핑은 1970년대부터 보급되기 시작하면서 대학가의 동아리를 중심으로 빠르게 확산되고 있다. 기본적으로 3~4일 내에 배울 수 있으며, 수트를 착용한 상태에서 윈드서핑을 하기 때문에 한겨울을 제외하고는 모두 즐길 수 있다.

수상스키는 투 스키와 원 스키, 트릭스키, 점프스키, 맨발 스키 등이 있다. 시속 60km 정도로 질주하는 모터보트에 매달려 바다 위를 질주하는 모습은 상쾌하다. 모터보트가 끄는 힘을 이용한 레포츠여서 큰 힘이

들지 않을 것으로 생각하기 쉽지만, 의외로 체력 소모가 많다. 따라서 팔, 다리, 허리, 관절 등을 모두 사용하는 전신 운동으로 1회에 10분 이상 타지 않아야 하며, 1시간 이상 휴식을 취하는 것이 좋다.

제19회 회장배 윈드서핑선수권대회 자료 : 한국윈드서핑협회(http://www.kwsa.or.kr/)

제트스키는 고속엔진을 탑재한 것으로 1인승에서 4인승까지 개발되어 있다. 이용법이 비교적 간단하여 남녀노소 누구나 배울 수 있으며, 프로 펠러가 내장되어 있어 큰 위험 없이 즐길 수 있다. 보통 1인승은 스포 츠용이고, 2인승은 레포츠용, 3~4인용은 패밀리용으로 많이 사용된다. 이 중 100마력 이상의 엔진을 장착한 제트스키로는 바나나보트나, 패러 세일링, 수상스키 등을 끄는 데도 활용할 수 있다.

4. 해양레포츠 활동시 주의사항

해양레포츠 활동에서 가장 우선시해야 할 것은 단연 안전이다. 한순간의 즐거움을 위해 안전을 소홀히 한다면 레포츠 활동은 즐거움이 아니라 재앙이 될 수 있다. 해양레포츠의 주된 활동은 수영과 승선이므로 이 두 활동을 즐길 때 지켜야 할 주의사항을 알아보자.

4.1. 수영할 때 주의 사항

1) 수영에 알맞은 시간 : 철과 장소에 따라 다르지만 오전 10~12시와 오후 4~6시 사이가 가장 좋다. 그리고 혼자 수영하는 것은 피해야 하며, 식사 직후에는 위경련을 일으킬 수 있으므로 수영을 하지 말아야 한다.

2) 수영하는 시간 : 일반적으로 초보자는 한번 입수에 10~15분 정도, 숙련자는 30분을 넘지 않아야 한다. 특히 물 속에서 피로를 느낀다거나, 한기가 든다거나 입술이 파랗게 변했을 때는 즉시 물에서 나와 수건이나 담요 같은 것으로 몸을 덮어 체온을 유지해야 한다.

3) 파도가 있을 때의 유의점

① 머리는 언제나 수면 상에 내밀고 있을 것

② 물을 마시지 않으려고 억지로 피하려다 균형을 잃기 보다는 자연스럽게 마시는 쪽이 안전할 수 있다.

③ 큰 파도가 덮쳐오면 놀라지 말고 깊이 잠수하도록 노력하고, 만약 피할 사이 없이 큰 파도에 휩싸였을 때는 숨을 멈춘 채 파도에 몸을 맡겨 자연히 떠오를 때를 기다린다.

④ 밀물과 썰물 시간대를 사전에 파악해 두는 것이 좋다.

⑤ 수영 도중 힘에 부칠 경우 수심을 확신할 때까지는 일어서려고 하지 말아야 한다.

4.2. 승선시 주의사항

1) 승선시 : 보트나 요트가 완전히 멈추고 계류줄이 묶여 있는 것을 확인하고 가능하면 선미 쪽에서 양손으로 뱃전을 잡고 승선하여 배의 움직임을 파악한 뒤 균형을 잡아 자리를 잡고, 구명의를 반드시 착용한다.

2) 하선시 : 뱃전을 단단히 잡고 한 발을 먼저 육지나 폰툰(pontoon)에 내딛은 다음 나머지 한 발을 조심스레 내딛는다. 이 때 뒤에 내딛는 발이 보트를 밀어내지 않도록 조심해야 한다.

3) 보트 내에서 : 보트 내에서 이동할 때는 고정된 구조물을 잡고 이동하고, 이동에 따른 선체의 기울음을 최소한으로 유발되도록 가급적 낮은 자세로 이동한다.

4) 물에 떨어졌을 때 : 즉시 물 위로 솟구쳐 선체를 붙잡도록 하고, 물결에 떠밀려 배와의 거리가 있을 때는 무리하게 수영을 시도하지 말고 몸을 새우처럼 구부려 떠 있으면서 구조를 기다린다.

4.3. 익사 방지 요령

물에 빠졌을 때는 자신이 수영을 할 수 있는지의 여부에 관계없이 침착해야 한다. 다행히 구명의를 착용했다면 수영을 하지 못하더라도 안전하게 물에 떠있을 수 있으므로 침착을 유지하고, 구명의에 부착된 호르라기를 불어 자신의 상황을 알리고 구조를 기다리면 된다. 그러나 구명의를 착용하지 않아서 당황하여 허우적거리거나 수영을 시도하여 물 위에 떠 있으려고 시도하면 이내 체력을 상실하여 더 위험한 상황이 초래될 수 있다. 이 경우 위와 같은 요령으로 대처하면 익사를 방지할 수 있다.

이 방법 외에도 옷을 벗어 소매나 바지가랑이에 바람을 넣고 손으로 쥐면 일시적이나마 부력이 생겨 잠시 떠있을 수 있다.[7]

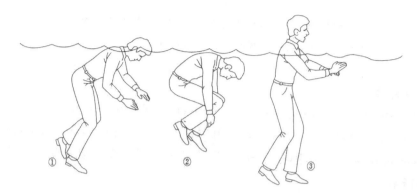

자료 : 정종석, 『세일링요트』, p.115.

① 몸의 긴장을 풀고 등을 수면 쪽으로 하여 웅크린 자세를 취하고 머리를 숙여 물 속에서 숨을 참는다. 그러면 몸이 물에 뜬다.
② 숨을 쉬기 위해 손을 머리 앞쪽으로 올려 물을 누르면서 고개를 내밀어 숨을 쉰다.
③ 숨을 쉬고 난 다음에는 다시 웅크린 자세를 취한다.

---

7) 정종석, 『세일링요트』, p.115.

제7장 해양 관광

제7장 해양 관광

관광이란 "각종 욕구 충족을 위해, 일상 영역에서 벗어나 여행하는 활동과 거기서 얻어지는 모든 경험"을 의미한다. 따라서 해양관광은 일상의 육지에서 벗어나 해양을 방문하고, 해양에 대해 체험하는 활동을 뜻한다.[1] 여기에서는 해양관광의 몇 가지 형태로 생태관광, 해양문화관광, 크루즈 관광에 대해서 알아보기로 하자.

1. 생태 관광

최근 생태관광이 각광을 받으면서 올레길이니 둘레길을 걷는 '슬로관광'이 인기를 끌고 있다. 생태관광이란 멕시코의 도시개발생태부의 국장이면서 환경단체의 대표였던 세바요스 라스쿠라인(Ceballos Lascurain)이 1983년에 처음으로 사용한 용어다. 국제생태관광협회(The internation of Ecotourism Society)의 정의에 따르면, 생태 관광은 "환경 보호와 지역 주민의 복지향상을 염두에 두고 자연지역으로 떠나는 책임있는 여행"이다.

바다를 벗삼아 하는 생태 관광은 두 가지 형태가 있을 수 있다. 하나는 배를 타고 바다 한 가운데서 바다와 풍광, 그리고 바다의 생물을 완상하는 것이고, 다른 하나는 배를 타지 않고, 바다가 보이는 해안이나

---

1) 김성귀, 「우리의 해양문화와 관광상품화 가능성」, 『해양과 문화』, 11호, 2005, p.181.

섬 등을 거닐며 바다가 만들어낸 자연의 풍광을 감상하는 것이다. 이를 테면 울릉도와 같은 섬의 숲길을 따라 걸으면서 너도밤나무, 울릉미역취, 울릉국화, 섬나무딸기 등과 같은 울릉도 특유의 식물들을 배우고 걷는다면 주변의 바다가 주는 아름다운 풍광과 함께 배움의 즐거움과 건강을 되찾는 3중의 혜택을 누릴 수 있을 것이다.[2]

섬의 생태관광이 자연풍광만을 감상하고 배우는 것으로 끝나는 것은 아니다. 섬에는 그 역사와 더불어 생성된 소중한 문화유적과 역사가 숨쉬고 있다. 이를테면 전남 완도의 보길도에는 부용동정원(芙蓉洞庭園)을 비롯하여 윤선도가 세운 세연정(洗然亭), 선백도 바위에 새겨진 송시열비(宋時烈碑), 보길나루에서 발견된 조개더미 등 여러 가지 역사 유물과 유적이 전해오고 있다. 뿐만 아니라 보길도에는 동백나무·후박나무·곰솔나무·팽나무 등 250여 종의 식물이 자라며, 예송리에 천연기념물로 지정된 예송리상록수림(천연기념물 제40호)과 예송리 감탕나무(천연기념물 제338호)가 있다. 이렇게 역사와 자연 풍광을 함께 즐길 수 있는 섬으로는 강화도, 거제도, 완도, 진도, 남해 등이 있다.

배를 타고 떠나는 바다 생태 여행은 이미 오래 전부터 있어 왔다. 다만 우리가 그것이 생태관광이라는 새로운 틀로 인식하지 못했던 것뿐이다. 이를테면 남해안의 한려해상공원 내에 위치한 전남 여수의 백도, 거제도의 외도, 인천의 월미도, 통영의 한산섬과 매물도 등을 여행하는 것은 이미 섬 여행의 대표상품이 되었다. 최근에는 배를 타고 고래를 찾아 떠나는 생태 여행이 실시되어 많은 사람들로부터 호응을 얻었다. 평소 도판으로만 보았던 고래를 찾아 떠나는 설레임과 고래들의 유영하는 모습을 직접 볼 수 있는 흔치 않은 경험을 할 수 있기 때문이다. 그러나 고래생태관광이 고래축제의 일환으로 시작되어 한쪽에서는 고래고기

---

[2] 강미희, 「슬로라이프와 바다 관광」, 『해양과 문화』, 2009, pp.104 - 105.

를 팔고, 한쪽에서는 고래생태관광을 실시한다는 비판도 있다.

유네스코 등을 비롯한 수많은 국제기구와 단체들은 책임있는 여행을 위해 관광객이 지켜야할 사항으로 배움과 존중을 강조한다. 그래서 생태관광 같은 대안적 관광에서는 여행하는 곳의 자연과 문화에 대해 해설해 주는 에코 가이드가 매우 중요하다. 아는 만큼 느끼고 보는 것은 예술이 아닌 여행에서도 마찬가지다. 존중의 여행은 지켜야할 규칙을 준수하는 일에서부터 시작된다. 여행지의 자원을 훼손하지 않는 것은 바로 존중의 기본이다. 미국여행사협회의 생태관광 십계명 중에는 '발자국만 남기고 오십시오. 그곳의 사진만을 가져오십시오.'라는 게 있다. 우리가 지금 즐기고 있는 것들은 우리의 아이들 세대들도 누릴 수 있어야 하기 때문이다.

현재 우리 나라에는 담양군 창평면과 장흥군 유치면, 하동과 함께 신안군의 증도와 완도군의 청산도가 슬로시티로 지정되어 있다. 이들 도시들이 슬로시티로 지정된 것은 아시아에서는 유일하다. 일본도 20개 도시들이 연합하여 두 번이나 신청했지만 모두 지정되지 못했다. 왜냐하면 일본의 신청도시들이 인위적이기 때문이었다. 우리 나라에는 3천 300여개가 넘는 섬들이 있으며, 이 섬들은 대부분 슬로시티로 지정되어도 손색이 없을 만큼 인위적이지 않고 자연 속에서 아름다운 풍광을 간직하고 있다. 어떤 섬으로든 섬으로 여행을 떠나보자.[3]

2. 해양문화 관광

최근의 관광은 단순히 보는 데서 그치지 않고 체험관광으로 변모하고 있는데, 해양문화 관광은 해양문화를 중심으로 체험하는 관광활동이라

---

3) 강미희, 「슬로라이프와 바다 관광」, pp.99 - 102.

고 할 수 있다. 해양문화 관광의 대상으로는 어촌의 생활환경, 어업 현장, 어업관련 제례와 민속, 어식문화, 어촌의 축제 등이 될 수 있다. 우리 나라는 오랜 수산업 전통을 갖고 있어서 전국 연안 도시에는 해양 및 수산관련 문화적 자원이 비교적 풍부하게 남아 있다. 각 지자체들도 이들 자원을 활용한 다양한 축제를 개최하여 관광객을 유치하려고 노력하고 있다. 현재 우리 나라에는 수많은 축제가 열리고 있는데, 이 가운데 해양관련 축제는 70여개가 넘는 것으로 조사되고 있다. 지역축제는 계절을 가리지 않고 연중 내내 열리고 있는데, 주요 해양관련 축제들을 지역별로 살펴보면 다음 표와 같다.

지역별 해양관련 축제 현황

시·도	주요 축제
경기·인천	연평도 풍어축제, 월미축제
충남	보령머드축제, 황도붕기풍어제, 대하축제
전북	위도띠뱃놀이, 부안해변축제
전남	영등축제, 향일암 일출제, 장보고축제, 진남제, 명량대첩축제
경남	옥포대첩기념축제, 한산대첩기념축제
부산	자갈치문화관광축제, 부산바다축제
경북·울산	장생포축제, 우산문화제, 영일만축제
강원	남대천연어축제, 동해무릉제, 여름바다예술축제
제주	서귀포칠십리축제, 성산일출제, 한여름밤의 해변축제

자료: 김성귀, 우리의 해양문화와 관광상품화 가능성, 해양과문화, 11호, 2005, p.186.

이들 지역축제는 관광객 유치에 큰 효과를 거두고 있어서 전남 진도의 영등축제의 경우 국내 관광객만 한 해 30만 명 이상을 유치하고 있

으며, 일본 관광객 6,000명을 포함 1만명의 외국 관광객을 유치하고 있
다. 전국에 산재한 3,300여개의 도서문화를 체험하기 위하여 연안여객선
이용객 수는 최근 10년간 1천만명을 넘어섰으며, 최근 연안여객선 항로
는 빠른 속도로 관광 항로화하는 경향을 보이고 있다.[4]

진도 영등축제(자료 : 진도군청 홈페이지.)

　해안에서 신선한 수산물을 맛보는 일은 우리 나라 국민이 연안에서
즐기는 주요 관광 활동 중의 하나이다. 해산특산물이나 바다요리 판매
에 따른 수입이 대부분 지역 주민에게 돌아간다는 점에서 해산특산물과
바다 향토요리 개발은 복지관광을 실현할 수 있는 중요한 수단이라 할
수 있다. 우리 나라의 각 해안 지방에는 밴댕이회(강화), 뱅어회(당진),
대화(안면도), 웅어회(금강), 바지락회(득량만), 전어(광양), 꼬막(벌교),

4) 김성귀, 「우리의 해양문화와 관광상품화 가능성」, pp.180 - 191.

멸치회(부산 기장), 과메기(포항), 갈치회(제주) 등 다양한 해산특산물과 바다 향토요리가 개발되어 있다. 이들 해산물들은 제철에 해당 고장이 아니면 쉽게 맛볼 수 없는 독특한 것이다.

먹는 것 이외에도 독특한 어로법을 직접 체험하는 것도 좋은 경험이 될 수 있다. 서남해안에 산재한 독살이나, 저인망 어업, 남해의 멸치잡이 죽방림, 숭어잡이 육수장망 등도 체험해볼 만하다. 이러한 어로법을 체험하기 위해서는 직업 어촌체험을 해보는 것도 좋다. 진도, 남해, 신안, 무안, 안산의 대부도, 해남, 태안, 영덕, 완도 등 전국의 주요 해안에 위치한 도시들을 대부분 어촌체험마을을 운영하고 있다.

3. 크루즈 관광

해양관광의 꽃은 단연 크루즈관광이라고 할 수 있다. 크루즈관광은 배에 승선하는 것 자체를 목적으로 한다는 점에서 일반 해운이나 해양관광과는 구별된다. 해운은 배를 통해 화물이나 여객을 운송하는 데 그 목적이 있고, 여타의 해양관광은 배를 이용하여 목적지까지 이동하거나 배를 타는 동안 섬이나 해양생태 등을 관광하는 게 주목적이지만, 크루즈관광은 배를 타는 것 자체가 목적이기 때문이다. 대형 크루즈선에 승선하여 짧게는 며칠, 길게는 몇 년을 배에서 생활하면서 여가와 관광을 즐기는 것이 크루즈관광인 것이다.

최근 가장 급성장하고 있는 관광 분야는 크루즈 관광이다. 크루즈 관광산업은 연평균 8.1% 성장하였는데, 전체 관광산업의 연평균 성장률은 4.3%에 그쳤다. 이용객도 1990년대 연간 500만 명 안팎이던 것이, 2008년에는 1,300만 명이, 2012년에는 2,000만 명을 돌파하였고 2015년에는 2,500만 명에 이를 것으로 전망되고 있다. 하지만 우리 나라의 크루즈

관광에 대한 수요는 아직 걸음마 단계라고 할 수 있다. 2000년 세계 3대 크루즈선사인 싱가포르의 스타 크루즈사가 '수퍼스타 타우루스' 호를 한국과 일본간 항로에 투입하여 크루즈 항로를 개시했지만, 수요 부족으로 5개월만에 중단하고 말았다. 그리고 2000년대 중반 이후 한국의 선사들도 부산을 기점으로 중국과 일본, 그리고 러시아를 잇는 카페리선을 운항하면서 연근해 해상관광객을 유치하려고 시도하고 있다. 이러한 내외적인 수요에 발맞추어 정부는 2007년에 부산 영도에 국제크루즈전용터미널을 개장한 바 있으며, 향후 부산 북항에 초대형 크루즈선 전용선석을 개발할 계획에 있다.

세계 크루즈 시장은 유럽과 북미가 주도하고 있는데, 북미의 경우 2005년 925만 명인 크루즈 이용객이 2015년에는 1,450만 명으로, 유럽은 2005년 320만 명에서 2015년에는 590만 명으로 각각 증가할 것으로 전망되고 있다. 이에 반해 아시아는 2005년 84만 명에서 2015년 170만 명으로 늘어날 것으로 보인다. 현재 세계 크루즈관광의 추세를 정리해 보면 다음과 같다.

1) 1980년 대 초까지는 세계의 주요 항구를 관광하는 장기 크루즈 관광이 주였으나, 1980년대 중반 이후부터는 특정 몇몇 항구만을 골라 돌아보는 상품이 주류가 되어 가고 있다.

2) 30대의 수입이 증가함에 따라 이들을 겨냥한 3~4일 정도의 짧은 크루즈 관광이 인기를 얻어가고 있다.

3) 카지노를 갖춘 크루즈선과 같은 중장년층을 위한 관광에서 수영장과 영화관 등을 갖춘 가족을 위한 크루즈관광으로 전환되어 가고 있다.[5]

우리 나라의 경우도 1998년부터 2008년까지 현대아산이 개설한 금강

---

5) Kwen - yung KIM, The Strategy for Developing the Cruise Terminal in Gwangyang Bay, MSc Thesis, STC - NMU, 2010, p.22.

산 관광이 해로를 이용한 관광으로 운용된 바 있고, 한강에서도 6척의 유람선과 1척의 고속정을 이용한 수상관광이 이루어지고 있다. 해상 크루즈는 팬스타라인이 부산 - 대마도 - 세토나이카이 해협 - 아카시해협 - 오사카를 잇는 1박 2일 여정의 크루즈 항로에서 팬스타 드림 호를 운항하고 있으며, 부산 항내에서 하룻밤을 선상에서 묵을 수 있는 상품도 개발하여 운영 중에 있다. 팬스타드림 호는 총 중량 2만 1,535톤에 총 승선 인원은 680명이다. 기존 카페리선으로 사용됐던 팬스타드림 호를 크루저급 선박으로 변화시키기 위해 선내 구조를 대폭 개조하였다. 침실은 디럭스스위트룸(2인실), 패밀리스위트룸(4인실), 스탠다드룸(6인실) 등으로 구성되어 있으며, 총 정원 680명 중 500명이 개인실을 사용한다. 팬스타크루즈는 부산의 해운대, 몰운대, 광안리 등을 일주하며 하루를 보내는 '원나잇크루즈' 서비스도 제공하고 있다.

우리 나라 제1의 관공지인 제주도를 여객선을 타고 관광할 수도 있다. 1998년부터 씨월드고속훼리가 목포를 기점으로 운항하는 '씨스타크루즈' 호는 2만 4천 톤급으로 1,935명의 승객과 550대의 차량을 태울 수 있다. 씨스타크루즈 호는 매일 아침 9시에 목포항을 출항하여 같은 날 저녁 5시에 제주항을 출항하여 목포로 귀항한다. 씨월드고속훼리는 또한 3,046톤급(정원 588명) '로얄 스타 호를 해남과 제주항간을 매일 운항하고 있으며, 제이에이치페리는 2012년 3월부터 4200톤급, 여객정원 825명을 탑승시킬 수 있는 오렌지 호를 장흥과 제주간 항로에 매일 운항 중이다. 씨스타크루즈 호와 로얄스타 호, 오렌지 호 등에는 차량을 탑재할 수 있어 자가용으로 편하게 제주도를 관광할 수 있다.

1995년 3월 일본 선적의 2만 2천 톤급 '오리엔트 비너스'(Orient Venus) 호가 부산항과 일본 간을 한 차례 왕복한 것을 시작으로 호화유람선이 국내에도 모습을 나타내었다. 1996년에는 세계 최고의 호화유람선으로

꼽히는 10만 톤급 '시본 프라이드'(Seabourn Pride) 호가 부산항에 입항한 바도 있다. 2009년 12월에는 싱가포르의 로얄캐리비언 사가 부산항을 기점으로 일본과 중국을 잇는 항로에 7만 8천톤급 '레전드 어브 더 씨'(Legend of the Sea) 호를 취항시켜 3박 4일간의 크루즈프로그램을 서비스를 제공한 바 있으며, 2013년에는 13만 8천 톤급인 '보이저 어브 더 씨'(Voyager of the Sea) 호가 부산항에 20여 차례 기항하였다.

스타크루즈 사의 Star Virgo 호

이미 유럽과 북아메리카에서는 크루즈 관광이 중요한 산업의 하나가 되었지만, 우리 나라는 이제 겨우 시작되는 단계라 할 수 있다. 그러나 부산항은 호화유람선의 주요 기항지로 성장하고 있다. 부산항에 기항한 호화크루즈선은 2007년 23회 입항에 관광객 1만 4천여 명에 불과하였으나, 2012년에는 126회(국적선 하모니 호 57회 포함) 입항에 관광객 12만 명으로 늘었다.[6] 문제는 이들 크루즈 승객들을 만족시킬만한 시설과 관광상품이 충분하지 않다는 것과, 우리 국민들은 여전히 크루즈선을 구경만하는 처지에 있다는 것이다. 그러나 생활수준이 상승하고, 시간적 여유가 있는 노장년층들이 늘어감에 따라 우리 나라 사람들도 차츰 크루즈 관광에 대한 관심이 늘어갈 것으로 보인다.

6) 손영신, '이제는 크루즈 시대(상) : 꿈틀대는 아시아 시장',《부산일보》. 2013. 4. 22.

1. 사서류

가톨릭대학교출판부, 『라틴 - 한글사전』, 1995.

Encyclopaedia of Britannica, 1988.

wikipedia.org

2. 논저

김성식, 『김성식시전집』, 고요아침, 2007.

김성준, 국립광양만포트뮤지엄 건립방안(광양시자문보고서), 2013. 4.

──, 『영화에 빠진 바다』, 혜안, 2009.

──, 「바타비아 호의 참극과 유령선 플라잉 더취맨」, 한국해양산업협회, SEA, 2011. 10.

김종찬, 「내가 본 천금성의 삶과 문학」, 『해양과 문학』, 제4호, 2005년 여름

김학민, 『블루 캔버스』, 생각의 나무, 2010.

구모룡, 『해양 문학이란 무엇인가』, 전망, 2004.

나타니엘 필브릭(Nathaniel Philbrick) 지음, 한영탁 옮김, 『바다 한 가운데서』, 중심, 2001.

다니엘 부어스틴(Daniel Boorstin) 지음, 이민아 · 장석봉 옮김, 『창조자들』 III, 민음사, 2002.

대한민국 해양연맹, 『바다』, 각권.

리처드 헨리 데이너 지음, 김인구 옮김, 『2년간의 선원 생활』, 대현출판사, 2001.

마이크 대쉬(Mike Dash) 지음, 김성준·김주식 옮김, 『미친 항해』, 혜안, 2011.

민경찬, 『청소년을 위한 한국음악사』, 한국두리미디어 2006.

민성규, 「허먼 멜빌의 생애와 작품 세계」, 『해양한국』, 2001. 8.

심호섭, 『아시아의 NO. 5 터널』, 해성, 2006.

아폴로니오스 로디오스 지음, 김원익 옮김, 『아르고 호의 모험』, 바다출판사, 2005.

안정효, 『신화와 역사의 건널목』, 들녘, 2002.

어니스트 헤밍웨이, 『노인과 바다』, 삼지사, 2011.

옥태권, 『한국 현대해양소설 연구』, 동아대학교 문학박사학위논문, 2004.

──────, 『항해를 꿈꾸다』, 고요아침, 2005.

이재우, 『해양문학산책』, 해인출판사, 1998.

──────, 「선원 출신 해양시인 존 메이스필드와 바다의 귀거래사」, 『해양한국』, 1998. 8.

이재우 편역, 『해양명시집』, 해문출판사, 1998.

조셉 콘래드 지음, 조미나 옮김, 『청춘·은밀한 동거인』, 누멘, 2010.

──────────────, 조운석 옮김, 『로오드 짐』, 주우, 1983.

전봉건, 서 : 청진항, 수문서관, 1977.

정종석, 『세일링 요트』, 해인출판사, 2003.

최수연, 「빌리 버드에 드러난 역사의 진실 : 제국주의적 이데올로기 비판」, 『인문학논총』, 제15권 2호, 2010. 6, 경성대학교 인문과학연구소.

최영철, 「저 깊은 곳에 꿈틀대는 시원의 생명력」, 심호섭, 『바다기슭』, 해성, 2002.

최영호, 한국 문학 속에서 해양문학이 갖는 위상,『지평의 문학』, 1993년
　　　　하반기.

──────,「한국 최초의 남극탐험 소설」, 이상춘의『서해풍파』,『바다』, 24호,
　　　　2007. 10.

크리스터포 베하(Christopher Beha) 지음, 이현 옮김,『하버드 인문학 서재』,
　　　　21세기북스, 2010.

한국해양대학교 국제해양문제연구소, 국립해양박물관 전시물 확보 및 운영에
　　　　관한 연구, 2006. 2.

한국해양문학가협회,『해양과문학』, 각권.

허먼 멜빌 지음, 정광섭 옮김,『백경』, 홍신문화사, 1993.

──────────, 최수연 옮김,『빌리 버드』, 이삭줍기, 2002.

『현대인을 위한 최신 명곡해설』, 세광음악출판사, 1987.

해양문화재단,『해양과 문화』, 각권.

해양문화재단,『문학 바다』, 각권.

찾아보기

김 성 준

한국해양대학교에서 항해학을 전공한 뒤 항해사로 한바다를 항해하였
다. 이후 고려대학교 서양사학과 문학사, 고려대학교 사학과 문학석사와
문학박사학위를 받았다. 네덜란드국제물류대학 조교수를 거쳐, 현재 국립
목포해양대학교 교양과정부 교수로 일하고 있다. 바다를 소재로 한 역사,
즉 해양사를 주로 연구하고 있으며, 항해사, 선박사, 해운경제사 등에 관하
여 다수의 논문을 집필했다.

주요 저서 : 『해양탐험의 역사』, 『산업혁명과 해운산업』, 『배와 항해의 역사』, 『영화에 빠진 바다』
주요 역서 : 『역사와 바다』, 『약탈의 역사』, 『전함 포템킨』, 『서양해운사』, 『미친 항해』
E-mail : s-junekim@daum.net

국립 목포해양대학교
해양문화정책연구센터 **해양과 문화**
해양학술연구총서 ①

2014년 01월 25일 초판인쇄
2014년 01월 30일 초판발행

지은이 김 성 준
펴낸이 한 신 규
편 집 안 혜 숙
펴낸곳 도서출판 **문현**
주 소 138-200 서울특별시 송파구 새말로 146-1(문정동) 장지B/D 303호
전 화 Tel.02-443-0211   Fax.02-443-0212
E-mail mun2009@naver.com
등 록 2009년 2월 24일(제2009-14호)

ⓒ 김성준, 2014
ⓒ 문현, 2014, printed in Korea

ISBN 978-89-94131-80-3 93910   정가 20,000원